法藏知津

四編：佛教歷史與文獻研究專輯

杜 潔 祥 主編

第1冊

鳩摩羅什《妙法蓮華經・序品第一》「信譯」之研究（上）

賴 信 川 著

花木蘭文化出版社

國家圖書館出版品預行編目資料

鳩摩羅什《妙法蓮華經·序品第一》「信譯」之研究（上）／賴信川 著一初版一新北市：花木蘭文化出版社，2015〔民104〕

序 4+ 目 4+264 面；19×26 公分

（法藏知津四編：佛教歷史與文獻研究專輯　第 1 冊）

ISBN：978-986-254-294-1（精裝）

1. 佛經　2. 翻譯　3. 法華部

224.57　　99016384

ISBN-978-986-254-294-1

9789862542941

法藏知津四編：佛教歷史與文獻研究專輯

第 一 冊　　ISBN：978-986-254-294-1

鳩摩羅什《妙法蓮華經·序品第一》「信譯」之研究（上）

作　　者　賴信川

主　　編　杜潔祥

副總編輯　楊嘉樂

編　　輯　許郁翎

出　　版　花木蘭文化出版社

社　　長　高小娟

聯絡地址　235 新北市中和區中安街七二號十三樓

電話：02-2923-1455／傳眞：02-2923-1452

網　　址　http://www.huamulan.tw 信箱 hml 810518@gmail.com

印　　刷　普羅文化出版廣告事業

初　　版　2015 年 5 月

定　　價　四編 15 冊（精裝）新台幣 25,000 元　

鳩摩羅什《妙法蓮華經・序品第一》「信譯」之研究（上）

賴信川　著

作者簡介

賴信川，台灣台北縣人。台灣華梵大學東方人文思想研究所文學碩士，香港新亞研究所文學博士。學術專長為中國文學史、中國思想史、佛教史、梵唄史及佛典翻譯等。歷任光武技術學院、北台科技學院、德霖技術學院、經國管理暨健康學院、國立台北商業技術學院等多校通識學科教師。現任淨覺僧伽大學（泰國摩訶朱拉隆功佛教大學台灣分校）、經國管理暨健康學院、國立台北商業技術學院通識教育中心兼任助理教授，主授語文及佛教學相關學科。著有《一路念佛到中土——梵唄史談》、《遊心法海》。

提　　要

鳩摩羅什的作品堪稱我國佛典譯作的代表，成為中國佛教通行經典。其作品不僅遍佈中國各地，更影響東亞佛教流傳，更以北傳佛教的經典代表通行世界。以譯著的魅力，竟不亞於原著，世所罕見。究竟鳩摩羅什的譯作有何過人之處？本研究以鳩摩羅什譯作當中，頗富盛名之《妙法蓮華經．序品》為範疇，以嚴復「信譯」的角度來觀察羅什譯作特質。以十九世紀考古發掘，經由學者編輯而刊行的佛典梵本作為核心來考察，親身實作翻譯，逐字解析，探求梵本文學內容，並以梵本最早刊行本，荷蘭學者，Prof. H. Kern 所譯之《The Saddharma-pundarîka or The Lotus of the True Law》（收錄在 F. Max Müller 所編的《The Sacred Books of The East》（印度德里 Motilal Banarsidass 出版社 1994 年再版）叢書的第廿一冊。）相關部分來進行對照，綜合觀察羅什譯筆風格，同時考察佛典翻譯文學影響中國文學的緣由。

佛典翻譯文學在中國文學的發展上具有相當地位，不論是在文體或是譯語，均有顯著的影響，但過去未能列入文學史專章探討，問題就在於原典佚失。幸而十八世紀以來，西方人士在尼泊爾，新疆地區，與喀什米爾等地探險考古，古代梵本才得以重新面世，帶來了研究的契機。重以近代語言學勃興，梵語學受到西方重視，諸多論著發表，致使梵漢對譯的研究得以實現。近年來學界開始探究佛典漢語，取得了相當的成果。然而對於佛典翻譯文學的源頭，梵漢對譯部分未能深入。筆者認為佛典文學為外國引入，應能逆流而上，一探究竟，期許自己在既有的學術條件上，為我國文學史再添新頁。

本文共分為七章：首章「導論」說明本研究之問題點所在，第二章進行文獻探討，第三章為版本研究與譯者生平，第四章為研究方法，提出本研究說明之體例。第五章則為「本論」，為本研究之主體，最後於第六章總結本次研究之成果，並做出結論。第七章餘論則提出其他發現，與未來可行發展方向。

自　序

筆者碩士論文爲研究日本佛教的《魚山聲明集》。一日在香港，經何師廣棪教授引見，得以面呈論文，向饒公宗頤教授請益。饒公和藹可親，知無不言，言無不盡，將相關學術發展趨勢解說詳盡，讓筆者深感如獲至寶。末了饒公提醒:「可別『聲明』一下就沒有了喔！」這句鼓勵的話，令人難以忘懷。

不論是日本的「聲明」，或是中國的「梵唄」，都是遵從課誦法本而來，姚秦時代的鳩摩羅什與唐朝玄奘並列爲中國佛教史的兩位最偉大的譯師。他所翻譯的佛典，迄今仍爲中國佛教，也是日韓佛教主要依據的版本，更是法會常見的梵唄課誦法本。鳩摩羅什成就之高，影響力之廣，難以估計。筆者深感好奇，歷來佛教譯經大師眾多，何以獨厚鳩摩羅什譯本，流傳至今？其中必有緣故。要解答這個問題，就必須從經典翻譯的角度來研究了。

「聲明」之學，在日本是指「梵唄」。實則是指小學標章，聲韻訓詁之學。佛音聲曲由此而來，漢譯佛典也是據此而生。筆者追尋日本「聲明之學」根源，便對印度所傳的聲明之學產生濃厚的興趣，經業師，鄺師健行教授的鼓勵，選擇了以「信譯」爲主題，投入了佛典的梵本內容與漢譯成果，兩者比較的研究。

鄺師健行教授不僅精通中國文史，並有豐富的印歐語學養與翻譯經驗，曾經翻譯希臘古典作品，克舍挪方（Xenophon）的《追思錄》（ΞΕΝΟΦΩΝΤΟΣ ΑΠΟΜΝΗΜΟΝΕΥΜΑΤΑ，內容是敘述蘇格拉底的行誼，香港中文大學出版社，1987）。起初筆者所提的問題是鳩摩羅什的「譯筆」，鄺師認爲，「譯筆」之名雖好，若能自嚴復「信、達、雅」的「信」字入手則更好，當能彰顯鳩摩羅什成就所在。何以故？「信譯」意爲忠實於原典，羅什譯本廣爲今日所用，其「信譯」之成就，自不待言。但從原典與譯筆對照，便可闡發羅什文學的長處，能發前人未見，以供後人學習，更能添補文學史上的新頁，這就是「信譯」研究的意義。

佛教位居世界三大宗教之首，關鍵就在於中國流布，擴及整個東亞，甚且是東南亞地區，近代以來更傳到歐美，備受西方矚目。這樣的成就，傳譯當居首功。佛典翻譯事業，是中國文化傲視世界的瑰寶，更是人類史上的創舉。絡繹不絕的西來祖師，君王參與的國家級譯場，千百位的一流翻譯人才，乃至其後眾多不惜身命，求法取經的高僧，卒成匯集漢梵各種專家成立的譯場，制定了完善的翻譯制度，所譯出的作品獲得廣大的信仰，流傳至今。在梵本失傳的今日，被視爲原典的代言者。誠如慧皎《高僧傳》所說：「傳譯之功尚矣！」一個外國宗教能夠在中國如此大放異彩，甚且勝過本土宗教，成爲本國文化重要成分之一，翻譯事業居功厥偉！

但是歷史的變故，致使梵本在中國散佚，印度佛教也於十四世紀覆亡，想要再研究原典，幾無可能。幸好自十九世紀起，英人霍格森在尼泊爾獲得多部梵本，震驚歐洲學界。旋即西方各國派出考古隊伍，分別在中亞細亞、喀什米爾、尼泊爾與西藏等地發現上百部的梵本。使得失傳已久的原典，再度重現。西方各國與日本學者紛紛投入這項研究，並發表多篇論文，原典的出版，詞典的編纂，相關著作不斷出現，更設立專門科系、研究所，成績十分卓著。我國則是陳寅恪先生、饒宗頤教授、季羨林教授等人首發其端，使中國的梵學發展能夠跟上國際潮流。梵本佛典翻譯的問題，陳寅恪先生可謂開其先河，在〈大乘義章書後〉、〈童受喻鬘論梵文殘本跋〉（收錄於《金明館叢稿二編》，北京市：三聯書店，2001.7）等文章都有闡明，爲學界多所引用。其後季羨林教授對此有更深入的研究，發表多篇相關論文，台灣法鼓出版社所出版之《季羨林佛教學術論文集》（1995.4），即爲其代表作，甚屬可觀。而饒宗頤教授亦有精闢見解，論文見諸於上海古籍出版社之《梵學集》（1993.7）。還有更多學者發表相關論文，皆爲華人之光。

然而，佛典翻譯的研究，限於資訊流通，梵本難見。直到二戰以後，港台才陸續有相關研究的發表，其中台灣的許洋主女士《新譯梵文佛典－金剛般若波羅蜜經》可謂先驅，爲梵文佛典研究開啓了新局，筆者的研究即受其啓發。其後有林光明先生《大悲咒研究》（1994）、《金剛經譯本集成》（1995）、《阿彌陀經譯本集成》（1995）、《往生咒研究》（1997）、《梵藏般若心經自學》

（2004）等諸多相關書籍。香港則有談錫永《入楞伽經梵本新譯》（2005）、《寶性論梵本新譯》（2006）等相關書籍，皆可謂再繼前賢之作。

有關佛教原典研究，世上首推日本，台灣過去受到日本影響，以譯本對照原典，直言梵文某字即爲漢譯某詞。這樣做存在了一個盲點，就是將漢譯佛典當作是「直譯」，忽略了當中的「意譯」。特別是像鳩摩羅什這樣的譯師，僧肇《百論序》特別指出他的風格是「質而不野，簡而必詣」，慧觀則在《法華宗要序》說：「曲從方言，而趣不乖本」，都說明了鳩摩羅什採用了「意譯」。如此看來，至少在鳩摩羅什的譯本裏，這種方法，未必能夠取得單詞的正確意義。事實上，佛教發源於印度，經文自有其文化背景。中印國情不同，翻譯的過程自然會有窒礙之處，譯家必然考量讀者立場，取其效果上的對等，採用本國民情可接受的方式來解釋，此即當代翻譯學家，奈達（E. A. Nida）所說的「動態性對等」。若非讀過原典，一般人難以察覺這種情況。

梵文的解釋，終究還從梵文而來，字典的選擇就成爲關鍵。以是之故，筆者特選由 Sir Monier William 所編的《A Sanskrit English Dictionary—Etymologically and Philologically Arranged with special reference to Cognate Indo-European Languages》來做梵文意義的主要依據。這本辭典最大的好處，就是依據辭源學（Etymology）編成，清楚標示梵文單字在印度文學作品裡面的意義，對於梵文的解讀來說有莫大的好處，於是便可克服「意譯」這個問題。

筆者於碩士班就讀，曾經學習梵文，得到現任台灣大學哲學系蔡耀明教授，與日本大正大學佛教學博士，釋悟觀法師的協助，提供相關資料，與閱讀方法。而斯里蘭卡籍，印度德里大學佛學博士，德瓦難陀長老（Ven. B. Devananda Thero）教導學習天城體字母，與文法等相關知識。後來更獲得尼泊爾尼瓦族僧團的釋迦教授（Prof. Min Bahadur Shakya）與其子米洛茲．釋迦（Miroj Shakya, MA in University of the West, US）的協助，錄製了梵文唱誦的《法華經》，並提供了精校的天城體梵本《法華經》（電腦版）。這個研究是在眾人的協助下開始的。

選擇了《妙法蓮華經》主要是因爲這是大乘佛教最重要的經典之一，也是目前世界上最早被研究的梵本。據目前的研究顯示，《妙法蓮華經》的梵本有尼泊爾版、中亞細亞版與喀什米爾的吉爾吉特版（Gilgit）三種版本，其中以吉爾吉特版年代最早，在鳩摩羅什以前，而中亞細亞版與鳩摩羅什時代相近，又是在古龜茲所在地附近被發現。然而這兩種版本並不完整，屬於殘卷。唯獨尼泊爾版最完整，被稱爲尼泊爾佛教代代相傳的「九法」(Nigh Dharmas，即九部尼泊爾佛教保存的大乘佛典）之一，代代相傳，爲尼瓦族（Newary People）的佛教僧團所保存。自古以來，他們抄寫佛典，世代相傳。當年霍格森所發現的梵本就是該族所保存的。該版的內容與羅什譯本內容相當，而且尼泊爾版是藏文版《法華經》的母本，經學者研究後，公認可與漢譯本做對照的版本，所以筆者研究以此爲原典。至於選用《序品第一》是爲了未來研究的開啓，同時可做梵本各經典的研究參考。本研究採用逐字譯解，從單字的解釋出發，進行文法剖析，主要的成果在於闡明鳩摩羅什翻譯文學的技巧，並尋得頌偈的結構與翻譯方法。

論文完成之時，回想饒公教授的一番話，深有感觸。本次研究之後，筆者才明白，聲明學對我國文學史具有相當的意義，佛典翻譯不僅是宗教翻譯，更是介紹外國文化來到中國的一項活動。從後漢開始，佛典便開始有翻譯活動，中國人從不了解，到逐漸了解，乃至接受印度文化，這是一段漫長的歷程，是通過佛典翻譯來進行的。佛典的傳播方法，正是以文學爲發端。透過佛典的翻譯，乃至講授佛典的方法，甚且是圍繞在佛典周邊的印度文化，陸續傳來中國，對中國文學產生了相當的啓發。饒公之言，發人深省。

公元 2007 年 7 月

於台北新莊東方人文思想研究室

目次

上冊

第一章　導　論

第一節　問題點之所在

近日受到國際媒體矚目的台灣旅美棒球好手，「台灣之光」王建民，在美國大聯盟迭有傑出表現。其最爲著稱的便是他所投出的「伸卡球」，屢屢將對手三振，難以擊出安打，是致勝的關鍵。有關「伸卡球」一詞，在台灣媒體上屢見不鮮，但若不對照國際媒體的相關報導，恐怕也不知道這個名詞是英語 Sinker 這個字的譯音，〔註 1〕便無法知曉「伸卡球」是一個棒球術語，意爲「下沉的球路」，這是「伸卡球」眞正的意義。數百年後，在英文失傳，原典亦失傳情況下，解釋「伸——卡——球」按照中國文學傳統方法，只好就三個字做個別的解釋，然後組合起來解說它的意思。當然如此方式，無法取得「伸卡球」眞正的原意，即 Sinker 的解釋，畢竟「伸卡球」是音譯詞，與其文意並無直接關聯，求其本義，仍須從外文來。

事實上，相同的問題也發生在佛典的解釋裡。陳寅恪先生在〈大乘義章書後〉一文指出，在佛典解譯上，古德曾因爲對梵文的不解產生誤釋的現象，他說：

> 天台智者大師《妙法蓮華經玄義》壹下，解「四悉檀」爲十重。其一釋名略云：
>
> 悉檀，天竺語。南岳師例，「大涅槃」梵漢兼稱。「悉」是此言，「檀」

〔註 1〕有關「伸卡球」與 sinker 的報導，可參照台灣東森新聞媒體的報導：http://www.ettoday.com/2006/09/26/11078-1992174.htm。

是梵語，「悉」之言「遍」，「檀」翻爲「施」。佛以四法遍施眾生，故言「悉檀」也。

《大乘義章》貳「四悉檀義門」分別條云：

四悉檀義，出《大智度論》，言「悉檀」者，是中（外？）國語，此方義翻，其名不一。如《楞伽》中子注釋言，或名爲宗，或名爲成，或云理也。〔註 2〕

「悉檀」發生了不同的解釋，就是因爲智者大師對於這個梵文單字了解不足所致。所以陳寅恪指出：

寅恪案，「悉檀」乃梵語 Siddhânta 之對音，〈楞伽〉注之言是也。其字從語根 Sidh 衍出，「檀施」之「檀」乃 dâna 之對音。其字從語根 dâ 衍出，二語絕無關涉，而中文譯者，偶以同一之「檀」字對音，遂致智者大師有此誤釋。〔註 3〕

唐朝的釋道宣所編的《集古今佛道論衡》也收錄一條玄奘受命翻譯《老子》爲梵文的故事，當年玄奘曾爲了翻譯名詞的問題與道士成英爭辯：

（玄奘）遂即染翰綴文：厥初云「道」，此乃人言，梵云「末伽」，可以翻度。諸道士等一時舉袂曰：「『道』翻『末伽』，失於古譯。昔稱『菩提』，此謂爲『道』，未聞『末伽』以爲『道』也。」奘曰：「今翻《道德》，奉勅不輕。須覈方言，乃名傳旨。『菩提』言『覺』，『末伽』言『道』。唐梵音義，確爾難乖。豈得浪翻，冐罔天聽。」道士成英曰：「佛陀言『覺』，菩提言『道』。由來盛談，道俗同委。今翻『末伽』，何得非妄？」奘曰：「傳聞濫眞，良談匪惑，未達梵言，故存恒習。『佛陀』天音，唐言『覺者』，『菩提』天語，人言爲『覺』，此則人法兩異，聲采全乖。『末伽』爲道，通國齊解。如不見信，謂是妄談。請以此語，問彼西人，足所行道，彼名何物？非『末伽』者，余是罪人。非唯惘上當時，亦乃取笑天下。」〔註 4〕

案：「佛陀」的梵文爲 Buddha，「菩提」的梵文是 Bodhi，是從字根√Budh，「覺」所變化出來，在當年「佛教」的專有名詞，內涵與老莊之「道」並不對等。

〔註 2〕該文收錄於陳寅恪《金明館叢搞二編》，北京市：三聯書店，2001 年 7 月出版，頁 182。

〔註 3〕同註 2。

〔註 4〕請見《大正新修大藏經》第五十二冊，台北：新文豐圖書公司，1982 年出版，頁 386。

由於「末伽」（Mârga）這個字在梵文的本義就是一般性的「道」，所以玄奘認爲用它來翻譯爲「道」是比較精確的翻譯。雖然這是個小小的翻譯問題，但若不審慎，佛家的「菩提」與老子的「道」，印人勢將因此混淆，無從分辨。

但是，道士成英認爲「菩提」應該翻譯爲「道」，不是沒有原因，因爲唐代以前就曾經把「菩提」翻譯成「道」。《大乘義章・無上菩提義七門分別》說：

> 「菩提」胡語，此翻名「道」。……問曰：「經說第一義諦亦名爲「道」，亦名「菩提」，亦名「涅槃」。「道」與「菩提」義應各別。今以何故，宣說菩提翻名道乎？」釋言：「外國說「道」名多，亦名「菩提」，亦曰「末伽」，如「四諦」中所有「道諦」名「末伽」矣。此方名少，是故翻之，悉名爲「道」，與彼外國「涅槃」、「毘尼」，此悉名「滅」，其義相似。經中宣說第一義諦名爲「道」者，是「末伽道」，名菩提者，是「菩提道」，良以二種俱名道，故得翻菩提而爲「道」矣。〔註5〕

《大乘義章》認爲把「菩提」翻譯成「道」，是六朝時代的舊說。據此，陳寅恪先生認爲佛典當中，過去有關於佛典內把「菩提」翻譯成「道」，在六朝時代已有人懷疑，故有所討論。〔註6〕由於佛教初傳中國，在翻譯上難免引用既有而類似的概念來對譯，即所謂的「格義」。但終究隨著時代推展，東西交通發達，中國人終於明白華梵文化有別，佛典在翻譯上迭有變更，如僧祐在《出三藏記集》內所區分的「新譯」與「舊譯」名詞比較便可得知。〔註7〕中國佛教的經典翻譯，從後漢一直到唐宋，這期間經典經歷了許多不同譯師，與具有規模的譯場作業，嚴謹之處，中外罕見，然因翻譯事業，不單財力人力所致，亦爲個人對語文的認識，與文化差異的見識，終能有所抉擇而譯出。不僅是名詞翻譯的問題，更有同經多譯的情況。例如《金剛經》便有六譯，《仁王護國般若經》有四譯，《般若心經》則有十譯。〔註8〕這顯示中國佛教對於經典翻譯的精確度上有著高度的重視。

〔註5〕請見《大正新修大藏經》第四十四冊，台北：新文豐圖書公司，1982年出版，頁828。

〔註6〕該文收錄於陳寅恪《金明館叢搞二編》，北京市：三聯書店，2001年7月出版，頁183。

〔註7〕請見南朝・僧祐《出三藏記集》，北京：中華書局，1995年11月出版，頁14。

〔註8〕請見王文顏《佛典重譯經言就與考錄》，台北市：文史哲出版社，1993年10月出版，頁8～頁9。

如前所述，可知古德對於名相也有相當的認識，佛典翻譯從早期的「舊譯」，到鳩摩羅什「新譯」，東晉以後開始懂得區分佛、道兩教文化與義理上的分野，重要的名詞大多改作音譯，所以玄奘強調「菩提」與「道」必須有所分別，這不僅關涉到中國文化對外傳播的問題，更影響到佛教在中土傳播的問題，因此佛教發展到唐代，不僅佛教方面的玄奘，就連與會的道教人士成英等人都知道佛典語詞的對譯，由此可見梵文知識在當時受到重視的程度。

但是「會昌法難」以後，佛教遭受嚴重破壞，宋代以後翻譯事業不再，梵學不受重視，再加上佛典漢譯完成，梵本旋遭棄置，未有適當整理，不受重視，後來更遇到兵燹，譯場所在地如長安、洛陽等地遭到嚴重破壞，從此梵本佚失，梵學沉寂。事實上，梵本的佚失，是中國佛教的損失，也是佛典訓詁學上的一個障礙。俞樾的《在春堂隨筆》有一段話：

> 《般若波羅蜜多心經》云：「色不異空，空不異色，色即是空，空即是色。」余謂既云「不異」，不必更云「即是」矣。誦此經者，人人皆以此四句爲精語，實複語也。及讀《世說．文學篇》注，引支道林〈即色論妙觀章〉云：「夫色之性也，不自有色，色不自有，雖色而空。故曰：『色即爲空，色復異空』」此二句言簡而意眩，疑經文本云：「色即是空，空即是色，色復異空，空復異色」蓋《金剛經》「非法非非法」之旨。所謂「無實無虛」也。余於《金剛經》注言之詳矣，譯者誤耳。〔註 9〕俞樾的這個問題，可與梵本《心經》對照，則知道「色不異空」一節，共有六句。玄奘翻譯爲四句，已經是省略了，與俞樾所推測者不同。所以陳寅恪先生評曰：
>
> 曲園先生精通中國訓詁古文章句之學，此條乃拘於中文範圍，古有此誤說耳。時代囿人，不足爲病也。〔註 10〕

這是精確的見解！不明梵文與原典，即如清代精通訓詁的國學大師，俞樾也會發生「誤說」這個問題。由此可見梵文對於佛典的重要性是無庸置疑。如果不從梵文入手，則玄奘大師與道士成英所爭論的「菩提」與「道」也將難解所由。畢竟，佛典是外來文化，仍須由外文與原典入手。若捨此道，則

〔註 9〕 該文請見於陳寅恪《金明館叢搞二編》，北京市：三聯書店，2001 年 7 月出版，頁 200。

〔註 10〕 該文收錄於陳寅恪《金明館叢搞二編》，北京市：三聯書店，2001 年 7 月出版，頁 200。

錯解誤說，在所難免。

所幸，自十九世紀起，歐洲考古學者在印度、尼泊爾與中亞細亞等地陸續發掘，梵本的出世才使佛典漢譯的研究與訓詁考釋成爲可能。然而中國卻要到廿世紀，陳寅恪、季羨林與饒宗頤教授等人方有論及，以啓來者。本文的撰作，正是爲了繼承前賢遺緒，也是爲了拓展古典語文知識的初步研究。

第二節　研究鳩摩羅什譯筆的意義

上節提到，僧祐在《出三藏記集》將之前的佛典翻譯區分成「新譯」與「舊譯」。「新」、「舊」之分，在鳩摩羅什。是以鳩摩羅什的譯作是研究佛典翻譯最恰當的切入點。

鳩摩羅什是中國史上著名的翻譯大師，譯出的經卷，據統計有七十四部三百八十四卷。〔註 11〕他的譯作受到極高評價，主要是因爲：一、在義理上，破除了前代「格義」之風，提高詞彙翻譯的精確性；二、行文上，要求通俗，以音韻爲主，形成一種接近口語，能夠琅琅上口而通暢的文言文，這種風格影響後代甚鉅，成爲具有劃時代意義的作品。羅什所譯出的佛典備受後世尊崇，天台宗所依止的經本，絕大多數爲什譯。今天中國、韓國、日本等國佛教常用的標準課誦本，以什譯爲宗，而歐美學者凡是研究中國大乘佛教，無不以羅什的譯本爲代表。凡此皆足見鳩摩羅什譯本的影響深遠。

鳩摩羅什的譯作有甚麼樣的特點受到如此廣泛的讚揚？這可從後人給予的評價得知。僧叡在《思益經序》：

> 而恭明（案：即支謙）前譯，頗麗其辭，仍迷其旨。是使宏標乖於謬文，至味淡於華艷。雖復研尋迷稔，而幽旨莫啓。幸遇鳩摩羅什法師於關右，既得更譯梵音，正文言於竹帛，又蒙被釋玄旨，曉大歸於句下。於時諮悟之僧二千餘人，大齋法集之眾，欣豫難遭之慶。近是講肆之來，未有之比。〔註 12〕

僧肇則在《維摩詰經序》當中指出：

> 什以高世之量，冥眞心境，既盡環中，又善方言。手執胡文，口自

〔註 11〕這個數字系根據《開元釋教錄》的說法而來。王文顏著《佛典漢譯之研究》，台北：天華出版事業公司，1984 年 12 月出版，頁 101。

〔註 12〕請見蘇晉仁、蕭鍊子點校，梁．釋僧祐《出三藏記集》，北京：中華書局，1995 年 11 月出版。頁 173。

宣譯。道俗虔虔，一言三復，陶冶精求，務存聖意。其文約而詣，其旨婉而彰，微遠之言，於茲顯然。〔註13〕

他又在《百論序》當中指出：

集理味沙門，與什考校正本，陶練覆疏，務存論旨。使質而不野，簡而必詣，宗致劃爾，無間然矣！〔註14〕

慧皎則在《高僧傳》記述鳩摩羅什最後遺言：

凡所出經論三百餘卷，唯《十誦》一部，未及刪煩，存其本旨，必無差失。願凡所宣譯，傳流後世，咸共弘通。今於眾前發誠實誓，若所傳無謬，當使焚身之後，舌不焦爛。〔註15〕

從上述引文可知，鳩摩羅什的翻譯風格特點，就是：「文約而詣」、「旨婉而彰」，而後人對他的譯文評述「質而不野，簡而必詣」，此皆點出了鳩摩羅什特別重視翻譯不能違背「本旨」。而引文最後提到的「未及刪煩」，更顯出他對於「刪煩」的重視。簡言之，鳩摩羅什重視中國人閱讀的習慣，譯筆要求凝鍊，行文著重於通暢，使能夠流傳後代。

但是，既然什譯的風格，是「文約而詣」，又重視刪繁，明顯地是「意譯」，是否會存在了違反翻譯的重要原則——忠於原文之處呢？而既然是「意譯」，什譯與原文的差距有多少，是否存在了「改寫」或「擬作」呢？但他的弟子僧肇稱他是「質而不野，簡而必詣」，說明了絕非輕率的改寫與擬作，顯然羅什的譯筆遊於「意譯」，又能滿足「直譯」的風格。想要了解這種譯筆，就必須從「信譯」角度入手，以羅什譯作與原典做對照，就可以明白羅什的譯筆之旨趣。

第三節　「信譯」定義與標準

翻譯在本質上是以外文爲標的，逐字逐句譯爲本國語詞，甚且重新加以組織，以本國人民可以理解的方式呈現。然則，外文與中文詞彙如何互換？行文是否需要綴飾與改寫，才能彰顯原作的主旨，切近義理，能爲本國讀者接受？凡此問題都是翻譯工作者所考量。前面提出，想要了解羅什翻譯風格

〔註13〕同上註。頁309-310。

〔註14〕同上註。頁403。

〔註15〕請見慧皎《高僧傳》，收錄於《大正新修大藏經》第五十冊，台北：新文豐圖書公司，1982年出版，頁330。

的成功之處，最好的方法就是從「信譯」這個角度切入。那麼就必須針對「信譯」的定義與標準來做一個探討。而討論「信譯」這個名詞的定義，我們先從嚴復的「信、達、雅」之說開始。

一、嚴復「信」的提出

談「信譯」自然會聯想起嚴復。中國最早正式提出以「信」作爲翻譯的理論者自嚴復始。嚴復（1853～1921）在《天演論》譯例言當中提出「信達雅」這三個翻譯標準。他說：

> 譯事三難，信、達、雅。求其信，已大難矣，顧信矣，不達，雖譯猶不譯也，則達尚焉……。譯文取明深義，故詞句之間，時有所顚倒附益，不斤斤於字比句次，而意義不倍於本文。
>
> 此在譯者將全文神理融會於心，則下筆抒詞，自善互備。至原文詞理本深，難於共喻，則當前後引補，以顯其意。凡此經營，皆以爲「達」，爲「達」即所以爲信也。〔註16〕

嚴復所提出的「信達雅」翻譯原則，成爲當代中國翻譯理論的指標。有關「雅」的部分，嚴復訴諸以桐城古文爲標準，當代學者多有異議。然則「信」與「達」的宗旨是眾所接受的。嚴復認爲所謂的「信」即指對原文的忠實，在嚴復認爲，具體來說就是「意義不倍於本文」。由於外文不同於中文，在翻譯上勢必有單字的詮釋、語氣的處理，思想與感情上的表現，文法及語順的表達，種種都需再三斟酌。所以嚴復指出：「譯者將全文神理融會於心，則下筆抒詞，自善互備。至原文詞理本深，難於共喻，則當前後引補，以顯其意。」達，就是指「通達」，將原文於譯文中適切地表達出來，使讀者能夠完全領會原作的宗旨，這才能說做到了「信」。所以嚴復才說：「求其信，已大難矣」。

對於嚴復的「信譯」說法，錢鍾書先生有所補充：

> 譯事之信，當包達雅；達正以盡信，而雅非爲飾達。依義旨以傳，而能如風格以出，斯之謂「信」……雅之非潤色加藻，識者猶多；信之必得意忘言，則解人難索。譯文達而不信有之矣，未有不達而能信者也。〔註17〕

〔註16〕見赫胥黎著，嚴復譯《天演論》，台北市：台灣商務印書館，2007年8月再版，頁1。

〔註17〕見錢鍾書《管錐篇》，第三冊，北京市：中華書局，1986年出版，頁1101。

朱光潛（1897～1986）在《談翻譯》中從文學的角度闡釋嚴復的「信達雅」之說，認爲嚴復此說的宗旨在於闡述「信」這個標準。他說：

> 嚴又陵以爲譯事三難：信，達，雅。其實歸根到底，「信」字最不容易辦到，原文「達」而「雅」，譯文不「達」不「雅」，那還是「不信」，如果原文不「達」不「雅」，譯文「達」而「雅」，過猶不及，那也還是「不信」。所謂的「信」是對於原文忠實，恰如其分地把它的意思用中文表達出來。……所以對原文忠實，不僅是對浮面的字義忠實，對情感、思想、風格、聲音節奏等必同時忠實。〔註 18〕

所以綜合來看「信」的意義，主要就是在於忠於原文，不僅對於原文的文義要能夠忠實，對於對文中所表達的情感、思想、風格、聲音節奏等也要忠實。朱光潛以爲，翻譯作品的第一要求，就是「信」，對於「雅」，乃至「達」都必須爲「信」而服務。這才是「信」的完整意涵。因而林語堂在〈談翻譯〉（1933年）一文對於嚴復「信」的翻譯主張有進一步的結論：

1. 忠實的第一結論就是忠實非字字對譯之謂。
2. 忠實的第二義，就是譯者不但須求達意，並且須以傳神爲目的。
3. 論忠實的第三義，就是絕對忠實之不可能。
4. 忠實有第四義，即忠實非說不通中國話之謂……同一段原文……就使二譯者主張無論如何一致，其結果必不相同，這就是翻譯中個人自由之地，而個人所應該極力奮勉之處。翻譯所以稱爲藝術，就是這個意義。〔註 19〕

要言之，翻譯的「信」未必是要「字字對譯」，即如朱光潛所說的，不僅是對字面的意義要忠實，對於原文的情感、思想、風格、聲音節奏等也都忠實。這個「信」在嚴復的思想來看，只要在「意義不倍於本文」，就可算是滿足了「信」這個標準的翻譯。

二、羅什以前佛教對於翻譯的看法

嚴復的翻譯主張是得自中國佛典翻譯史所啓發。他在《天演論・譯例言》當中表示：

〔註 18〕見朱光潛〈談文學〉，香港：三聯書店，2003 年 10 月出版，頁 139-140。

〔註 19〕請見林語堂〈談翻譯〉收錄於劉靖之所編〈翻譯論集〉，台北市：書林出版有限公司，1989 年 10 月出版，頁 221。

> 題曰達旨，不云筆譯，取便發揮，實非正法。什法師有云：「學我者病」。來者方多，幸勿以是書爲口實也。〔註20〕

並在《致吳汝綸信》上面提到：

> 拙譯《天演論》近已刪改就緒，其參引已說多者，皆削歸後案而張皇之，雖未能悉用晉唐名流翻譯義例，而似較前爲優，凡此接受先生之賜矣。〔註21〕

學者韓江洪認爲，嚴復的翻譯文體當中的四言短句這樣的處理方式，是受到鳩摩羅什譯本作品影響。羅什等所用的「四字一句」之法，古文當中常見，給予嚴復相當的啓發，但是最重要的地方還是在於僧肇《維摩詰經序》評論鳩摩羅什譯風的：「陶冶精求，務存聖意」，〔註22〕這啓發了嚴復的「信」的思想。

舉凡宗教不論經典、神論與儀式等均具有神聖性質，侵犯與擅改者將受到懲罰，舉世皆然。佛教也是如此，自古以來即有「離經一字，如同魔說。」〔註23〕的說法。所以佛教對於譯文的忠於原典非常重視，不僅設立大型譯場，也有專業從事翻譯的工作者，譯者不僅都是佛教徒，也是精通該典籍的專業人士，甚且對於典籍有所疑義，不惜重譯，而放棄舊譯。〔註 24〕而中國佛教的僧人爲了想釐清佛典教義，不惜千里跋涉到天竺留學取經。更有從事翻譯的沙門倡議直接學習梵文，以省去翻譯之勞。〔註 25〕可見中國佛教對於佛典譯文的「信實」程度要求之高。這種對忠於原文的翻譯要求，對於研究古文的訓釋上提供了有利的基礎。

然則鳩摩羅什運用精練古文來表達佛經的主旨，卻是吸收了長達數百年的中國佛教翻譯史所積累的經驗。所以要研究鳩摩羅什的翻譯風格，必先了解中國佛教對於經典翻譯的看法。

〔註20〕同註 16。

〔註21〕請見韓江洪《嚴復話與系統與近代中國文化轉型》，上海：上海譯文出版社，2006 年 10 月出版，頁 79。

〔註22〕同註 13

〔註23〕請見《大正新修大藏經》第五十一冊，台北：新文豐圖書公司，1982 年出版，頁 249。

〔註24〕唐·釋道宣《續高僧傳》卷卅五《法沖傳》有言：「三藏玄奘不許講舊所翻經。」請見《大正新修大藏經》第五十冊，台北：新文豐圖書公司，1982 年出版，頁 666。

〔註25〕請見《大正新修大藏經》第五十冊，台北：新文豐圖書公司，1982 年出版，頁 436。

（一）初期盛行的直譯派

自古中國對外關係向來是處於萬邦朝貢的大國心態，直到清代以前，對於外國文化鮮少採取過主動積極態度。東西文化的交流史，向來是西方來者較多。佛教也是如此，眾多弘法者越過蔥嶺，穿過沙漠，千里迢迢來到中國，向中國人傳教，相關經典也自然傳入。隋唐以前從經典翻譯者都是這樣的外籍宗教人士。他們多不閻漢文，而國人則不識胡梵文字，所以是由外籍人士透過口語的宣譯，在本地文人襄助記錄與潤筆下產生翻譯作品。因此在兩者均不熟悉彼此情況下，自然採取保守政策，這就是以逐字逐句對應式的翻譯「直譯」。

佛教傳入初期，在漢代盛行「直譯」。所謂的「直譯」就是盡量保持原典專有詞彙，用音譯詞表達，甚且連語句文法也不加修飾，等於原典怎麼樣表達，譯作就盡可能不要更動。例如安世高，《高僧傳》稱他的譯作是「義理明析，文字允正，辯而不華，質而不野。」〔註 26〕《出三藏記集》則稱支婁迦讖的譯作「皆審得本旨，了不加飾。」〔註 27〕而竺佛朔翻譯《道行經》被稱為「敬順聖言，了不加飾。」〔註 28〕而康巨譯《問地獄事經》則被稱為「言直理旨，不加潤飾。」由此可知，早期佛典翻譯對於譯作的態度是「棄文存質」為宗旨，強調惟信是尊。當然這與早期來華的外籍宗教人士不嫻漢文情況有關，如安世高、安玄等人都能通華語會話，一旦要翻譯經典，就得依賴漢人嚴浮調來做記錄與潤飾，但是仍須兩位主譯者來決定譯出成果。〔註 29〕這可說是最原始的宗教文學的表現方式，對譯者來講也是最安全的方式。

（二）三國時出現的意譯派

三國時代，譯經風格有所變化。當佛教開始盛行，也希望能夠增加信仰人口，在本地紮根的時刻，便希望經典的翻譯能夠充分的本土化，好讓本地人式容易信受，因此便有改良翻譯的思想，盡可能以讀者熟悉的語文為主，

〔註 26〕請見《大正新修大藏經》第五十冊，台北：新文豐圖書公司，1982 年出版，頁 323。

〔註 27〕請見《大正新修大藏經》第五十五冊，台北：新文豐圖書公司，1982 年出版，頁 95

〔註 28〕請見《大正新修大藏經》第五十五冊，台北：新文豐圖書公司，1982 年出版，頁 47。

〔註 29〕請見《大正新修大藏經》第五十冊，台北：新文豐圖書公司，1982 年出版，頁 324。

這就是所謂的「意譯」。這派支謙爲其代表，他認爲支婁迦讖所譯經文「辭直而多胡音」，直譯太過，導致譯文太過拙樸卻有失文麗，譯音太多阻礙了漢人閱讀，所以重譯支婁迦讖譯過的《道行般若》與《首楞嚴三昧》，他把《道行般若經》的經名改爲《大明度無極經》，「大明度」即「般若」的意譯，而「無極」是支謙形容這個「大明度」的威力無窮無盡。〔註 30〕支謙的此一作風，支愍度在《合首楞嚴經記》說：

> 讖月支人也，漢桓靈之世，來在中國，其博學淵妙，才思測微。凡所出經類多深玄，貴尚實中，不存文飾。……又有支越，字恭明，亦月支人也。其父亦漢靈帝之世，來獻中國。越在漢生，似不及見讖也。……越才學深徹，內外備通，以季世尚文，時好簡略，故其出經，頗從文麗，然其屬辭析理，文而不越。約而義顯眞，可謂深入者也。以漢末沸亂，南度奔吳，從黃武至建興中，所出諸經凡數十卷，自有別傳記錄。……然此《首楞嚴》自有小不同，辭有豐約，文有晉胡，較而尋之，要不足以爲異人別出也，恐是越嫌讖所譯者辭質多胡音，異者刪而定之，其所同者述而不改。二家各有記錄耳，此一本於諸本中辭最省便，又少胡音，偏行於世，即越所定者也。
>
> 〔註 31〕

由此可知，支謙的譯作傾向「文麗」。他所譯出的《首楞嚴三昧》最讓支愍度稱讚的就是「諸本中辭最省便，又少胡音」，這與當時的風尚有關。支婁迦讖本爲外籍人士，又居於佛教初傳時期，實無所本，以最保守的方式來翻譯佛典，自屬恰當。支謙在中國出生，了解國情，爲使佛典流通容易，運用時尚風格來重譯經典。支愍度認爲支謙確實掌握了減低漢人閱讀障礙的要領，潤色行文，將譯音降到最少。這是支謙翻譯的成功之處。不過，宗教經典畢竟是經典，與一般的文學作品大不相同，支愍度還是把支謙譯作和支婁迦讖譯作放在一起。支婁迦讖忠於原典的作風，對於經文的正解有所貢獻；支謙的作品則有助經典在當地流通，但與原典內容有所差異，是「刪而定之」的作品。對於宗教工作者來講，兩種譯作均有其用途。

〔註 30〕這個說法，請見王鐵鈞《中國佛典翻譯史稿》北京市：中央編譯出版社，2006 年 12 月出版，頁 31。

〔註 31〕請見《大正新修大藏經》第五十五冊，台北：新文豐圖書公司，1982 年出版，頁 49。

但是支謙追求文麗簡約，犧牲了信守原文的原則，犯了宗教翻譯上的大忌。道安在《摩訶鉢羅波羅蜜經序》說：「叉羅、支越，斲鑿之巧者也，巧則巧矣，懼竅成而混沌終矣。」〔註 32〕道安所懼怕的是犧牲了原作的宗旨，特別是過度的「意譯」，這形同「擬作」或是「重寫」，是「意譯」最値得注意的問題所在。另一參與佛典翻譯者，慧常也認爲：

> 「『此土《尚書》及與《河》、《洛》，其文樸質，無敢措手，明祇先王之法言而順神命也。何至佛戒聖賢所貴，而可改之以從方言乎？恐失「四依」不嚴之教也。與其巧便，寧守雅正，譯胡爲秦。東教之士，猶或非之，願不刊削以從飾也。』眾咸稱善，於是按梵文書，唯有言倒時從順耳。」〔註 33〕

由於當年《比丘大戒》翻譯時，主譯法師認爲梵文繁複，要求筆受者慧常仿效支謙那種「意譯」的風格，用簡約而流暢的中土語法表達，然而遭到慧常拒絕。就宗教的立場看，慧常是正確的，佛戒屬於宗教內部文件，須以嚴謹、莊重而明確的態度明示操作法則，不宜運用支謙崇尚文麗簡約的風格。這對於後來的佛典翻譯的思想起了相當的啓發。

（三）魏晉與玄談結合的格義派

支謙的譯風雖遭到道安等後人反對，可是他主張反對過多的音譯詞，與贅詞、贅語，力主使用流暢的本土語言譯經。此一主張康僧會頗爲支持。三國時期的康僧會甚且使用儒家典故來解釋佛經理念：

> （孫）皓問曰：「佛教所明，善惡報應，何者是耶？」會對曰：「夫明主以孝慈訓世，則赤烏翔而老人見；仁德育物，則醴泉涌而嘉苗出。善既有瑞，惡亦如之。故爲惡於隱，鬼得而誅之。爲惡於顯，人得而誅之。《易》稱積善餘慶。《詩》詠求福不回。雖儒典之格言，即佛教之明訓。」皓曰：「若然，則周孔已明，何用佛教？」會曰：「周孔所言略示近迹，至於釋教則備極幽微，故行惡則有地獄長苦，修善則有天宮永樂，舉茲以明勸沮，不亦大哉！」〔註 34〕

〔註 32〕請見《大正新修大藏經》第五十五冊，台北：新文豐圖書公司，1982 年出版，頁 52。

〔註 33〕請見《大正新修大藏經》第五十五冊，台北：新文豐圖書公司，1982 年出版，頁 80。

〔註 34〕請見《大正新修大藏經》第五十冊，台北：新文豐圖書公司，1982 年出版，頁 325。

康僧會將佛教教義與儒家相互比附，看似「方便說法」，頗能導引初學。卻也引發後人尋求佛典之義比附中土之學的風氣，此即所謂的「格義」。到了魏晉，經學衰微，玄學興起，清談成風。士大夫競相以談玄爲務，非老即莊，以爲「名士」。僧人此時加入，以般若之學，不落言詮之教，獲得名士們歡迎，於是「引佛入道，談玄論佛」成爲時尚。此一趨勢開啓了佛教大量翻譯《般若經》系列經典。在鳩摩羅什譯出系列的《般若經》之前，竺叔蘭所翻譯的經典爲這方面的代表。他的譯作明顯受到老莊思想影響，如《放光般若經》以「意譯」爲主，用大量的「道」來指稱佛經裡面的「阿耨多羅三藐三菩提」，其原意即佛之「無上正等正覺」，此外竺叔蘭還用「意」、「終始」、「無」等這些玄學裡流行的詞彙。道安對於竺叔蘭譯風有所批評：「言少事約，刪削復重，事事顯炳，煥然易觀也，而從約必有所遺。」〔註 35〕竺叔蘭的風格頗似支謙，欲將佛典普及於魏晉士大夫階層，對於經典流通來說有所貢獻，卻也把佛教義理與老莊混淆了，直到後來的鳩摩羅什譯作出現，竺叔蘭這類的譯作才被取代。

（四）東晉道安「五失本」與「三不易」的提出

「意譯」之風大行於魏晉，同時適應玄談，「格義」爲務的翻譯風格大起。但前代所譯諸經也都還在，一時之間，同經異譯，乃至重譯，時常發生，卻也困擾了佛教界。例如西晉時代，一部《維摩詰經》有支謙、竺法護與竺叔蘭三種版本，而且是三種不同的譯法，讓人無所適從。東晉僧人支愍度曾經就此情形有所說明：

> 于時有優婆塞支恭明，逮及於晉有法護、叔蘭，此三賢者並博綜稽古，研機極玄，殊方異音，兼通關解。先後譯傳，別爲三經，同本人殊出異，或辭句出入，先後不同；或有無離合，多少各異，或方言訓古，字乖趣同，或其文胡越，其趣亦乖；或文義混雜，在疑似之間。〔註 36〕

像這種情形頗爲多見。甚且由於意譯、格義，比附老莊，佛道相混等種種情況，導致來路不明，卻魚目混珠，良莠不齊，眞假難辨的僞經於焉產生。佛

〔註 35〕請見《大正新修大藏經》第五十五冊，台北：新文豐圖書公司，1982 年出版，頁 48。

〔註 36〕請見《大正新修大藏經》第五十五冊，台北：新文豐圖書公司，1982 年出版，頁 58。

典傳譯事業混亂，如不整理一番，勢將造成佛教衰亡。爲了撥亂反正，道安偈盡所能蒐集經典，編纂了中國佛教史以來第一部佛典目錄《經錄》作爲後代翻譯經典的參考。因爲這個工作，經過各種經典比較，道安對佛典翻譯提出了一套原則，他主張翻譯要「矜慎」。所謂的「矜慎」就是直譯的原則，爲此他提出了著名的「五失本」與「三不易」的原則。

所謂的「五失本」是：

有五失本也：一者、胡語盡倒而使從秦，一失本也。二者、胡經尚質，秦人好文，傳可眾心，非文不合，斯二失本也。三者、胡經委悉至於嘆詠，丁寧反覆，或三或四，不嫌其煩，而今裁斥，三失本也。四者、胡有義記正似亂辭，尋說向語文無以異，或千五百刈而不存，四失本也。五者、事已全成，將更傍及，反騰前辭已乃後說而悉除此，五失本也。然般若經，三達之心，覆面所演，聖必因時，時俗有易。而刪雅古以適今時，一不易也；愚智天隔聖人叵階，乃欲以千歲之上微言，傳使合百王之下末俗，二不易也；阿難出經，去佛未久。尊大迦葉令五百六通，迭察迭書，今離千年而以近意量截，彼阿羅漢乃兢兢若此，此生死人而平平若此，豈將不知法者勇乎？斯三不易也。涉茲五失經、三不易，譯胡爲秦，詎可不愼乎？〔註37〕

筆者詮釋道安「五失本」的意思如下：

1. 謂句法倒裝：因循梵經的梵語倒置，前後辭序顚倒。
2. 謂好用文言：梵經樸質，漢文華麗，譯本爲了文采，在行文上多有潤色。
3. 謂刪去反覆之語：梵經在同一文句中有意思反覆之現象，並不嫌冗繁例如，佛的十個名號並列，〔註38〕在漢譯之時多有刪略。
4. 謂刪去一段落中解釋之語：佛典經文段落結束時，梵本當中總會附帶一首重頌，並有固定形式，但在漢譯本中有刪略的現象。
5. 謂刪去後段覆牒前段之語：梵本中敘述一事時，有些段落在將完成之

〔註37〕請見《大正新修大藏經》第五十五冊，台北：新文豐圖書公司，1982年出版，頁52。

〔註38〕佛的十個名號爲：如來、應供、正遍知、明行足、善逝、世間解、調御丈夫、天人師、佛、世尊。此十號時常出現在佛典當中，作爲一尊佛陀的完整稱號。請見《佛光大辭典》，台北縣：佛光文化事業公司，1997年5月出版，頁480。

際，會有重述前段話語之舉，此漢譯本也有刪略的現象。

所謂的「三不易」是：

1. 謂既須求眞，又須喻俗：以當代語來翻譯古代語是不容易的。
2. 謂佛智懸隔，契合實難：古代聖賢，哲理精微，後世淺薄的學者很難能夠契合。
3. 謂去古久遠，無從詢証：阿難等人集結經典態度審愼，後人輕率翻譯經典難以正確。〔註39〕

道安的「五失本」與「三不易」的原則，事實上是對當時譯經事業提醒，切莫迷於「意譯」忽略了梵本佛典本有的特質。因「意譯」風格的過度，帶來僞造經典出現的機會，夾雜在群經當中混淆視聽，對於佛教是一大危害。尤其「格義」之風對於佛教長久發展勢將造成障礙。道安有鑑於此，大力呼籲，重視梵本的本質，杜絕僞經流通。

（五）廬山慧遠的「厥中說」

從佛教傳至中國以來，後漢時期一度流行「直譯」風格，到了三國、魏晉，爲了讓佛典廣爲流通所興起的「意譯」風格，究竟佛典應當如何翻譯才算恰當？成了東晉以來佛教界思考的大問題。除了道安對於諸家提出的譯評以外，廬山的慧遠則提出了調和「直譯」與「意譯」的「厥中」之說。他說：

> 提婆於是自執胡經，轉爲晉言。雖音不曲盡，而文不害意。依實去華，務存其本。自昔漢興，逮及有晉。道俗名賢並參懷聖典，其中弘通佛教者，傳譯甚眾，或文過其意，或理勝其辭，以此考彼，殆兼先典，後來賢哲，若能參通晉胡，善譯方言，幸復詳其大歸，以裁厥中焉。〔註40〕

譯文執著忠於原典，必將帶來本土讀者的不適，但若講究文麗，則又失於偏失原意。慧遠的意思是，最好是「音不曲盡，而文不害意。依實去華，務存其本。」這就是所謂的「厥中」。他在《大智論鈔序》則更進一步指出：

> 童壽以此論深廣，難卒精究。因方言易省，故約本以爲百卷，計所遺落，殆過參倍。而文藻之士，猶以爲繁，咸累於博，罕既其

〔註39〕請見梁啓超《佛學研究十八篇》，上海：上海古籍出版社，2001年9月出版。頁46。

〔註40〕請見《大正新修大藏經》第五十五冊，台北：新文豐圖書公司，1982年出版，頁73。

實。譬大羹不和，雖味非珍；神珠內映，雖寶非用。「信言不美」，固有自來矣。若遂令正典隱於榮華，玄樸虧於小成，則百家競辨，九流爭川，方將幽淪長夜，背日月而昏逝。不亦悲乎！於是靜尋所由，以求其本。則知聖人依方設訓，文質殊體，若以文應質，則疑者眾；以質應文，則悅者寡。是以化行天竺，辭樸而義微；言近而旨遠，義微則隱昧無象，旨遠則幽緒莫尋。故令翫常訓者，牽於近習；束名教者或於未聞。若開易進之路，則階藉有由，曉漸悟之方，則始涉有津。遠於是簡繁理穢，以詳其中，令質文有體，義無所越。〔註 41〕

慧遠引《老子》語「信言不美」。太重視翻譯的「直樸」，而不重視「文飾」並不恰當，同樣地，「直譯」與「意譯」並非天生相剋，主要還是就文體來決定，所以「聖人依方設訓，文質殊體，若以文應質，則疑者眾；以質應文，則悅者寡。」不應當將直樸的文章翻譯得太華麗，也不應該把華麗的文章翻譯得太質樸，這都是不正確的。

佛教的這種傳譯國外文化，對於早期的中國人來說是新的經驗。異國風俗、習慣、文化皆與本國顯著不同，所以在翻譯上必須找尋本國既有的對等詞彙，或近似者而可容許表達的詞彙來傳達，不然就是用音譯，而於其後作補述注解。這是一般的翻譯手法。外國風情、文物或許可以簡單介紹即可。但是宗教的經典作品要介紹，還要做信仰的引導，甚且要進入實際生活化的修行、操作，使人能夠成為信徒、使徒，乃至成為宗教領袖級的傳教士。因此宗教文學的譯作，不僅要能夠嵌入本國文化，使人易於接受，還要能夠精確傳達屬於操作的指示，保證異邦人士獲得的信念，甚且是效果，與輸出地的信仰者一致，這樣才能讓宗教能在本地生根發展，達成宗教的救贖任務，更不能讓宗教產生質變。所以宗教文獻是特殊的文學作品，其翻譯需要相當功夫。要言之，宗教文學的翻譯，不僅要具足文學性，也要有傳播性，更有相當的專業性。凡此皆可謂宗教翻譯文學的「信實」。

自從佛教傳入中國以來，就有「直譯」、「意譯」，乃至後來發展的「格義」，回歸梵本的「五失本、三不易」之說，與綜合的「厥中說」等各家不同的理念。但是對佛教界來說，不論翻譯思想如何變化，翻譯者最重要的問題仍是如何將屬於外文的佛典用恰當的中文來表達，才算是理想的翻譯？道安整理

〔註 41〕同註 40，頁 75。

舊典，爲的就是將來重譯經典。他意識到佛教在中國要能長遠發展，就必須要獨立。擺脫道教，揚棄「格義」是必要的。道安認爲佛教必須回歸原典，重新建立詞彙庫，與專屬的話語系統，方能與道教清楚地分別。假如有人能精通梵文，又能精通佛典，也能了解漢文化，在佛典翻譯上能夠曲除道教的影子，這樣的人擔任主譯，是最理想不過。這就是後來鳩摩羅什被迎來中國擔任主譯的主要背景。

對於鳩摩羅什來說，道安的主張，與慧遠的「厥中」說，均對他有相當的影響。前者對於長安的佛教界有所影響，後者則是南方佛教界的領袖之一，時常與羅什書信往返討論佛法，並在譯作上有所交流。這些都在後人對羅什譯作評論上可見端倪。

三、當代有關的翻譯理論

近代以來，西洋科技勃興，翻譯學亦隨之興起。與宗教文獻直接關係的翻譯理論以美國的尤金・奈達（Eugene A. Nida, 1914～，以下簡稱「奈達」）的學說爲主。奈達致力於基督教《聖經》國際流通的研究，前往世界各地觀察研究《聖經》翻譯情形，他希望世界各地不同國情風俗的人都能讀懂《聖經》，根據實際經驗，提出動態對等（Dynamic equivalence）的翻譯理論，後來修正爲「功能對等理論」（Functional equivalence）。他的理論受到廣泛的迴響，不僅影響了《聖經》的翻譯，也影響了當代的翻譯學界。

奈達認爲，翻譯的首要任務是重現原文所傳達的訊息，重現的方法並非字對字，詞對詞的「同等」翻譯，而是「對等」的方法。由於各種語言均有獨特之處，譯者必須重視這一點。奈達認爲，好的翻譯作品不留「翻譯的痕跡」，讓讀者讀起來像是本國語文。他的「動態」或「功能」對等的理論就是根據這個觀點形成的。奈達重視讀者的感受，認爲爲了要讓閱讀譯作的讀者能夠產生與閱讀原文同樣的感受，譯者可以更改原文表達的方式，達到對等的效果。例如若要向英美人士介紹諸葛亮，便可以用英美人士所熟知人士來來作比喻，達到對等的效果，使讀者易於了解。〔註42〕

奈達分析譯文的類型不同，主要是由於三個基本因素：1.信息的性質；2.原作者及譯者的意圖；3.讀者的類型。信息的分野主要是來自偏重內容或是偏

〔註42〕請見金莉華《翻譯學》台北市：三民書局，2006年8月出版，頁31。

重形式，但是兩者不能相互脫離，譯者必須根據這兩方面做信息的傳達。除了考量信息的本身，還需注意讀者的閱讀能力，視讀者的年齡層或是各個社會階層而決定翻譯方式。所以這世界上沒有絕對完全對等的翻譯，奈達認爲譯者只有追求最接近的對等，那就是「形式上的對等」（formal equivalence）與「動態性的對等」（dynamic equivalence），形式上的對等重視信息本身，包括形式與內容兩方面，以詩體譯詩體，句子譯句子，概念譯概念，從而達成對等。具體者如「註腳式翻譯」（gloss translation），譯者根據字面意思，加上註腳說明，令讀者完全明白。但另一方面動態性的對等，則致力於「等效的原則」，這種翻譯並不在於譯語信息切合原語，而是著重於動態關係，即譯文的讀者與信息本身的關係。動態對等的翻譯要求譯文完全流暢，並嘗試將原文與讀者自身的文化聯繫起來，不要求讀者首先明白原作的文化背景，才能看懂信息。

但是奈達並非放任這種動態性的對等翻譯原則，對於這個原則給予一個定義：「與原語信息最接近而又自然的對等」，奈達強調，由於這種翻譯所要要求的是讀者對譯作的反應「對等」於原作的反應。所以必須特別注意譯作的「自然」。奈達認爲，一篇「自然」的譯作必須切合：1.譯語和文化的整體；2.信息的語境；3.譯語讀者的需要。所以爲了合乎自然，必須在語法結構上做調整。

所以奈達認爲，傳統上對於所謂翻譯上的「準確」、「忠實」和「正確」等原則，假如拋棄了讀者的理解問題，這些就沒有意義。譯作的成功與否決定在讀者的反應，衡量翻譯的成敗，不能將原語文化與譯語文化分隔。〔註 43〕

奈達的思想頗能爲鳩摩羅什譯作思想作註解。大抵上鳩摩羅什翻譯用心，便是希望將佛典推廣到致力玄談的士大夫階層以外人士。鳩摩羅什甚且把佛典的讀者訴諸於普羅大眾，將譯語訴諸於「聽覺」，而非「視覺」之上，使一般人即使沒有傳統國學基礎，亦能接受。以接受者爲主的翻譯思想，是奈達理論的特色。

四、本文「信譯」的標準

綜合上述，從中國佛教翻譯史，到鳩摩羅什，乃至嚴復，甚且是美國的奈達，不論是最古老的「直譯」、「意譯」，或是因應傳教需要的「格義」，還是後

〔註 43〕以上請見尤金．奈達著〈形式對等與動態對等〉，收錄於陳德鴻、張南峰編《悉方翻譯理論精選》香港：香港城市大學出版社，2006 年第三次出版。頁 41-51。

來的「回歸原典」的「五失本」、「三不易」，還是整合的中庸派「厥中」，事實上這些都是翻譯者爲了達成宗教文獻上的「信譯」任務所出現的過程。然而，就實際上的需求與宗教上的效果來說，忠實原文程度最高的「直譯」已然不可取，將形成讀者對譯作的排斥。而「意譯」雖然將譯入語的文化環境納入考量，但是過度的「意譯」幾近「重作」，勢將犧牲原作的特色。考量二者得失，自然必須兼顧原典的特色與讀者接受的角度，所以固然要留心「五失本」、「三不易」，卻也不能忽視了本地讀者的需求，提高譯作的接受程度，以利推廣。總結過去累積的經驗，斟酌得失利弊，鳩摩羅什譯作風格就此而生。

「信譯」一詞的定義，固然著眼於「對原文忠實」，但絕非傳統的「直譯」或是「意譯」。深知華人對於原典文體特點，如繁複者難以適應，鳩摩羅什相當重視刪治，所以是屬於「意譯」的範疇，難免疑慮存在了減損原文的信實之處，但後人評論常強調「文約而詣」，顯然兼顧了譯文流暢與不減原作宗旨的原則，已非單純的「直譯」與「意譯」的觀念所能衡量，故取嚴復論「信達雅」之「信」，與奈達的「動態對等」的觀點來討論。所以本文的「信譯」標準，是建立在這兩個理論之上。先行探討二者理論，原因在此。

第四節　本研究的主題與目標

那麼爲何選擇《妙法蓮華經・序品第一》（以下簡稱《法華經》）來研究鳩摩羅什的「信譯」問題呢？原因是在鳩摩羅什譯本當中，經得起時間考驗者，最好的例子就是《妙法蓮華經》。這部佛典在印度與中國佛教的歷史上均有其重要的地位；不僅是大乘佛教重要的佛典，也是流傳區域最廣闊的佛典。同時《法華經》是被發現的佛教梵本裡面不論是分佈區域上最廣，數量上最多，也是最完整的本子，因此成爲學術界研究最廣泛的梵本。而《法華經》在中國來講，也是佔有重要的地位，從《弘贊法華經傳》與《法華傳記》裡面可知，什譯本流通最廣，成爲南北朝，乃至當代都是備受重視的經典。同時，它更開展出了中國佛教第一個大乘佛教宗派，「天台宗」。此宗所依據的，就是什譯《妙法蓮華經》的思想爲中心，從南北朝晚期到現在已有千年，更流行於及日韓，此外也有英譯本，法譯本等多國譯本盛行於世界各地。《妙法蓮華經》影響力之廣大，由此可知。基於上述條件，本文撰作以鳩摩羅什《妙法蓮華經》作爲「信譯」上問題的研究。

《妙法蓮華經》在鳩摩羅什翻譯完成後，實際上並未完全為中國人所接受，產生了一本多譯的現象。《妙法蓮華經》，歷史上曾經就有「六譯」，〔註44〕但完整的版本只有三種流傳下來：（一）西晉初年的竺法護所譯之《正法華經》、（二）姚秦時代的鳩摩羅什所譯之《妙法蓮華經》與（三）隋朝崛多笈多的《添品妙法蓮華經》。其中竺法護本與鳩摩羅什本內容差異明顯，當時因為佛教界對於竺法護譯文有所不滿，所以要求鳩摩羅什再譯。而鳩摩羅什的譯作，經過了隋朝崛多笈多等人的鑑定，被認定譯文與梵本出入不大，所以保留了羅什譯文。而由隋朝崛多笈多等人，僅以添增新的部份重編了《法華經》，稱為《添品妙法蓮華經》。儘管如此，《添品妙法蓮華經》並沒有在中國佛教通行，鳩摩羅什的譯本仍然是中國佛教的標準本。

此一事蹟之所以提出，是因為經過隋朝崛多與笈多等人鑑定後並在《添品妙法蓮華經・序文》上說明：「考驗二譯，定非一本。護似多羅之葉，什似龜茲之文。余撿經藏，備見二本。多羅則與正法符會，龜茲則共妙法允同。護葉尚有所遺，什文寧無其漏。」〔註45〕因此才「重勘天竺多羅葉本」〔註46〕用此本作標準來編纂《添品妙法蓮華經》。竺法護與鳩摩羅什所用的梵本已不復得見，所幸尼泊爾版梵文法華經已經重現，該本是十八世紀以來，最早被發現，也是學者們做過完整的校勘，確認不論是在品數與內容上都是完整的經典。經過學者研究，認定可與鳩本相互對照。〔註47〕因此本文研究係以尼泊爾版的梵本法華經作為研究的主體，與鳩摩羅什《妙法蓮華經》對照，探討鳩摩羅什該本的「信譯」問題。

〔註44〕請見《法華傳記》，收錄於《大正新修大藏經》第五十一冊，台北：新文豐圖書公司，1982年出版，頁50。

〔註45〕見《大正新修大藏經》第九冊，台北：新文豐圖書公司，1982年出版，頁134。

〔註46〕同註30。

〔註47〕日本學者，荻原雲來、土田勝彌《改訂梵文法華經・序文》說明：尼泊爾版的梵文法華經已經過了荷蘭 Kern 博士與日本高楠順次郎、南條文雄兩位博士就尼泊爾本作過校對，並做過藏譯《法華經》與漢譯《法華經》的對照。認定尼泊爾梵文《法華經》是藏譯《法華經》的源流，並與鳩摩羅什譯本相近，可做對照。而本文所使用的版本為 Dr. P. L. Vaidya 所編訂《Saddharmapuṇḍrīkasūtra》（梵文法華經），該本以現存的尼泊爾尼瓦佛教使用的課誦本為主，並參考《改訂梵文法華經》修訂。兩版本形式與內容差異不大。請見日本・荻原雲來、土田勝彌《改訂梵文法華經》，日本東京：山喜房佛書林，1994年出版。〈序文〉頁4。並請見 Edited by Dr. P. L. Vaidya," Saddharmapuṇḍrīkasūtra",（Published by The Mithila Institute, Darbhanga, India, 1960）

爲何選擇了「序品」？主要原因是類似的研究在華人學術界並不多見。事實上研究《梵本法華經》在日本與歐美雖然盛行，甚且日本也出現了屬於漢梵對照的「法華經辭典」或是「法華經索引」，但多半發自宗教界的研究，賦予信仰上的肯定，研究上以「對照」爲主，較少就梵文原義入手；再者，中文對於中國來講並非外文，因此可就「譯筆」作更深入的研究。所以，用「信譯」的翻譯理論來研究《法華經》的譯文，具有相當的研究價值。因此，筆者便以「序品」研究，作爲開此領域的發端。同時，「序品」是佛典解說該經成立的因緣所在，對於研究其他經典而言，也有相當的指標性作用。所以本次研究便以《妙法蓮華經・序品》爲核心範圍。

從事宗教文獻的翻譯者必然遵循傳統，忠於原著，惟獨匠心獨運，必有其獨到之處。鳩摩羅什的《法華經》譯本，雖屬「意譯」，卻如慧觀《法華宗要序》所說是「曲從方言，趣不乖本」，〔註48〕說明了這是依循漢人的思考方式爲中心的「意譯」，而又不違背梵本的宗旨，必有特別的文學表現手法。所以本研究的主題便在以「信譯」問題切入，來研究羅什的譯筆方式，具體來說有兩個層次探討：

（一）消極上：探討信譯的問題，主要在於原典與譯本之間的比較。

（二）積極上：「信譯」，並不等於「正譯」與「錯譯」的分野。而是：

1. 形式上對等的方式：例如形式上的對等，如單詞、片語、句子、乃至段落上的對等。
2. 形式上不對等的譯法：例如是否採用效果對等，或是動態對等手法。

所謂「非信譯」，並非「誤譯」。舉例來說，早期的譯經家們在佛經的第一句多半譯成「聞如是」，直到鳩摩羅什翻譯，才改成「如是我聞」，之後的譯家都遵照此例。但實際上兩者都沒有譯錯，而是翻譯的著眼點不同所致。〔註49〕又如僧祐在《出三藏記集》當中詳列了〈前後出經異記〉，〔註50〕此並不代表舊譯爲誤譯，新譯爲正解。所以「信譯」問題的研究，重心並不是指出譯家的錯誤，而是還原譯家的譯筆根據，作爲佛典訓詁之用。這就是本研究的主題。

〔註48〕請見梁啓超《佛學研究十八篇》，上海：上海古籍出版社，2001年9月出版。頁189。

〔註49〕「聞如是」側重中文語法，「如是我聞」則是梵文的語法，是到裝句。這是對照梵文原典後才知道。請詳後面章節。

〔註50〕請見南朝・僧祐《出三藏記集》，北京：中華書局，1995年11月出版，頁14。

在翻譯的實務裡，除非重要的關鍵語詞：諸如數字、人名、邏輯符號、主詞與主要動詞等重要的語詞以外，在原文與譯作裡，雙方的單詞產生不對等情況十分常見。譯家以句對句，或是段落對段落的意思相等，以求其翻譯的效果，這是常用的技巧。從史書記載可知，鳩摩羅什是「手執胡本，口宣秦言，兩釋譯音，交辨宗旨」，〔註 51〕這說明了從原文到譯文的第一步驟是在鳩摩羅什的口譯完成，剩餘的就是場內的華僧們所提出的質疑討論，才有「交辨宗旨」。所以基本上，佛典譯作的輪廓是在鳩摩羅什這裡完成，因此從原文的「信譯」的角度切入，才能了解鳩摩羅什如何在考量「趣不乖本」底下去找尋「曲從方言」之道。要言之，從原文與譯作用詞的差異，來理解鳩摩羅什的譯文用心所在，才是本文研究的重點。

所以具體來說，本研究將從鳩摩羅什的《妙法蓮華經．序品第一》的「信譯」出發，目標在於解決下列的五個問題：

1. 鳩摩羅什的翻譯忠實於原文部分，即爲「信譯」部分。
2. 鳩摩羅什的翻譯與原文意思不同的部份，即爲「非信譯」部分。
3. 以「非信譯」部分來觀察鳩摩羅什如何不違背經文宗旨，其表現手法如何？是否採取了動態對等的手法等，這些都是研究的重點。
4. 鳩摩羅什的譯作是否接受了道安的「五失本」與「三不易」？譯作上有否如此表現？
5. 鳩摩羅什如何具體地以方言（華文）去呈現梵文的宗旨？在翻譯《妙法蓮華經》時如何進行「刪煩」？以此總結出什譯的翻譯風格。

總之，本文研究「信譯」問題，重點在於了解譯家的詮釋用心。從「信譯」的角度看鳩摩羅什譯作，主要目的就是希望了解羅什如何詮釋佛法。幾百年來，鳩摩羅什先後已有多位譯經大師，唯獨他的譯作，千百年來傳誦不絕。有史以來少人的譯作受到如此高度的信任，也少有譯家之言，能夠與原典並列，成爲中國佛教的代表作品。如此備受肯定，必有獨到之處，因此選擇此一主題，希望爲我國文學研究打開新頁，並於探討佛經翻譯文學與佛典訓詁學等作出貢獻。

〔註 51〕同上注。頁 185。

第二章　文獻探討

第一節　佛典翻譯之前人研究成果

關於佛典翻譯這個主題日益受到重視，相關研究已經有相當成果發表，歸結屬於佛典翻譯問題的研究路徑，大略歸類如下。

一、綜合型研究

在華人世界裏面，台灣的王文顏教授以綜合型的佛典漢譯研究在學界受到矚目，他是台灣第一位將此專題撰作學位論文，在 1983 年以《佛典漢譯之研究》爲主題獲得台灣國立政治大學的文學博士學位。該論著後來由台灣台北市天華圖書公司於 1984 年出版，後來更以《佛典重譯經研究與考錄》一書（文史哲出版社，1993）升等成爲教授。

《佛典漢譯之研究》可謂一本屬於佛典漢譯的百科全書。雖然王教授並不了解梵文，手中也沒有梵本，在他撰寫論文的時候，台灣幾乎沒有相關的研究，等於是從無到有，篳路藍縷，開創了此一研究的新局面。王教授從現存漢傳佛典，與相關古籍當中蒐羅資料，將佛典研究分成三個主題，即「譯經史的流變」、「譯場制度與譯場組織」，還有「譯經理論」等三個方面進行論述討論，內容十分詳盡。王教授對於這個主題，抱持著想要一口氣就解決所有問題的信念，傾盡全力去著手這項研究，其內容廣博，探討深入，爲後輩的楷模。

二、譯經史研究

佛典翻譯史，事實上最早可推至梁啓超，在《佛學研究十八篇》（上海古籍出版社，2001 年 9 月）當中有〈翻譯文學與佛典〉、〈佛典之翻譯〉並附錄〈佛教典籍譜錄考〉等三篇文章。值得一提的是，梁啓超先生將佛典文學體裁做出比較深入的考釋，在當時環境與條件下是非常難能可貴，特別是梁先生在〈佛典之翻譯〉並附錄〈佛教典籍譜錄考〉當中做了很多圖表，並將佛典的翻譯順序，以譯家爲主作出歷史圖表，是非常難得的參考資料。

專門屬於譯經史方面的研究，華人世界，當以新亞研究所出身的曹仕邦教授當作第一人想。曹仕邦教授是佛教史的專家，對於翻譯經典問題也相當投入，其代表著作爲《中國佛教譯經史論集》，由台灣台北市之東初出版社 1990 年出版。

事實上曹仕邦教授的研究，廣爲王文顏教授所引用。該書收錄的文章是曹先生在 1963 到 1979 年所發表的有關中國佛教翻譯史的論文爲主。基本上裡面的內容也大多爲王文顏教授所參考。曹教授的史學考證功力相當深厚，對於譯場的制度與週邊的相關問題都能敘述詳盡。書裡面提出一個重要論點，即西來梵僧翻譯經典方式與宣講經典有密切關係，譯場參與者事實上都是前來聽講經典，並能在現場提出質疑詢問，這種方式大幅提升了漢譯經典的可信度。總結曹教授的理論，不僅王文顏教授引用，也廣爲學界採納，值得一提的是在這本書裡面也同時附上求法沙門的一些歷史考證，添加了該書內容更多特色。

其餘譯經史探討，散見下面資料：

一、馬祖毅《中國翻譯史》（上卷），（漢口：湖北教育出版社，1999 年出版），有關於譯經史的記載是從第二章「宗教文獻的翻譯」的第一節「佛教文獻的翻譯」部分。主要是以時代與譯家爲切入點作系統化的介紹。

二、劉靖之主編《翻譯工作者手冊》，（香港：商務印書館，1991 年出版），當中有關譯經史在第四章，由黃邦傑所撰寫的〈中國翻譯簡史〉。大體上與馬祖毅所著《中國翻譯史》內容相當。

三、漢譯佛典的詞語研究

有關漢譯佛典上的研究在當代所取的成就是備受矚目，這部分也是當前最熱門的研究範疇。大略上有關海峽兩岸的研究專書出版狀況如下：

（一）屬於台灣地區的研究成果

▲竺家寧著《佛經語言初探》，臺北市：橡樹林文化出版公司 2005 年 9 月印行。竺教授是台灣當地的著名中國文學的學者，在台灣算是最早將佛經語言相關問題提出的學者之一。

（二）以下則是大陸地區學者的著作：

▲徐時儀、梁曉虹、陳五雲著《佛經音義概論》，台北：大千出版社，2003 年出版，內容相當於三位作者在北京商務印書館所出版之《佛經音義語漢語詞彙研究》一書（2005），內容非常詳實，主要是對佛經音義相關著作的介紹與對語言學貢獻的書籍。

▲梁曉虹《佛教與漢語詞彙》，台北：佛光文選叢書，2001 年出版。

▲朱慶之《佛典與中古漢語詞彙研究》收錄在「大陸地區博士論文叢刊」當中，台北：文津出版社出版。

▲龍國富著《姚秦譯經助詞研究》，湖南省長沙市：湖南師範大學出版社，2005 年 8 月出版。

另外以收錄大陸地區佛教學相關博碩士論文，由佛光山文教基金會所印行的「法藏文庫——中國佛教學術論典」當中的有：

1. 第六輯

第 58 冊所收錄：

（1）朱慶之《佛典與中古漢語詞彙研究》

（2）董琨《漢魏六朝佛經所見若干新興語法成分》

（3）黃先義《中古佛經詞語選釋》

（4）梁曉虹《漢魏六朝佛經意譯詞研究》

（5）王兵《魏晉南北朝佛經詞語輯釋》

（6）張美蘭《五燈會元動量詞研究》

第 59 冊所收錄：

（1）顏洽茂《魏晉南北朝佛經詞彙研究》

（2）顏洽茂《南北朝佛經複音詞研究》

第 60 冊所收錄：

（1）梁曉虹《佛教詞語的構造與漢語詞彙的發展》

（2）胡敕瑞《論衡與東漢佛典詞語比較研究》

2. 第七輯

第 61 冊所收錄：

（1）董志翹《入唐求法巡禮行記》詞彙研究

第 62 冊所收錄：

（1）張全眞《法顯傳》與《入唐求法巡禮行記》語法比較研究

（2）周廣榮《梵語悉檀章在中國的傳播與影響》

第 63 冊所收錄：

（1）王邦維《南海寄歸內法傳》校注

（2）王邦維《大唐西域求法高僧傳》校注

第 64 冊所收錄：

（1）盧烈紅《古尊宿語要》代詞助詞研究

（2）陳文杰《早期漢譯佛典語言研究》

第 65 冊所收錄：

（1）姚永銘《慧琳音義》語言研究

（2）徐時儀《慧琳一切音義》評述

第 66 冊所收錄：

（1）俞理明《漢魏六朝佛經代詞探析》

（2）蕭紅《洛陽伽藍記》句法研究

（3）葛維鈞《從《正法華經》看竺法護的翻譯特點》，這是筆者目前所知華人世界裡唯一與本研究直接相關的作品。

（4）曾良《《敦煌歌辭總編》校讀研究》

由上可知，大陸地區學者在這方面取得的成就比較輝煌，已經進步到將佛典翻譯後的佛典內句型與構詞作了分析，與深入的探討。而台灣地區甚且佛教界引進「佛典漢文」，作爲佛學院的必備科目。〔註 1〕

不過就這個研究來講，筆者不得不強調，佛典漢語的研究必須仰賴原典語文的了解。然則除了梁曉虹的《佛教詞語的構造與漢語詞彙的發展》與葛維鈞《從《正法華經》看竺法護的翻譯特點》對此有部分論述以外，包含台灣的竺教授在內的研究者並未述及原典語文的部分。由於原典語言未能成爲研究的重心，以致容易造成研究邏輯上的謬誤（這部分在下一章將會論述），

〔註 1〕例如台灣南部高雄縣的光德寺開設的「僧伽大學」，便有開設「佛典漢文」科目，邀請竺家寧教授前往授課。

是此一研究亟需補強的地方。比較值得注意的是，葛維鈞《從《正法華經》看竺法護的翻譯特點》這部論文堪稱中國史上第一部專門以竺法護《正法華經》與梵本對照爲研究主要對象。然而可惜的是，葛先生僅作出漢譯與原句的對照，而且也只有局部性的研究，並未做細部，諸如單詞對照的分析，實在可惜。但葛先生以碩士論文便能有此成果，成就非凡！筆者受到葛先生論著啓發，就此議題繼續深入。

事實上，海峽兩岸三地，過去對於梵文與印度語文的涉獵，這方面的人才本來就很少，而佛教界對此不甚重視，甚且抱持著「不支持也不鼓勵」的態度，即使現在台灣地區佛教設立的研究單位，梵文這個學科作用也僅止於「語文學科」，未能成爲研治佛學的主流。〔註 2〕而中國大陸雖然中國社科院，北京大學都設有相關系所，但是屬於梵文方面的研究都是集中在研究印度次大陸與南亞地區各國文化的焦點下的專業科目，迄今未能在海峽兩岸中國文學學界獲得重視，所以有這樣的成就，實在難能可貴，學者們的努力爲學術的發展更推進了一大步。

四、翻譯理論研究

屬於翻譯理論部分的研究，當然在王文顏教授與曹仕邦的著作都有提

〔註 2〕台灣的中國佛教界對於這種從國外（主要是從日本）引進的「佛教學」與「佛教語文」相關知識與研究方法意見非常分歧，大體上是成兩極化趨勢。屬於佛學院與佛教研究體系多半設立梵文，巴利文與藏文相關科目，供僧侶學習。甚且以法鼓山中華佛學研究所爲首的高等佛學研究單位將佛教語文科目列爲學習重點，並提倡以日本佛學研究方法來發展其學術研究。但是台灣佛教界並不支持這種「佛教語文」的學習發展。當僧伽畢業以後，除非要繼續升學，就讀正式的大學，攻讀學位，否則回到寺院後再也用不到這些所學習到的佛教語文。事實上，以日系爲首的佛教學研究方法，因爲涉及日本學界在十九世紀提出的「大乘非佛說」與「原始佛教」的概念，令台灣佛教界非常介意，認爲這種佛教語文乃是屬於用來推翻傳統佛教的重要根據，甚且認爲這是學者片面見解，而不予支持，敬而遠之。甚且也引發了台灣學者的疑慮，認爲這種過度強調梵文與巴利文，藏文的研究有其不理想之處。萬金川教授引用台灣大學林鎮國教授的話指出：「自八十年代起，新興起的語言文獻學方法成爲〔此間的〕研究典範，這對提升台灣的佛教研究水準有很大的貢獻。從國際的佛教研究視野來說，這乃是誤期的現代性現象。這種現代佛教研究在台灣的誤期，若缺乏恰當的反省，則往往會成爲誤置，反而使原具積極性的語文獻學研究隔絕於當前具體的文化脈絡與議題。」請見萬金川《佛經語言學論集》，台灣南投縣：正觀出版社，2005 年三月出版，頁 43。

到，不過中國大陸已經專門針對屬於翻譯理論的專書。那就是朱志瑜、朱曉農所著《中國佛籍譯論選輯評注》（北京：清華大學出版社，2006）。這本書可說是專門爲佛典翻譯的理論所編，選擇以翻譯者與佛典翻譯的條目作爲收錄主體，並增加後人對的評述。分成兩大門類：第一部分是僧人對佛經翻譯的看法與論述，稱爲翻譯理論的部分；第二部分是對一些名翻譯家，如鳩摩羅什，玄奘等人的評論，稱爲翻譯批評。這樣的編著，主要是著重於體現佛典翻譯的思想發展脈絡，也能了解譯家們的翻譯思想。所有條目以譯者爲主，按照年代順序編排，作者並按照需要加上註解。可說是一部相當完整蒐羅了我國古代佛典翻譯的理論與批評的專書。

這個工作相當不易，原因在於中國佛典翻譯理論散見於各經論漢譯後的前言與序文，有的則見於後跋，與佛典目錄中的譯者小傳，再來就是高僧傳類，這種才有比較大點規模的介紹，所以將這些篇目蒐羅起來整理，著實需要費上一番功夫。只是若能從原典著手進行研究的話，更能深刻體認古人的批評，這是未來可以進行的下一步研究工作。

五、佛經語言問題研究

筆者以爲這是劃時代的研究成果，雖然起步較晚，終究還是迎頭趕上。事實上，中國自古以來，除了在國家佛經譯場裡能夠接觸到原典以外，其餘大多時間全國僧侶與信徒所接觸到的都是漢譯佛典。所以自從佛典翻譯後千年間，原典語文幾乎都是棄而不聞，以致湮沒不傳。所幸當代仍有少數碩學人士再繼絕學，繼往開來。下面是舉其要者：

大陸地區學者相關論著，大多以南亞語言與文化的研究，這方面人才濟濟，在這裡舉出與佛典語言研究相關的特出的學者：

（一）季羨林《季羨林佛教學術論文集》

提到印度語文的研究，就不能不提這位已屆九十高壽，中國首屈一指的中南亞語言專家，季羨林先生。季先生是中國第一位在德國哥廷根大學獲得印度語言專業的哲學博士，後來回國擔任北京大學東方語言文學系主任，並擔任過副校長，南亞東亞研究所所長。並任職中國社會科學院哲學社會科學學部委員。主要著作有：《印度簡史》、《中印文化關係史論文集》、《印度古代語言論集》、《原始佛教的語言問題》、《季羨林學術論著自選集》、《大唐西域記校注》等十餘種，翻譯有印度史詩《羅摩衍那》、《五卷書》、《沙恭達羅》等著作相當豐富，可謂著作等身，對中國的中亞語言與東西交通史做出了很大的貢獻。台灣地區由台北市東初出版社出版學術專輯《季羨林佛教學術論文集》（1995），蒐羅了季先生關於佛教語言的相關論文多篇。

季教授在佛教語言上的貢獻，主要是以佛教的語言發展爲主軸，他涉獵了梵文，巴利文，與俗語（Prākrit），甚且是古代「西域」的吐火羅語，對於在新疆出土的吐火羅語寫卷解讀做出重大的貢獻。也因爲季教授這種特殊的專長，他也對於佛典起源的語言問題做了相當的整理。季教授研究的特點正是如同他在爲台灣出版的《季羨林佛教學術論文集》所寫的〈自序〉裏頭提到：

> 我把語言研究與對佛教史時的探索緊密地結合了起來。我探討古代佛教語言，並不嚴格地限於語言的形態變化。我努力探究的是隱蔽在形態變化後面的東西。古代佛教語言或方言的型態變化，往往能透露出來這種語言或方言產生漢流行的年代（時間）和地域（空間）。這能對研究佛教部派的分佈地區和產生時間提供重要的依據。大乘佛教的興起是佛教史上一個重大變革。古今中外從事研究這個問題的學者眾矣。然而沒有哪一個學者從語言特點入手探討，有之季羨林始。竊以爲分析語言特點是探究大乘起源問題必由之路。〔註3〕

季教授投入印度佛教文獻與中印文化交通史之研究，加上他對印度，乃至中亞古典文字的精湛素養，往往能發人之所未發。觀察季教授該書裡面的文章，其特點都是以小問題出發，到能夠解決某個佛典語言的特性提出結論，如從「浮屠」與「佛」開始論證佛教輸入的問題，並談過了三次屬於佛教典籍的語言問題，並論證新疆古代民族語言問題，歸結到用梵文與伊朗語言的音變關係來研究新疆民族語言，其後更提到了古代的「中天音旨」，研究流傳在《大正藏》裡面的屬於悉曇字學問題。而在《論梵文本〈聖勝慧到彼岸功德寶集偈〉》的專文裡面，提到《聖勝慧到彼岸功德寶集偈》這部大乘般若經，是用混合梵語（Buddhist Hybrid Sanskrit）寫的，表明它是般若部中早出的；其語言的主要特點是語尾 am 變成 o 或 u，說明它與印度西北部方言有關。這就涉及到大乘佛教的起源問題。過去一般認爲大乘佛教起源于南印度，幾乎已成定論。而季教授認爲大乘佛教分成「原始大乘」和「古典大乘」兩個階段。

〔註 3〕請見季羨林《季羨林佛教學術論文集》，台灣台北市：東初出版社，1995 年 4 月出版，頁 5。

原始大乘使用混合梵語，內容處於小乘思想向大乘思想發展的過渡階段；古典大乘則使用梵語，內容是純粹的大乘思想。原始大乘起源地應該是東印度，時間應該可上溯到西元前二三世紀，濫觴于阿育王時期。因此《聖勝慧到彼岸功德寶集偈》雖然是早出的般若經，還不是原始的般若經。季羨林在這裡提出的關於大乘佛教起源的創見還有待進一步探討，但已向大乘佛教起源問題又邁出了一步。凡此種種，充分說明瞭一代碩學鴻儒對於中國未曾涉足的新學科所作的開疆闢土工程。

當時佛典語言對於中國還算是陌生，季羨林教授這樣爬梳整理原典文字之間的功夫，辛苦異常，但是對於後輩的貢獻與啓發是相當大的。事實上季羨林教授的貢獻，除了著作等身以外，也培養出多位優異的學者，就連日本在法華經研究的著名學者，辛島靜志教授也受學於季羨林教授門下，編著了屬於從佛典語文角度出發的佛典漢語詞典，季教授的成就可謂中國的國寶，世界華人之光。

（二）金克木《梵佛探》

中國能夠在南亞語言上面研究有所建樹者，除了季羨林教授以外，在梵文上，最爲人稱道的就是金克木教授。而金克木教授對於佛典語言最直接的建樹，也就是梵文的部分。其終生著作匯集成《梵竺廬集》甲乙丙三種全三冊（江西省南昌市：江西教育出版社，1999 年 9 月）。他對於佛教原典語言研究，放置在《梵竺廬集・乙・梵佛探》一書當中。

金克木教授早年留學印度，對於梵文有精到的研究，尤其對梵文文法之母，《波你尼經》（Aṣṭādhyāyī of Pāṇini）有深入的研究，可謂中國研究該經的第一人。《波你尼經》並非佛典，卻是佛典經常提到，印度傳統「聲明學」（Śabdavidya），梵文文法的根本經典，是一切梵文文法的母本，這部書籍作於公元前四世紀以前，不僅影響了印度梵文文法的發展，更是刺激了十八世紀歐洲語言學勃興的重要經典。可是這部經典非常艱深難讀。金克木對於佛典語言的直接貢獻，就是撰作屬於梵文語法歷史，對於梵文的發展與受學程序都有相當的介紹，尤其是介紹印度人學習梵文的教育方式，令人受益匪淺！

對於中國人來講，梵文是一種特異的語文，特別是它的語尾變化，這是梵文讓人感到困難的重要標誌。可是梵文雖難，梵文的文法更難！難就難在其文法的編寫方式，異常瑣碎，不易窺得全豹。金克木教授在《梵佛探》一書當中介紹了印度被稱爲「聲明學」的梵文語法之學，其完整的學習歷程，令人深感受用。

此外金教授還有一個重大的貢獻，就是撰寫了《梵語文學史》，這對於學習佛典語文者來說有其重要意義。因爲佛典文學，從巴利文撰寫的四阿含系列經藏，到俗語（Prakṛta），混合梵文（Buddhist Hybrid Sanskrit），到純粹梵文化的佛教經藏形成，都是屬於印度文學史的一部分，以印度文學的主體來看佛典文學也是一個很重要的角度。事實上筆者發現，金教授的《梵語文學史》很可能目前世界唯一以中文撰寫成，介紹梵文的文學發展史，對於佛典語文研究來說非常有參考價值。

但很可惜，金克木教授雖然比季教授年輕，卻早於季教授過世。不論對中國的梵文研究，還是佛典語文的研究來說，都是一大損失！但是金教授的遺作也足夠給後人帶來相當的啓發。

以下是台灣地區的相關學者與其論著：

（一）萬金川的佛典語文研究

現任教於台灣中央大學中文系的萬金川教授是台灣早期以佛典梵文研究著名的學者。他自修梵文，以《龍樹的語言概念》（正觀出版社，1993 年 2 月）獲得台灣輔仁大學哲學研究所碩士學位。此後萬教授便投入佛典梵文與佛典語文相關研究，以此爲專業。其餘相關著作爲《佛經語言學論集》（正觀出版社，2005 年 3 月），對於佛典漢譯的語文問題有相當深入的研究。就「佛典混合漢語」此一主題作出論述，並提出種種反省當前研究佛典語文的問題所在。

總的來說，萬金川教授的貢獻是在於將梵文引進台灣的佛典漢譯本的比較研究，功不可沒。

（二）許洋主與《新譯梵文佛典——金剛般若波羅蜜經》

許洋主女士師承台灣大學哲學系葉阿月教授，自己成立工作室，專門從事佛典相關的學術翻譯，介紹日本佛教學界專著來到台灣。她對台灣佛教學術貢獻最大的，是《新譯梵文佛典——金剛般若波羅蜜經》（台北：如實出版社，1995 年 11 月），這是一套五巨冊構成，內容蒐羅了完整的金剛經梵本與漢譯的各種版本，同時在該套叢書後更附上一部自己所翻譯的，由神亮三郎所作，工藤成樹所編的《梵語學》。許洋主此本著作最大特點，便是第一部華人以梵文本爲主來進行漢譯的翻譯考察。將梵本逐字做翻譯上的註解，來說明該字的翻譯，是相當傑出的作品，爲佛典漢譯的研究推到了一個高峰。許洋主女士的研究方法與精神對筆者的啓發也相當多。

（三）林光明的佛典語文研究

林光明先生是民間學者，他是台灣地區可以說對於佛典語文投入新力最巨，著作最豐的一位，常往返世界各地，向季羨林等世界多位碩學大師請益，並不斷進修。他於台灣法鼓山聖嚴法師創辦之中華佛學研究所畢業，其後創設台灣嘉豐出版社，專門從事與佛教語文叢書的出版，目前林光明先生的佛典語文相關著作有：

甲、著作類

1. 《梵字悉曇入門》（1999）：這是台灣地區由國人第一部專門介紹佛典梵字，悉曇梵文的專書。
2. 《簡易學梵字》基礎篇（2006）
3. 《簡易學梵字》進階篇（2000）
4. 《梵字練習本》一般用／書法用
5. 《梵字練習本》書法用
6. 《蘭札體梵字入門》（2004）
7. 《城體體梵字入門》（2006）

上面幾本都是專門介紹各種佛典梵字書籍，成爲華人地區學習梵字入門必讀的書籍。

8. 《認識咒語》（2000）：這是針對國內首部專門針對佛典咒語的研究。
9. 《大悲咒研究》（1994）
10. 《往生咒研究》（1997）
11. 《梵藏心經自學》（2004）

上面三部都是屬於以梵文爲主題，介紹佛典梵漢，甚且有藏文，日文，英文等多種語文對照的介紹書籍。

12. 《敦博本六祖壇經及其英譯》（2004）

乙、編著類

1. 《新編中英對照常用佛經》（1994）
2. 《金剛經譯本集成》（1995）
3. 《阿彌陀經譯本集成》（1995）
4. 《心經集成》（2000）：收錄近兩百種譯本。

從第 2 至第 4 種的三部書籍也是屬於以梵文爲主題，介紹佛典梵漢，甚且有藏文，日文，英文等多種語文對照的介紹書籍。

5. 《新編大藏全咒》（2001）：這是咒語百科全書，全套共計十八冊。
6. 《梵漢大辭典》（2005）：歷史上第一部梵漢辭典。相當值得一提的巨著，是本研究採用的字典版本。

丙、翻譯類

1. 《眞言事典》（2002）
2. 《密教經教儀軌解說》（2003）
3. 《金剛界咒語解記》（2003）
4. 《胎藏界咒語解記》（2003）

林光明先生對於佛典語文研究相當投入，他從梵字的結構與拼寫開始，發表系列的梵文導讀書籍，並編寫首部梵漢辭典，成就輝煌，因此多次受邀出席學術會議發表論文，是當代華人世界投入佛典語文當中，成績卓著，堪稱當代碩學。爲我國佛典語文研究做出相當的貢獻。

六、其他相關研究

其他相關的研究舉例如下：

▲孫昌武編注《漢譯佛典翻譯文學選》（上／下冊，天津：南開大學出版社，2005 年 7 月）：孫昌武教授是大陸早期提倡佛教文學研究的學者之一，是這門學術的前輩。這兩本書是他在這領域比較成熟的研究成果，作爲教科書來使用。孫教授以爲佛典翻譯文學是古代中國的翻譯文學作品，也應當視爲中國古典文學遺產的重要構成部分。他亦將此佛教翻譯文學分類爲：佛傳、本生經、譬喻經、因緣經、法句經、大乘經等各類。

▲吳勇海《中古漢譯佛經敘事文學研究》（北京：學苑出版社，2004 年 5 月）：該文指出佛學與文學交叉研究，已經是當代顯學，備受學術界矚目，該文以中古漢譯佛經進行分類概說，以佛經內容與形式體制，將佛經文學分成佛傳、本生、譬喻、僧伽罪案文學與讚頌文學等五大類。並以佛典內各項題材，與中土傳統文學做一比較，並將佛典文學作爲民間宗教文學作一主題性探討。算是將佛典文學做一個文學史性的探索。

其餘屬於佛典語文之相關研究，在中國還有可以提者，就是與本研究有密切關聯，已故的中國社會科學研究院學者，蔣忠新所整理的《民族文化宮圖書館藏梵文「妙法蓮華經」寫本》。蔣忠新先生是季羨林教授非常推崇的一位佛典語文學者，但蔣先生只整理到將梵文字母轉寫成羅馬化字母部分，此後就鮮少聽到後續研究的發展，後來因病逝世，實爲此一領域的損失。

其他還有多種研究，但由於資訊簡陋，遺漏之處所在多有，還望多加指教。事實上這部分研究中國與華人世界已經進行多時，已有相當長足的進步。筆者簡要歸納成上述七項。

事實上大陸在 2006 年啓動了「梵文貝葉經保護與研究工程」。根據新華社七月廿三日在拉薩的報導，從七月廿二日起召開的「西藏"梵文貝葉經"保護工作」會議上，將啓動「梵文貝葉經」保護與研究工程，對「梵文貝葉經」進行爲期兩年的全面普查工作，以保護現有的「貝葉經」爲重點，並將影印資料交給國內梵文貝葉經專家進行全面研究。早期的貝葉經寫本，因爲印度歷史上的戰爭頻仍，氣候炎熱、潮濕等原因，幾乎已失傳。而傳入西藏的「梵文貝葉經」則完整地保留下來。西藏目前保存的原始「貝葉經」抄本，多是西元七世紀至十三世紀從印度引進的，其中一些孤本、珍本，凡此都是歷代梵藏譯師用以翻譯、校勘各種藏文經典的原始藍本。這類抄本不僅是研究中印文化交流不可多得的文獻資料，也是世界上古文獻類中最爲珍貴的原始資料之一。目前，已經登記的西藏「梵文貝葉經」已有 426 部，共 4300 多張，主要保存在拉薩市、山南和日喀則地區的各大寺廟、博物館和研究機構裡。除此以外，應該還有部分梵文貝葉經流傳在民間和寺廟裡。這個研究的工程正是要作調查與普查登錄，以便編目定本，並能做對勘補譯等階段。〔註 4〕

報導中同時指出：目前，梵學研究受到世界越來越廣泛的關注，在世界各地凡是有研究佛教的地方，幾乎都有研究梵文的學者。德國、奧地利、日本等國研究能力較強，丹麥、瑞典、挪威等國家也建立了梵學研究中心。西藏保存的「梵文貝葉經」也成了各國梵學研究者希望研究的重要經典。

從以上列述的中國海兩岸三地屬於佛典文獻與翻譯文學的研究，基本上都開始有了共識，承認中國佛教的佛典翻譯文學是中國文學史研究上的一部分，但是到底是否該列在中國文學史內探討，仍是有爭議的。最主要的原因

〔註 4〕這則消息引自中國大陸的國家文物保護局訊息：http://www.sach.gov.cn/publishcenter/sach/news/newnews/wenbaogongzuo/11065.aspx。

是海峽兩岸三地的中文學界對於梵文與相關印度語文的問題處理仍然有待加強。事實上，中國文學如同中國文化一樣，在大一統的思想指導下，兼容並蓄一直是歷史以來不變的規律，過去曾經是萬國來朝的中國，自然也有萬國衣冠的影子，所以中國文學也必然包含了多元文化的性質。

但是隨著學術的進步，學者們也越來越重視這塊在中國文學史上屬於隱蔽的角落。尤其自從大陸宣布要進行梵文貝葉經的保護工程，在該項訊息宣布以前，已經有成果陸續發表，〔註 5〕從這裡可以看出，佛典翻譯文學受到重視已經被當作國家重大施政方針，這項學術的前景可謂光明可期。

第二節　「信譯」相關翻譯理論的作品

一、嚴復的翻譯思想

有關嚴復「信達雅」翻譯思想研討書籍，專門探討者如下：

▲沈蘇儒著《論信達雅——嚴復翻譯理論研究》（台北市：台灣商務印書館發行，2000 年 10 月出版）。自從嚴復發表了「信達雅」的理論以後，這本書是總結了 1998 年以前有關嚴復此一翻譯理論最完整，也是最受推崇的著作。不論就贊成，或是反對，都有詳實的整理，並有深刻的分析，是研讀嚴復「信達雅」翻譯理論的重要參考書籍。

▲韓江洪著《嚴復話語系統與近代中國文化轉型》（上海譯文出版社，2006 年 10 月出版），該書對於嚴復翻譯詞語內容作一個系統化研究，是近年來對於嚴復翻譯作品的譯語，做出相當完整而傑出的研究。

▲孟昭毅、李載道主編《中國翻譯文學史》（北京大學出版社，2005 年 7 月出版），該書以系統化方式探討中國翻譯文學源流，但以近代 1897 年爲起始點，在第五章專章探討嚴復與其翻譯思想。

〔註 5〕在這項保護工程開啓以前，中國藏學研究中心即與奧地利科學院達成合作協議，簽署了「中國藏學研究中心和奧地利科學院關於合作研究梵文文本複印件和共同出版研究成果的總協議書」，並開始進行了這項工作。第一部成果的發表，就是對吉年羅陀菩提（Jinendrabuddhi）的《集量論註釋》（Pramāṇasamuccayaṭīkā）梵文本第一章〈現量〉。但是該書內容只有天城體梵字的轉寫。第二冊則是羅馬化字體的轉謝。請見斯坦因凱勒（Steinkellner, E., 奧地利）校注《吉年陀羅菩提《集量論注釋》第一章之一》，北京：中國藏學出版社，2005 年 5 月出版，〈前言〉頁 3。

另外散見於下面書籍：

▲劉靖之主編《翻譯工作者手冊》，（香港：商務印書館，1991 年出版），在第九章，由黃邦傑撰寫的《翻譯的種類與標準》。當中討論了嚴復的理論，並舉出錢鍾書、朱光潛的批評。

事實上與嚴復「信達雅」相關的理論書籍與論文討論相當多，可說是汗牛充棟。但以有限學力盡可能搜羅閱讀，希望諸方先進多加指導。

二、奈達的翻譯思想

有關奈達的翻譯思想可見於下列書籍：

▲〔美〕尤金・A・奈達（Eugene A. Nida）著，嚴久生譯，陳健康校譯《語言文化語翻譯》（呼何浩特市：內蒙古大學出版社，2001 年 10 月出版）。這是少數被翻成中文的奈達專著。

▲奈達撰〈形式對等與靈活對等〉，收錄於陳德鴻、張南峰編《西方翻譯理論精》（香港：香港城市大學出版社，2006 年三刷）。這篇文章是奈達有關「動態對等」翻譯理論的代表著。

▲杰理米・芒迪（Jeremy Mundaya）著，李德鳳編譯《翻譯學導論——理論與實踐》（香港：中文大學出版社，2007 年出版）。

▲金莉華著《翻譯學》（台北市：三民書局，2006 年 8 月二版）。

第三節　《梵本法華經》研究的概況

雖然外公元二世紀至三世紀西域高僧曾在中國翻譯《法華經》，並且有相當成功的《妙法蓮華經》面世。可是從那時候起，乃至廿世紀，幾乎中國很少人再進行任何《梵文法華經》的研究。而從在十九世紀英國外交官霍格森在歐洲發表尼泊爾所發現的梵本以後，梵文法華經成爲佛典梵本所有研究裡面最熱門的經典。除了多種譯本以外，還有數量龐大的論文針對梵文法華經的研究不斷發表。

誠如前面筆者所說，歐美與日本都對梵文法華經投入相當的研究。目前日本學者湯山明（Akira Yuyama）編纂了一本比較專門的書籍來說明，那就是《A Bibliography of the Sanskrit Texts of Saddharmapuṇḍarīkasūtra》，這本書是由坎培拉（Canberra）的澳洲國立大學在 1970 年所出版。從該書裡面大致上了解，屬於全文編集的研究大概有四位，分別是：

▲DT Dutt, N.（ed.）, Saddharmapuṇḍarīkasūtram, with N. D. Mironov's Readings from Central Asian MSS.（= Bibliotheca Indica. A Collection of Oriental Works, Work No.276, Issue No.1565）（Calcutta: Asiatic Society, 1953）, lvii+311 pp.

▲KN Kern. H. and Nanjio, B.（eds.）, Saddharmapuṇḍarīkasūtra（= Bibliotheca Buddhica, X））（Saint-Pétersbourg: Imprimerie de l'Académie Impériale des Sciences, 〔1908～〕1912）, XV +508 pp., 1 pl.〔Kern's 'Additional Note' is reprinted in his Geschriften, Vol. IV（1916）, pp.201-8.〕

▲VD　Vaidya, P. L.（ed.）Saddharmapuṇḍarīkasūtra（= Buddhist Sanskrit Texts, 6）（Darbhanga: Mithila Institute of Post-Graduate Studies and Research in Sanskrit Learning, 1960）, XVI+298 pp.

▲WT Wogihara, U. and Tsuchida, C.（eds.）, Saddharmapuṇḍarīkasūtram, Romanized and revised text of the Bibliotheca Buddhica publication by consulting a Sanskrit MS. And Tibetan and Chinese translations（Tokyo: Seigo Kenkyūkai, Taishŏ University, 1934～5）〔photomechanically reprinted by Sankibo Busshorin, Tokyo, 1958〕, 2+43+394+3 pp.〔Rāhulabhadra's 'Saddharmapuṇḍarīkastava' edited from MS. K' on pp.37～9 of their 'Introduction'.〕

上面列出是四種經過研究與校訂的梵文法華經全文的本子。其他沒有經過校訂的本子，大多跟隨發現的梵本，做過羅馬化字母轉寫來發表。如中亞本，吉爾吉特本等等對應羅馬字體的發表，其他則是片斷性的梵文所發表的研究。總之，湯山明的這本書囊括了 1970 年以前有關法華經相關著作與研究，是相當值得參考的書籍。

這裡面值得一提的是經過長期研究的累積，還是以日本的學者研究最爲突出，已經出版了相關梵文法華經的辭典。其中成就比較高的書籍如下：

▲江島惠教（代表）編纂的《梵藏漢法華經原典總索引》，這部書籍共有 11 分冊，是由日本東京靈友會在 1985 年出版的。內容是以梵文爲主，並參照了藏文與中文對應翻譯，是一本練習閱讀梵本法華經很好的參考書。假如梵文辭典查不到者，大概可以在這套書裡面查得到。但是依照筆者使用經驗，這套書也仍有部分的辭彙查不到。

▲辛島靜志（Seishi Karashima）《正法華經詞典》與《妙法蓮華經詞典》。《正法華經詞典》是 1998 年東京創價大學國際高等佛學研究所出版。《妙法蓮華經詞典》是 2001 同一家出版社出版。辛島靜志是近年來在研究梵文法華經的學者裡面成就最出色的一位。他是季羨林先生的高足，這兩本書都是以漢文爲中心去做的相對梵文的索引。辛島先生認爲以《法華經》這種比較早期的大成經典，若能就中國晉朝時代翻譯的《法華經》去比對梵文本，便可知道早期大乘佛教的語言梵文化的歷程，藉由原典與譯本的關係，或是共時但不同源的原本與譯本關係，以對音還原法，去找出原始大乘佛教的語言變化歷程，當可找出原始大乘佛教的起源問題。爲了這個關係，他編寫一系列屬於這種以漢文爲中心作梵文檢索的個別經典的辭典。辛島的成就，可謂將此一課題延展到另一個境界。

從過去將近兩個世紀（十九與廿世紀）以來，不論是歐美還是日本，大家最急於想知道的就是解讀梵文佛典內容。尤其是日本，最想知道蘊藏在梵本裡面的義理。所以日本佛教傾盡學者之力研究梵文佛典。

而中國，作爲大乘佛教的祖國，似乎對此方面是很少過問的。雖然部分學者從日本引進了現代歐美文獻學研究方法來研究佛典，但被批評成「與修行無關」。更認爲佛典在祖師的手上早已經翻譯好了，研究梵文等於「浪費時間」，再怎麼重新翻譯也不會超過祖師的成就，甚且認爲這種不信任祖師的作爲等同褻瀆祖師的成就，是徒勞無功的。

針對上述這個說法，筆者以爲是有待商榷的。原因在於祖師雖然翻譯完成，但後人不見得就能夠了解他們想表達的意思。佛典文學雖然是由專業人士翻譯，但因爲時代久遠，漢語文化的變遷，加上需要特定背景的經典知識，才能理解。問題就在於佛典文學的特性，是在於「翻譯」。儒家學說是因爲建構了完整的訓詁學體系，才能將其生命作有效的延續，同樣的道理，佛典也應建構屬於佛經的訓詁學，便能對佛典作有效而澈底的了解。既然佛典文學的特性在於「翻譯」，那麼從原文入手就是了解漢譯佛典最好的途徑。藉由梵文本的面世，從「信譯」的角度切入，正是建構佛典訓詁學的重要時機。這正是本研究目的之所在。

第三章　版本研究與譯者生平

從首章分析指出，本文研究目標在於從「信譯」角度分析鳩摩羅什的《妙法蓮華經・序品》翻譯的研究。因此，在研究的進程來說，有下列的步驟：

（1）版本勘驗抉擇：勘查可用的《梵本法華經》作爲本論文研究的主體。

（2）譯者翻譯方式：研究鳩摩羅什的生平與他的翻譯方式。

（3）內文的細部考察、分析：將進行對《妙法蓮華經・序品》逐字的比對考察，分析。

（4）綜合上述研究步驟，完成本研究的結論。

上述（1）（2）在本章敘述，（3）（4）部分則在以下章分述。以下根據上述內容說明之。

第一節　梵本《法華經》的版本

《法華經》自從十九世紀梵本再度面世以來，是最早受到學者重視，投入最多關注的梵本佛典。《法華經》原名是 Saddharmapuṇḍarīkasūtra，「妙法蓮華經」是鳩摩羅什所定下的名義，事實上它的名稱曾經是「薩曇芬陀利經」、「正法華」，直到鳩摩羅什譯本出現，定名爲「妙法蓮華經」，此後《妙法蓮華經》爲中國佛教認同爲「法華經」諸多譯作的代表。

根據日本學者的看法，梵文的《法華經》是初期大乘佛教經典之一，其成書年代可推定爲西元前一世紀左右。〔註 1〕這部經典隨著大乘佛教的在印度

〔註 1〕請見菅野博史著《法華經－永遠的菩薩道》中譯本，台北縣：靈鷲山般若文教基金會出版社，2005 年 1 月出版，頁 21。

流行以後，很快便傳遍了中國、日本、朝鮮及中亞等大乘佛教流行的地區和地區國家，先後出現了漢、吐蕃、于闐—塞、回鶻、西夏、蒙、古、滿、朝鮮等多種譯本，對以上各地區、各民族的佛教文化有著相當的影響。但由於印度有一種重視口耳傳承的傳統，加上印度佛教在十三、十四世紀之間滅亡，所以早期的梵文《法華經》早已蕩然無存。所幸在中國、尼泊爾、中亞尚有些許留存。據學者統計，梵文《法華經》現存各式相當篇幅者約有 30 餘種（零葉散片者不計）。自從英國外交官霍格森在尼泊爾首次發現以來，至今已有多種寫本相繼被發掘出來。大致上根據發現地點，約略分爲三種系統：尼泊爾本，吉爾吉特本（Gilgit）與中亞細亞本（在 Kashgar 發現的西域本）：

（一）尼泊爾本（Nepalese Manuscripts）

該寫本由英國駐尼泊爾外交官霍格森於加德滿都發現。目前，尼泊爾發現不同時代的梵文《法華經》寫本數量相當多，散藏於世界各地。其中印度加爾各答的亞洲學會（Asiatic Society, Calcutta）收藏有該文獻的三種寫本，係 1711～1712 年間的遺物。另外三種寫本則分別見藏於倫敦的皇家亞洲學會（Royal Asiatic Society, London）和巴黎的國立圖書館（Bibliotheque Nationale, Paris）。 時代較早的三種寫本都收藏於英國，其中大英博物館藏有一種，約屬 11 或 12 世紀；劍橋大學圖書館藏有兩種，一種寫成於 1036～1037 年，另一種寫成於 1063～1064 年。後二者的時代最早，而且保存也最好。

（二）吉爾吉特本（Gilgit Manuscripts）

也稱「基爾基特本」，又稱「克什米爾本」（Kashmir Manuscripts），是 1931 年 6 月於克什米爾基爾基特北約 20 公里處的一所佛塔遺址中發現的，分屬五至六種不同的《法華經》寫本，內容與尼泊爾本（包括藏譯本）極爲接近，故學界又將二本合稱作「尼泊爾—克什米爾本」（Nepalese-Kashmirian Recension）。這些寫本均書於貝葉之上，字體比較古老，一般認爲當爲五、六世紀時的遺物。該文獻大多收藏於新德里國立檔案館（National Archives, New Delhi），其摹本現已由 Lokesh Chandra 教授整理爲 10 卷出版，但內容並不完整。

（三）喀什寫本（Central Asian Manuscripts）

就數量而言，該寫本僅及尼泊爾寫本的五分之二，也比基爾基特寫本少得多；就寫本的時代而言，該寫本抄寫於七、八世紀，早於尼泊爾寫本，但晚於吉爾吉特寫本；但就語言學、版本學價值而言，有不少獨勝之處。19 世紀末20年代初以來，新疆地區喀什、于闐、庫車、吐魯番相繼出土了爲數豐富的用梵、漢、于闐及回鶻等不同語文書寫的《法華經》殘卷，其中，最古老、保藏最好、卷帙也最宏富者應首推喀什所發現的梵文《法華經》寫本。長期以來，該寫本一直是國際梵文學界所重視的對象。喀什發現的梵文《法華經》紙寫本（俗稱的「喀什本梵文《法華經》」，學界又習稱之爲「中亞寫本（Central Asian Manuscripts）」），目前絕大多數都藏於聖彼得堡俄羅斯科學院東方學研究所（The Institute of Oriental Studies, Academy of Science, Russia）。之後，英國駐喀什領事馬繼業（G McCartney）將其所遺數量相當可觀的一批梵語、 吐火羅語、于闐——塞語寫本殘卷轉交給俄國科學院。包括喀什寫本在內的大部分新疆、敦煌、黑城出土寫本變成了該所特藏中的一部分。由於部分寫本係經馬繼業之手轉贈的， 故這部分寫本又被稱作「馬繼業寫卷」（McCarteny Manuscripts）。然內容亦不如尼泊爾梵本完整。

其他散片有：

▲大谷收集品，1903～1906 年日本西本願寺大谷探察隊的橘瑞超於新疆某地收集到書法優美的笈多直體（Calligraphic Upright Gupta Script），梵文《法華經》紙寫本 7 張。

▲馬爾堡殘卷（Marburger fragments），1927 年，德國地質學家 Emil Trinkler 在莎車等地考察，獲梵文《法華經》紙本殘卷 9 張，原藏於普魯士科學院（Preussische Akademie der Wisschaften），後轉到梅因茨科學與文學研究院（Akademie der Wissenschaften und der Literatur, Mainz），最後才轉入馬爾堡（現已遷入西柏林）國立普魯士文化藏品圖書館東方部（Orientabteilung, Staatsbibliothek der Stiftung Preussischen Kulturbesitz）。

▲赫恩雷寫本（Hoernle Manuscript），《法華經》寫本由 3 張紙本多羅葉（6 面）構成。現存倫敦印度事務部圖書館（India Office Library）。

▲斯坦因收集品（Stein Collection），1906 年 9 月斯坦因於于闐卡達里克（Khadalik）遺址發現《法華經》寫本 2 葉，現藏倫敦大英博物館。〔註2〕

由於梵本在上述多處發現，學者便積極進行校勘，便有了成果的出版。

〔註 2〕以上資料請參考《中華佛學學報》第七期所收錄之：楊富學〈論所謂的「喀什本梵文《法華經》寫卷」〉，台北縣：中華佛學研究所 1994 年 07 月出版，頁 74-93。

最早刊行的梵本《法華經》就是由荷蘭學者，肯恩博士（H. Kern）與南條文雄博士合作校訂的「肯恩——南條本」（1908～1912），日本以後陸續出版了荻原雲來與土田勝彌合作校訂的「荻原——土田本」（1934～1935），此外還有 Nalinarsha Dutt 所校訂的梵本（杜特本，1953），還有印度學者 P. L. Vaidya 所校訂的梵本（費迪雅本，1960）。另外，日本渡邊照宏曾經勘行吉爾吉特寫本的羅馬化字本（1975 年出版），戶田宏文則勘行了中亞細亞本的羅馬字本（1981 年出版）。上述刊行的《梵文法華經》當中，「肯恩——南條本」已經進行過「尼泊爾本」兩種與「喀什寫本」相互校訂，而「荻原——土田本」爲「肯恩——南條本」的羅馬化字體寫本。

本研究則使用印度學者 P. L. Vaidya 博士所校訂的《梵文法華經》（費迪亞本，1960），這個版本是以尼泊爾尼瓦族佛教僧團所保存的傳統修行用的課誦本（迄今仍在使用中），同時 Vaidya 博士已將它與「肯恩——南條本」進行過校訂，是更進一步的校勘本，雙方內容上並無顯著差距，只有內文裡拼寫法上面的些微不同。〔註 3〕但因爲這個版本是尼瓦佛教所承認與使用中的版本，所以筆者採用爲研究的梵本。

第二節　譯者鳩摩羅什生平

鳩摩羅什（Kumārajīva, 西元 344～413 年），龜茲國人（今新疆疏勒、庫車一帶），父親名叫鳩摩炎（Kumārayaṇa），母親名爲耆婆（Jīva）。鳩摩羅什的名字是融合了他的雙親名字而來。鳩摩炎原來是位僧侶，從印度來到中亞細亞的龜茲國，很受國王的企重，後來還俗，與國王的妹妹結婚，生下鳩摩羅什與弟弟弗沙提婆。其後鳩摩羅什的母親後來出家，成爲比丘尼的預備期——學法女（式叉摩那）。在母親成爲正式的比丘尼時，也就是鳩摩羅什七歲時，他跟隨母親一同出家。

鳩摩羅什追隨老師學經，每天背誦千偈，共三萬二千言，如此背誦完《阿

〔註 3〕所謂的「尼瓦佛教」（Newary Buddhism）是在尼泊爾加德滿都近郊山谷的尼瓦族人所信仰的佛教，其有僧團，寺院，是當代僅存的印度大乘佛教傳承。其僧制，行者，經文與儀軌都還保存。十九世紀英國外交官霍格森所取得的梵文佛典，就是向他們取得。尼泊爾龍樹正法學院就是尼瓦佛教的系統之一，其創辦人，明·巴哈度如·釋迦教授（Prof. Min Bahadur Shakya），就是尼瓦佛教的僧團領導者之一，也是學者。筆者多次與他通信，了解到費迪雅本（1960）即爲現在還在使用課誦的法本。

毗曇經》，通曉妙諦，不須指導。後來親近名師槃頭達多（Bandhudatta, 罽賓王的堂弟），依止他學《中阿含經》、《長阿含經》。罽賓國王聞其名，詔請許多其他宗教的論師一同問難鳩摩羅什，結果全被他所折服，於是更加敬重鳩摩羅什。鳩摩羅什的高名遠播，許多國家爭相延聘。鳩摩羅什在二十歲，於王宮正式受戒，從卑摩羅叉（Vimarakṣa）學《十誦律》。後來羅什在龜茲國，讀誦許多大乘的經論，並能通達大乘教法。並成功說服了盤頭達多學習大乘佛教教法。師父盤頭達多讚歎，便向鳩摩羅什頂禮，說：「和尚是我大乘的師父，我是和尚小乘的師父。」兩人在大乘小乘互為師徒，傳為佳話！

鳩摩羅什的神思俊才，傳遍整個西域。名聲東傳至中國，前秦苻堅久仰大名，心中早有迎請的想法。建元十八年九月，派遣驍騎將軍呂光率領七萬大軍，討伐龜茲國，意在護送鳩摩羅什返國。呂光平復龜茲國後，擄獲鳩摩羅什，強迫與龜茲公主成親。幾番的惡心欺負，鳩摩羅什都胸懷忍辱，絲毫沒有怒色。最後，呂光率軍返國，到達涼州（今甘肅省武威縣），傳聞苻堅已被姚萇殺害，便自立為帝，國號涼（史稱後涼），改年號建元為太安。不久，呂光死亡，太子呂紹便繼承帝位，隨後呂纂殺害呂紹而自立，改元咸寧。

姚萇殺死苻堅建立後秦，史稱「姚秦」，擁有關中之地，也想請鳩摩羅什蒞臨，但是呂氏王族不准鳩摩羅什東行。姚萇死後，姚興繼位，在後秦弘始三年（西元 401 年）五月，派遣大軍攻伐涼國，呂隆軍隊大敗，上表歸降，鳩摩羅什這才得以前往關中。在弘始三年抵達長安。姚興以國師之禮相待，次年並敦請他到西明閣和逍遙園翻譯佛經，又遴選沙門僧契、僧遷、法欽、道流、道恆、道標、僧叡、僧肇等八百餘人參加譯場。

鳩摩羅什羈留涼國十七年，對於中土民情開始熟悉，在語言文字上能夠運用，對翻譯經典的事業上有所幫助。譯有《中論》、《百論》、《十二門論》、《般若經》、《法華經 》、《大智度論》、《維摩經》、《華手經》、《成實論》、《阿彌陀經》、《無量壽經》、《首楞嚴三昧經》、《十住經》、《坐禪三昧經》、《彌勒成佛經》、《彌勒下生經》、《十誦律》、《十誦戒本》、《菩薩戒本》、佛藏、菩薩藏等等多部佛典。從所翻譯的經典來看，可知他所致力弘揚的，是屬於般若經類而建立的龍樹一系之大乘中觀思想。

鳩摩羅什譯出的經論，在我國佛教史上，影響相當深遠。《中論》、《百論》、《十二門論》，後來道生弘揚於南方，經僧朗、僧詮、法朗，至隋代吉藏而集三論宗之大成。因此，鳩摩羅什被尊為三論宗之祖師。此外，《法華經》，是天台宗的緒端；《成實論》，為成實宗的根本要典；《阿彌陀經》、《十住毗婆沙論》，為淨土宗的依據；《彌勒成佛經》，促成彌勒信仰的發展；《坐禪三昧經》，促進菩 薩禪的盛行；《梵網經》，使我國能廣傳大乘戒法；《十誦律》，是研究律學的重要典籍。就此來看，要說鳩摩羅什是中國佛教重要祖師，也是不為過。鳩摩羅什另著有《實相論》二卷，以及注解《維摩經》，其文辭婉約清麗，不待刪改而文采斐然。曾與廬山慧遠書信答問，後人特將他回答慧遠問大乘義十八科三卷，輯為《大乘大義章》。

鳩摩羅什心知世壽將盡，在圓寂之前，告訴僧眾：「我們因佛法相逢，然而我尚未盡到此心，卻將要離去，悲傷豈可言喻！我自認為愚昧，忝為佛經傳譯，共譯出經三百餘卷，只有《十誦律》一部尚未審定，如果能保存本旨，一定沒有錯誤。我希望所有翻譯的經典，能夠流傳於後世，而發揚光大。如今我在大眾面前，發誠實誓願——如果我所傳譯的經典沒有錯誤，願我的身體火化之後，舌頭不會焦爛。」後秦姚興弘始十一年八月二十日，即東晉安帝義熙五年（西元 409 年），鳩摩羅什在長安圓寂，於是在逍遙園火化。當他的形骸已粉碎，只有舌頭依然如生。這正應驗了他從前的誓願！〔註 4〕而今鳩摩羅什的舍利仍然保存在陝西省西安市郊區戶縣，秦鎮的草堂營村的草堂寺裡面，成為西安旅遊的重要景點。

鳩摩羅什的大年年表，經整理成表如下：

中　國　年　代	西元	年紀	大　　事
晉康帝建元元年	343 年	1 歲	父鳩摩炎與母親耆婆結婚生子鳩摩羅什。
晉穆帝永和六年	350 年	7 歲	鳩摩羅什隨母親出家。
晉穆帝永和八年	352 年	9 歲	去罽賓國，敗高僧盤頭達多為師。
晉穆帝永和十一年	355 年	12 歲	與母親在沙勒國居住一年，修習大乘經。
晉穆帝升平元年	357 年	14 歲	同母親到溫宿國，遇與狂妄道士辯論，大勝道士。道士拜羅什為師。
晉哀帝興寧元年	363 年	20 歲	鳩摩羅什在龜茲國王宮受戒，隨卑摩羅叉研究《十誦律》。 耆婆前往天竺國進修，與鳩摩羅什分離。
晉哀帝興寧二年	364 年	21 歲	在新寺住二年。盤頭達多拜鳩摩羅什為師，學大乘經典。

〔註 4〕以上故事資料請見《高僧傳》，收錄於《大正新修大藏經》第五十冊，台北市：新文豐圖書公司 1986 年出版。頁 330。

前秦建元十八年	382 年	39 歲	符堅派呂光率兵七萬征討龜茲國。384 年大勝，並獲羅什。
晉孝武帝太元十年 後（姚）秦	385 年	42 歲	呂光大勝，回師涼州，聞說符堅爲姚萇所害，遂於涼州自立爲王，稱年泰安，鳩摩羅什被留在涼州，無法前往長安。
晉安帝隆安二年	398 年	55 歲	鳩摩羅什流在涼州十三年，僧肇從長安來涼州拜鳩摩羅什爲師，呂光父子不弘揚佛法。
晉安帝隆安五年 後（姚）秦弘始三年	401 年	58 歲	姚興即位，派遣姚碩德領軍征討呂隆，攻打涼州，涼軍大敗，恭迎鳩摩羅什前往長安。
晉安帝義熙元年 後（姚）秦弘始七年	405 年	61 歲	姚興禮請鳩摩羅什爲國師。
晉安帝義熙二年至九年 後（姚）秦 弘始八年至十五年	406 年 至 413 年	63 歲 至 70 歲	鳩摩羅什住逍遙園翻譯佛典，從中國各地前來長安共計八百餘位高僧禮拜鳩摩羅什爲師，聽羅什翻譯新經。
晉安帝義熙九年	413 年	70 歲	鳩摩羅什圓寂。譯有《金剛經》，《妙法蓮華經》，《維摩詰所說經》，《中論》，《十二門論》，《百論》等三百餘卷

至於鳩摩羅什到底翻譯了多少經典，其數字方面，約略有下列說法：

文獻名稱	數　量
《出三藏記集》	35 部 294 卷。最早翻譯者爲弘始五年（403）的《新大品經》。
《歷代三寶記》	97 部，425 卷。但是實際計算共有九十九部，包含撰述作品在內。時間最早的是《禪經》，於弘始四年（402）譯出。
《大唐內典錄》	98 部，425 卷，以時間最早的是《禪經》，於弘始四年（402）譯出。
《開元釋教錄》	74 部 384 卷，最早譯出者爲《坐禪三昧經》。
《貞元新訂釋教目錄》	74 部，384 卷。

從上面幾種目錄來看，最少有 35 部，最多到 97 部，而其譯出卷數，最少有 294 卷，最多有 425 卷，無論部數還是卷數都相差極大。但現在還存在的鳩摩羅什譯場所譯出的經典，據統計還有 39 部，313 卷。而其翻譯的年表，經整理如下：

年代（弘始）	翻　譯　成　果
四年	《禪經》，正月五日。又名《菩薩禪法經》、《坐禪三昧經》、《阿蘭若習禪法經》。與《禪經》同時出的有《禪秘要經》、《禪法要解》、（又稱《禪要經》）。 《無量壽經》，二月八日出。又名《阿彌陀經》。約與本經同時出的還有《彌勒下生經》、《彌勒成佛經》。 《大智度論》，夏季於逍遙園始譯，至於弘始七年（405）十二月廿七日譯迄，僧叡筆受並作序。該論或稱《大智度經論》或《摩訶般若釋論》。 《思益梵天所問經》，十二月一日於逍遙園譯出，又名《思益經》。 《賢劫經》，三月五日譯出。又名《賢劫三昧經》、《賢劫定意經》。曇恭筆受。
五年（403）	《摩訶般若波羅蜜經》，四月廿三日始譯，至次年四月廿三日譯迄。或稱《大品經》、《大品般若經》。譯於逍遙園，「法師手執胡本，口宣秦言，兩釋異音，交辨文旨。秦王恭覽舊經，驗其得失，諮其通途，坦其宗致，與諸宿舊譯業沙門釋慧恭，僧略，僧遷，寶度，慧精，法欽，道流，僧叡，道恢，道標，道恆，道叡等五百餘人，詳其義旨，審其文中，然後書之。」〔註 5〕
六年（404）	《百論》，即三《論》之一，僧叡制序。 《十誦律》，十月十七日，與弗若多羅共譯。弗若多羅誦梵本，鳩摩羅什譯爲秦語。中途弗若多羅去世，遂中輟。後由另一西域僧曇摩流支與羅什續譯完成，又由罽賓僧卑摩羅叉整理補充，方甄完善。
七年（405）	《佛藏經》，六月十二日出。又名《選擇諸法經》。 《菩薩藏經》，又名《富樓那問經》，《大悲心經》，即《大寶積經》第十七會《富樓那會》。 《稱揚諸佛功德經》，又名《集華經》。 《雜譬喻經》，十月所出，道略集。
八年（406）	《妙法蓮華經》，夏季所出，又名《新法華經》，僧叡筆受並制序，廿七品。後人增加章節成爲今天廿八品。根據慧觀《法華宗要序》此經應司隸校尉安城侯姚嵩所譯，「於長安大寺集四方義學沙門二千餘人，更出斯經，與眾詳究。什自手執胡經，口譯秦語，曲從方言，而趣不乖本。」〔註 6〕 《維摩詰經》，又名《維摩詰所說經》，《不可思議解脫經》，僧肇筆受，並制序。姚興命大將軍常山公，左將軍安城侯與義學沙門 1200 人，於大寺請鳩摩羅什譯出。

〔註 5〕請見《大正新修大藏經》第五十五冊，台北市：新文豐圖書公司 1986 年出版。頁 53。

〔註 6〕請見《大正新修大藏經》第五十五冊，台北市：新文豐圖書公司 1986 年出版。頁 57。

	《華手經》，又名《華首經》，《攝諸善根經》，《攝諸福德經》。 《梵網經》，又名《梵網經盧舍那佛說菩薩心地品第十》。《歷代三寶記》說：「弘始八年於草堂寺，三千學士最後出此一品。梵本有一百一十二頁，六十一品。譯迄，融，影等三百人一時共受菩薩十戒。見經前序，僧肇筆受。」〔註 7〕而作者不詳的《菩薩波羅提木叉後記》說：「於逍遙觀中，三千學士，與什參定大小乘經五十餘部。唯菩薩十戒四十八輕，最後誦出。時融，影等三百人等，一時受行，修菩薩道。豈唯當時之益，乃有累劫之津也。故慧融書三千部，流通於後代，持誦相授，屬諸後學。」〔註 8〕
九年（407）	《自在王菩薩經》，或稱《自在王經》。於尚書令常山公姚顯第宅所出，僧叡筆受並制序。
十年（408）	《小品般若波羅蜜經》，二月六日始譯，四月三十日譯迄。又名《新小品經》。姚秦太子請令出之，僧叡制序。
十一年（409）	《中論》，又名《中觀論》，於長安大寺出，僧叡制序。 《十二門論》，於長安大寺出，僧叡制序。
十三年（411）	《成實論》九月八日尚書令姚顯請令始譯，至次年九月十五日譯迄。曇晷筆受，曇影寫正。

綜上所述，從弘始四年（402）至弘始十四年（412），十年間鳩摩羅什譯場所出經典，時間可考者有廿部左右。

鳩摩羅什所譯出經典，特色在於語言平易近人，曉暢明白。雖然鳩摩羅什以前的經典翻譯家也精通佛教思想，可是漢語功力有限，相比之下，鳩摩羅什因爲有那段曲折經歷，既對佛教思想有深刻的體悟，同時也具備了相當的漢語表達能力。僧叡就認爲，他的翻譯「既得更譯梵音，正文言於竹帛，又蒙披釋玄旨，曉大歸於句下。」〔註 9〕不但如此，他從事的經典翻譯被國家重視，吸引一群優秀人才前來襄助，事實證明他在譯場內尊重大家的意見，能夠整合，並適時修正，因此獲得廣大的讚揚。同時鳩摩羅什的翻譯風格，更獲得了廣大的肯定，僧祐在《出三藏記集》裡面卷一〈前後出經異記〉第五列表說明「舊經」與「新經」的翻譯詞語不同。〔註 10〕其「新經」的部分就是以鳩摩羅什所譯經典爲主，蓋因羅什譯經語詞成爲日後新譯經典的詞彙

〔註 7〕請見《大正新修大藏經》第四十九冊，台北市：新文豐圖書公司 1986 年出版。頁 78。

〔註 8〕請見《大正新修大藏經》第五十五冊，台北市：新文豐圖書公司 1986 年出版。頁 79。

〔註 9〕請見僧祐著《出三藏記集》，北京：中華書局 1995 年 11 月出版。頁 308。

〔註 10〕請見僧祐著《出三藏記集》，北京：中華書局 1995 年 11 月出版。頁 15。

標準，受到後來的譯家重視與運用，因而鳩摩羅什所翻譯的經典成爲千年來的中國佛教標準佛典，直到今日。

第三節　《妙法蓮華經》的翻譯

一、羅什時代的譯經方式

有關鳩摩羅什時代的翻譯經典方式，在此作如下說明。

（一）譯經是在「講經」場合進行

自古以來佛典翻譯的方式，一人自譯或是兩人對譯的例子非常少，主要都是集體的翻譯，翻譯的地方稱爲「譯場」。從收錄在梁代僧祐《出三藏記集》裡面早期參譯的沙門所寫的各經序文都說明自己是參與了「講肆」、「聽次」、「聽末」，還有「於此諮悟」、「聽受」〔註 11〕顯見譯經之所，就是講經的地方。這樣的方式早於在東漢時代的安世高就已經開始了。而鳩摩羅什所主持的「譯場」是以公開的方式，而且是君王運用國家資源支助，在長安的逍遙園草堂寺這裡，面對八百到上千的聽眾公開翻譯與宣講佛典，由專門的僧伽擔任筆記作業而成。與今日翻譯者在書桌前下筆作業的方式有顯著不同。

（二）主譯大師的條件

既然早期中國佛教翻譯經典，經常是在「講經」會場裡面完成，主講的法師也往往就是所謂的「主譯法師」。早期曾有很多從天竺或是西域前來的高僧，但是要能夠翻譯佛典，光是精通梵文仍無法擔任主譯，還必須精通義理，才可擔當大任。《出三藏記集》的道挺《毗婆沙經序》說：

> 沙門道泰，杖策冒險，爰至蔥西，綜覽梵文，義承高旨，並獲其胡本十萬餘偈。既達梁境，王即欲令宣譯，然懼環中之固，將或未盡，所以側席虛襟，企矚明勝。天竺沙門浮陀跋摩，會至涼境，請令傳

〔註 11〕請見僧祐著《出三藏記集》，北京：中華書局 1995 年 11 月出版。《出三藏記集》卷八當中記載僧叡《法華經後序》即有「聽受領悟之僧八百餘人。」（頁 306）同卷錄有僧叡之《思益經序》又有：「于時諮悟之僧二千餘人」（頁 308）。卷十錄有道挺《毗婆沙經序》說：「浮陀跋摩於……傳譯，挺以後緣得參聽末。」（頁 383）另錄有焦鏡法師《後出雜心序》說：「宋元嘉十一年，外國沙門名曰三藏，……鏡以不才謬預聽末。」（頁 385），由此可引證湯用彤先生所論述。

譯。挺以後緣得參聽末。〔註12〕

道泰不只精通梵文，且又能「義承高旨」，說明他西遊的時候能夠聽講西域大德宣講那一部論，但到了這樣的程度，還覺得自己不可勝任翻譯，一定要等天竺沙門浮陀跋摩來到才能進行翻譯。問題就是出在當時翻譯的時候是兼行講經的情況翻譯出來，還需要接受會場大眾的質詢。僧叡在《大品經序》裡面就提到：

鳩摩羅什法師，手執胡本，口宣秦言，兩釋異音，交辯文旨。〔註13〕

又在《曇無讖傳》當中也說：

值其宣出法藏，道俗數百人疑難縱橫，讖臨機釋滯，未嘗留礙。〔註14〕

這就告訴我們一個很重要的訊息，當年能夠主導翻譯那部經論的大師，除了語文上沒有問題，同時必須精通那部經論，當場回答那些參加譯場的碩學大德。這也就是說像鳩摩羅什這樣的主譯，不僅要解決原典語言的問題，還要同時解決漢文的問題，當他能夠回答上百位來自中國各地的碩學大德所提出理解上的困難時，語言的翻譯問題也同時得到解決。換句話說，主譯者如果不是對那部所翻譯的經典沒有徹底了解，是不能擔任主譯的工作。

（三）、譯後還要訓練僧眾講經

然而這樣還是不夠的，翻譯完成漢文的經典，還必須請不懂華語的僧人來宣講，《求那拔陀羅傳》指出：

譙王請講華嚴等經，弟子法勇傳譯，雖因譯人，而玄解往復。〔註15〕

而在翻譯的時候，主譯者還要「口校古訓，講出深義。」〔註16〕且還要通過辯論方式研討經文，也是訓練聽講弟子成為講經法師。如僧祐的《出三藏記集》卷七的〈阿維越致遮經記〉說：

菩薩沙門法護，得此梵書不退轉法輪經，口敷晉言，授沙門法乘，使流布一切，咸悉聞知。〔註17〕

〔註12〕請見僧祐著《出三藏記集》，北京：中華書局1995年11月出版。頁383。

〔註13〕請見僧祐著《出三藏記集》，北京：中華書局1995年11月出版。頁291。

〔註14〕請見僧祐著《出三藏記集》，北京：中華書局1995年11月出版。頁538。

〔註15〕請見僧祐著《出三藏記集》，北京：中華書局1995年11月出版。頁543。

〔註16〕請見僧叡《法華經後序》，錄於僧祐著《出三藏記集》，北京：中華書局1995年11月出版。頁306。

〔註17〕請見僧祐著《出三藏記集》，北京：中華書局1995年11月出版。頁274。

譯經事業並非今日單純的文學翻譯，實則爲佛教教育的工作。除了把佛典翻譯成爲漢文，更要訓練華僧能夠講授佛典。所以事實上中國佛教的佛典翻譯歷程除了翻譯的工作外，也兼具了教育的職能，目標就是把佛法種子種在中國。所以中國漢譯佛典是在這種比較嚴謹的情況下翻譯出來。

（四）對於筆記的特殊要求

在鳩摩羅什時代，主譯佔的是非常重要的位置，他負責了翻譯的第一步，就是從外文翻譯成中文的那個部分。而後續工作，例如諮問經義，考定文義，然後筆記流通，這些才是本地參與譯經工作者所做的事情。所以這樣一來，擔任現場筆記人員就必須特別細心，注意主譯者的譯語，還有現場對於翻譯意見的答辯，與最後的決定。所以對於筆記，也就是「筆受」有著嚴格與特殊的要求。《出三藏記集》在〈阿毗曇心序〉提到：

> 晉泰元（即太元）十六年（391）冬，於潯陽南山精舍，（僧伽）提婆自執胡經，先誦本文，然後乃譯爲晉語，比丘道慈筆受。至來年復重與提婆校正，以爲定本。〔註 18〕

所以當初翻譯的方式就是，由西來的梵僧，或是胡僧先把佛典裡面的經文直接翻譯成漢語，再通過彼此交叉辯論，譯場內聽講者沒有問題，然後由漢人的譯經工作者，通常是僧伽，擔任「筆受」，即抄寫員，將所譯的內容全部抄寫下來，再來和主譯者對校而成。

但是鳩摩羅什除了專屬的筆記工作者以外，他還特地要求把譯場內眾人聽講的筆記收起來做爲最後定本的依據，〈毗摩羅詰題經譯疏序〉說：

> 既蒙鳩摩羅什法師正玄文，摘幽旨，始悟前譯之傷本，謬文之乖趣爾。然領受之用易存，憶識之功難掌，故因紙墨以記其文外之言，借眾聽以記其成事之說。其指微而婉，其辭博而晦，自非筆受，胡可勝哉！是以即於講次疏以爲記。〔註 19〕

上述引文即爲鳩摩羅什譯場內的工作一瞥，鳩摩羅什非常重視翻譯這件事情。他知道有些譯場內各方聽講人士會有不同的意見，無論是出自於個人研習心得，還是西方法師的各家相傳之法，但只要不是佛經本文者，都是所謂的「文外之言」。所以那個時候，如果不把眾人筆記借過來參照，甚麼是本文，甚麼是義疏都會混淆。這些眾人的筆記對於筆受工作者來說，是非常重要的

〔註 18〕同上註。頁 384。
〔註 19〕同上註。頁 311

參考資料。然後筆受還必須潤筆，選定適當的詞彙來轉譯原文，這就是中國佛教早期翻譯佛典的基本形式。

所以歸結前面所說，姚秦時代的中國翻譯佛典的方式大致是這樣的：

1. 採用講經與譯經並行，主譯者多爲西來梵僧或胡僧。翻梵成漢的方式，首要以梵僧主導直接翻成漢語。
2. 譯場也同時是講經的現場，現場往往有數百，甚且上千人。譯經與講經並行，翻譯過程除了由主譯者講解經義，同時聽講者得以請教疑難，或是質疑所譯內文。
3. 當譯場內眾人都沒有意見以後，才有人負責用筆記錄下來。當天講完，還有人負責蒐羅筆記，作爲定本的參考依據。
4. 翻譯完成以後，還要選定僧人訓練講授該經。

大抵上這是姚秦時代中國翻譯佛典的基本型態。總之，佛典在中國的漢譯是歷史上的大事。以國家的力量，動員龐大資源，有計畫吸收印度佛典，與相關的文化，並且對於翻譯的過程如此愼重，甚且設立完整的制度，以防止錯譯的情況。眞可謂曠古偉業，空前絕後。

二、《法華經》的漢譯

根據《法華傳記》說明，《法華經》傳到中國有所謂的「法華經六譯」，〔註 20〕即：

1. 三國時魏國之甘露元年，支彊梁接，在交州城，翻譯的六卷《法華三昧經》；
2. 西晉太始元年，月支國沙門曇摩羅蜜（竺法護），譯成六卷《薩芸芬陀梨法華經》；
3. 再來就是竺法護後來更改成太康七年的十卷《正法華經》；
4. 東晉咸康元年，沙門支道林譯成六卷《方等法華經》；
5. 姚秦弘始七年，天竺沙門鳩摩羅什，於長安逍遙園，譯成七卷或八卷《妙法華經》；
6. 最後的譯本是在隋朝仁壽元年，由兩位沙門笈多與崛多，於興善寺譯成七卷《添品法華經》。

〔註 20〕請見《大正新修大藏經》第五十一冊，台北市：新文豐圖書公司 1986 年出版。頁 50。

但這六種翻譯來說，比較完整的是有以下三種：

（一）西晉・竺法護譯的《正法華經》十卷（286 AD 譯出）。

（二）姚秦・鳩摩羅什譯的《妙法蓮華經》七卷（八卷）（460 AD 譯出）。

（三）隋・闍那崛多與達摩笈多共譯的《添品妙法蓮華經》七卷（601AD 譯出）。其中第三種譯本是第二種譯本的補訂版。上述三種譯本以第二種譯本，鳩摩羅什所翻譯的最爲流行，整個東亞佛教都使用這個譯本，是《法華經》裏面影響力最大的譯本。

梵本與漢譯本之間有何異同？根據菅野博史的研究，認爲若從形態上面來看梵本，即本研究擬採用的「費迪亞本」，與漢譯本三種之間的異同，有六個較大的區別，以下六點分析當中，〔註 21〕漢譯本的品名依鳩摩羅什所譯之《妙法蓮華經》。

（一）在梵本裡面，《正法華經》與《添品妙法蓮華經》中，〈提婆達多品〉包含在〈見寶塔品〉當中，沒有獨立成品。因此上述三種在整體上只有廿七品構成（不過有一種《正法華經》的版本，相當於〈提婆達多品〉的部分獨立成品，名爲〈梵志品〉）。現行的《妙法蓮華經》當中，〈提婆達多品〉是獨立爲一品。然而〈提婆達多品〉已經被證實在原本的鳩摩羅什的譯本當中並不存在，可能是後人補入。不過從梵本來看，俄國外交官佩托洛夫斯基（Peteovski）所發現的中亞細亞版本是廿八品，所以僧祐的《出三藏集》中有：「《妙法蓮華經》並有〈提婆達多品〉，而中夏所傳，闕此一品」〔註 22〕大概是根據這種類型的版本而補充的。

（二）《妙法蓮華經》〈藥草喻品〉中缺少其他各本均備的後半部分。

（三）〈累囑品〉在《妙法蓮華經》當中是第廿二品，但是在其他各本中，這一品被放在經末。

（四）〈觀世音菩薩普門品〉中的頌偈，在《正法華經》與早期的《妙法蓮華經》中不見其文。這段頌偈是在公元 569 年，由闍那崛多在益州龍淵寺譯出，並在翻譯《添品妙法蓮華經》以前，對應長行

〔註 21〕請見菅野博史著《法華經——永遠的菩薩道》中譯本，台北縣：靈鷲山般若文教基金會出版社，2005 年 1 月出版，頁 27-28。

〔註 22〕請見《大正新修大藏經》第五十五冊，台北市：新文豐圖書公司 1986 年出版。頁 13。

部分，添加入《添品妙法蓮華經》與現在《妙法蓮華經》當中。

（五）〈五百弟子授記品〉、〈法師品〉前半部分的經文僅見於《正法華經》中。

（六）〈陀羅尼品〉的位置，在梵本和《添品妙法蓮華經》之中位於〈如來神力品〉以後，是第廿一品。但是在《正法華經》與《妙法蓮華經》之中則處於〈觀世音菩薩普門品〉之後，也就是說，在《正法華經》是第廿四品，在《妙法蓮華經》中是第廿六品。

詳細來看，費迪亞博士所編《梵本法華經》與漢譯本《妙法蓮華經》各品題名對照如下：

梵本品序	梵　本　品　名	漢譯品序	漢　譯　本　品　名
一	Nidāna-parivartaḥ	一	序品
二	Upāya-kauśalya- parivartaḥ	二	方便品
三	Aupamya-parivartaḥ	三	譬喻品
四	Adhimukti- parivartaḥ	四	信解品
五	Oṣadhī- parivartaḥ	五	藥草喻品
六	Vyākaraṇa- parivartaḥ	六	授記品
七	Pūrva-yoga- parivartaḥ	七	化城喻品
八	Pañca-Bhikṣu-śata-vyākaraṇa- parivartaḥ	八	五百弟子授記品
九	Vyākaraṇa- parivartaḥ	九	授學無學人記品
十	Dharma-Bhāṇaka- parivartaḥ	十	法師品
十一	Stūpa-Saṃdarśana- parivartaḥ	十一	見寶塔品
		十二	提婆達多品
十二	Utsāha- parivartaḥ	十三	勸持品
十三	Sukha-vihāra- parivartaḥ	十四	安樂行品
十四	Bodhisattva-pṛthivī-vivara-samudgama parivartaḥ	十五	從地踴出品
十五	Tathāgat'āyuṣ-prammaṇa- parivartaḥ	十六	如來壽量品
十六	Puṇya-paryāya- parivartaḥ	十七	分別功德品
十七	Anumodanā-puṇya-nirdeśa-parivartaḥ	十八	隨喜功德品

十八	Dharma-Bhāṇakānuśaṃsā- parivartaḥ	十九	法師功德品
十九	Sadāparibhūta- parivartaḥ	二十	常不輕菩薩品
二十	Tathāgata-rddhy-abhisaṃskāra- parivartaḥ	二一	如來神力品
二一	Dhāraṇī- parivartaḥ	二二	陀羅尼品
二二	Bhaiṣajyarāja-pūrva-yoga-parivartaḥ	二三	藥王菩薩本事品
二三	Gadgadasvara- parivartaḥ	二四	妙音菩薩品
二四	Avalokiteśvara-vikurvaṇa- parivartaḥ	二五	觀世音菩薩普門品
二五	Śubhavyūharāja-pūrva-yoga- parivartaḥ	二六	妙莊嚴王本事品
二六	Samantabhadrotsāhana- parivartaḥ	二七	普賢菩薩勸發品
二七	Anuparīndanā- parivartaḥ	二八	囑累品

而中國現存三譯法華經的品目情況是這樣的：

梵本品序	《正法華經》品名	《妙法蓮華經》品名	《添品妙法蓮華經》品名
一	光瑞品第一	序品第一	序品第一
二	善權品第二	方便品第二	方便品第二
三	應時品第三	譬喻品第三	譬喻品第三
四	信樂品第四	信解品第四	信解品第四
五	藥草品第五	藥草喻品第五	藥草喻品第五
六	授聲聞決品第六	授記品第六	授記品第六
七	往古品第七	化城喻品第七	化城喻品第七
八	授五百弟子決品第八	五百弟子授記品第八	五百弟子授記品第八
九	授阿難羅云決品第九	授學無學人記品第九	授學無學人記品第九
十	藥王如來品第十	法師品第十	法師品第十
十一	七寶塔品第十一	見寶塔品第十一	見寶塔品第十一
	梵志品第十二	提婆達多品第十二	
十二	勸說品第十三	勸持品第十三	勸持品第十二
十三	安行品第十四	安樂行品第十四	安樂行品第十三
十四	菩薩從地踊出品第十五	從地踴出品第十五	從地踴出品第十四
十五	如來現壽品第十六	如來壽量品第十六	如來壽量品第十五

十六	御（例）福事品第十七	分別功德品第十七	分別功德品第十六
十七	勸助品第十八	隨喜功德品第十八	隨喜功德品第十七
十八	嘆法師品第十九	法師功德品第十九	法師功德品第十八
十九	常被輕慢品第二十	常不輕菩薩品第二十	常不輕菩薩品第十九
二十	如來神足品第廿一	如來神力品第廿一	神力品第二十
二一	總持品第廿五	陀羅尼品第廿六	陀羅尼品第廿一
二二	藥王菩薩品第廿二	藥王菩薩本事品第廿三	藥王菩薩本事品第廿二
二三	妙吼菩薩品第廿三	妙音菩薩品第廿四	妙音菩薩品第廿三
二四	光世音菩薩普門品第廿四	觀世音菩薩普門品第廿五	觀世音菩薩普門品第廿四
二五	淨復淨王品第廿六	妙莊嚴王本事品第廿七	妙莊嚴王本事品第廿五
二六	樂普賢品第廿七	普賢菩薩勸發品第廿八	普賢菩薩勸發品第廿六
二七	囑累品第廿八	囑累品第廿二	囑累品第廿七

在本文第一章提過，《法華傳記》引用《添品妙法蓮華經・序文》所說：「三藏崛多笈多二法師。於大興善寺，重勘天竺多羅葉本。」〔註 23〕因此對《妙法蓮華經》作出增補內容的工作，完成《添品妙法蓮華經》。兩人根據「天竺多羅葉本」的梵本肯定了鳩摩羅什譯的《妙法蓮華經》譯文，保留全部，僅做「添品」的增補編訂。這說明了「天竺多羅葉本」亦可爲《妙法蓮華經》譯文的對照。從上表可以看出，《添品妙法蓮華經》與費迪亞博士所編之《梵本法華經》的內容相當，可與鳩摩羅什譯本對照（請見第一章「導論」），由此可知。

〔註 23〕請見《大正新修大藏經》第五十一冊，台北市：新文豐圖書公司 1986 年出版。頁 50。

第四章　研究方法

第一節　譯文分析

本研究與過去研究不同之處，就是以梵本爲核心，作漢譯佛典的訓詁學建構，爲建設漢譯佛典的經學作初步探討。然而梵文，或是佛典語文對中國文學界來講，是一個需要克服的問題，因此筆者特別針對這點，嘗試以梵本語文爲中心，解答佛典當初漢譯的辭彙轉換情況。大致上，梵本語文裡包括兩種語言，一是屬於標準梵文，也就是梵文部份，另外就是佛教混合梵文的問題，解決的方法，討論如下：

一、梵典原意的解析

本研究是以梵本爲主要探究對象，主要目標在於解答佛典辭彙轉換情況。那麼就必須探究佛典語文的特性開始。一般在佛教裡面稱呼「原典」，大多是指「梵本」。但是梵本裡面並非全部都是標準梵語，不過後來大乘佛典卻以梵語化爲主，早期的大乘佛典是在梵語當中夾雜了俗語，被稱爲「佛教混合梵語」（Buddhist Hybrid Sanskrit）。〔註 1〕但不論是梵語語法還是其他古代印

〔註 1〕最早佛陀被推定爲說東部摩伽陀語，巴利文與這種語言關連密切。後來小乘的佛教曾經分成十八個部派，擴散到印度各地，便有不同語言的佛教藏經。其中比較有代表性一派：「說一切有部」是使用梵文。而起於中印度的「正量部」使用阿帕普朗夏語（休蘭塞納語爲其代表），南印度的「大眾部」用俗語（馬哈休特拉語爲其代表）。後來的比較早期的大乘佛教經典，也是使用這種語言。但就大乘佛教來說，梵文是主要的佛典語言。由於公元一世紀時，統領印度的

歐語言（如拉丁語與希臘語）彼此的語法都是相似，屈折變化繁複。名詞有三種性（陽性、陰性與中性），三種數（單數、雙數與複數）及八個格（主格、對格、工具格、與格、從格、屬格、位格與呼格）。動詞變位包括單數、雙數、複數；人稱有第一、第二、第三人稱；時間分現在時、未完成時、完成時、不定過去時、將來時、假定時；語態有主動、中間、被動；語氣分陳述式、虛擬式、命令式、祈使式、不定過去式）；此外，語尾還分爲「爲他」和「爲己」兩種。

此外，梵文與印度語文還有一個和其他印歐語言不同的特點，即連音規則（sandhi），也就是說，在句子中，某詞尾字母與某詞首字母在一起的時候，就要發生相應的變化；在一個詞中，某字母和某字母如果符合一定的位置關係，也要進行相應的變音等。而梵語中複合詞匯多而且較長，書寫時又要基本上連在一起，連寫時字母要變成連寫形式，加上中間的變音，其閱讀之難度可想而知。這是因爲這種語文原先是爲了口傳語言，而非書面語言而設計。

基本上梵文是沒有固定的語序，所以關於梵文的文法結構，傳統上是從語音分析開始，以語形爲分析物件，來分析詞根、詞幹、詞尾、首碼、尾碼、派生詞、複合詞等等。分析到最後就是詞根。詞根加到「語尾變化」才使它成爲詞，或者再使它表現出名詞、動詞。因此，梵文構詞的基本公式是「詞根＋詞尾變化＝詞」。這種分析到最後的詞根是以動詞爲主。「詞根＋詞尾變化＝詞」這個公式一樣適用於名詞，只是名詞是以「格尾變化」——八種格，三種性，三種數的變化，因此名詞就是：「詞根＋格尾變化＝名詞」。所以簡單講，梵文決定意義的核心在於：找出「詞根」來。

梵文的詞類大略可分成兩大類，一是有語尾變化的詞類，另外一類則是沒有語尾變化的詞類。屬於沒有語尾變化的詞類是指連接詞，如 च（ca）這個

國王迦膩色迦王，要求經典用標準梵文寫下來，當時通行西北印度的「說一切有部」遵照旨意，用梵文當作佛典語言。隨後大乘佛教興起，也將梵文當作是佛典語言。但是起初大乘佛教並非使用標準梵文，而是經過一段過程，約略可分成三種：即標準梵語（Standard Sanskrit）、混合梵語（Buddhist Hybrid Sanskrit）和前面提過的俗語（Prākrit）三種。美國的學者法蘭克林・艾格頓（Prof. Franklin Edgerton）從已發現的梵文佛典，包含大小乘梵文佛典，察覺佛典存在了一種混合俗語與梵語所寫成的語體，稱爲佛教混合梵文（Buddhist Hybrid Sanskrit），這個發現說明了佛典語體的梵文化是經過一定的漸進模式發展而來，是梵文佛典研究的一大突破。以上的說法都引用日本水野弘元著，劉欣如譯《佛典成立史》，台北市：東大圖書公司，1996 年 11 月出版，頁 59。

單字就是「～與～」，與英文的「and」相關。其餘屬於有詞尾變化的詞類，可以分成動詞系統與名詞系統兩大類。動詞系統的詞尾變化只有動詞本身，而名詞系統的詞尾變化，還有形容詞與副詞，它們的變化方式和名詞一樣都是三種數，三種性，八種格。

梵文還有兩個跟其他印歐語不同之點：第一是喜歡用長的複合語（compound），第二是連音變化律（sandhi）。就是說，某字母與某字母聯在一起，就要發生變化。一件行爲的過程用動詞來表達，一旦行爲完成了，動作固定了，那就成爲一件事，則用名詞來表現。這就是梵文解析的基本原理。

舉例來說：namaḥ 這個字來說，就是下面的研究情況：

1. नमः namaḥ,　名詞　皈依，禮敬

  1.1 【詞尾變化】原形單數是 namas,爲使形成「單數絕對性的語氣」，以呼格方式呈現。

  1.2 【摩威梵英,528】n. bow, obeisance, reverential salutation, adoration（by gesture or word; often with dat. e.g. *Rāmāya namaḥ, salutation or glory to Rāma*, to utter a salutation, do homage, worshipped , adored）RV.

  1.3 【梵漢辭典,p764】（中性名詞）低頭，敬禮，（語言及態度上的）崇敬：（常與爲格（Dative）連用作爲感歎詞）；經文上常翻譯爲「皈依，歸命，禮，敬禮，歸禮」。

上述的原文 नमः 是梵本內寫法，而 namaḥ 是它的羅馬化寫法，一般現代學術討論梵文課題都採用羅馬化字體表達。所以我們看到這個字時先找出 namaḥ 的詞根，經過觀察，namaḥ 的詞根就是 namas，就可以查 namas 的詞義與就 namaḥ 的詞尾變化，併總合詞典敘述來作決定。

至於佛典裡，除了梵文以外，還有所謂的「混合梵文」。這是因爲佛典並非一開始就是使用梵文寫成的，是從所謂的「俗語」（Prakrit）變化過來。基本上，梵文的許多複雜的規則，相對於 Prakrit 來說就簡化了些。俗語與梵語來說，經過學者研究，經常是以轉寫形態呈現，所以可以形成語音對應關係。不論是梵文，俗語或是巴利文都有些許這樣的關聯。話雖如此，研究佛典梵本，是必須從梵文學習開始的。然後才學習佛典混合梵文。因爲混合梵文畢竟也是一種梵文，只是說它佛典因爲要進行俗語的梵文化，在文字拼寫上有些變化。

混合梵文，目前最重要的研究成果就是美國耶魯大學教授法蘭克林·艾格頓（Prof. Franklin Edgerton）所編的《Buddhist Hybrid Sanskrit Grammar And Dictionary》，（印度德里的 Motilal Banarsidass 出版公司所出版，1993 年）。他在第一冊的《文法》部分裡面有提到這一點。例如在第五章第九段：

kimarthameṣaḥ sugatena adya

prabhāsa etādṛśako vimuktaḥ|

aho prabhāvaḥ puruṣarṣabhasya

aho'sya jñānaṁ vipulaṁ viśuddham||52||

【鳩摩羅什】：佛子時答，決疑令喜，何所饒益，演斯光明。

上面的第二句裡面有個 etādṛśako 這個字雖有梵文的樣子，但卻無法在《摩威梵英辭典》（Monier William Sanskrit English Dictionary）裡面查到，其實它並不是標準梵文，是佛教混合梵文。經過艾格頓的分析，是：

【艾格混梵（案：指艾格頓《佛教混合梵文辭典》）,p155】adj.（=Skt. śa，案：指 etādṛśa）, such: SP 15.13; 87.11（both vss, -ka may be m.c.）

因此我們就知道，原來這個梵文字典查不到的單字，是混合梵文，etādṛśako 意思等同是梵文的「etādṛśa」的轉寫，從而去查所指示的那個梵文單字，這就能夠解讀出原意來。筆者在下一章第九段將有詳細說明。事實上這種混合梵文在《法華經》裡面的詩偈比較常見，作爲散文「長行」的部分就比較少見。

所以作爲漢譯佛典的辭彙訓詁解釋，不論是用哪一種語文所寫，首先就是從尋找字根開始，所以對於語文研究開始，找尋字根就是解讀的第一要務。

本次研究擬採用直接解讀梵本辭彙，對照鳩摩羅什譯筆作詞彙上的考察，並就此建立佛典訓詁學的基礎。

上面討論過有關梵本佛典語文大概情況，以下就是具體的求出梵本詞語意義的方法：

（一）過去研究方法上的迷思

事實上，在本研究以前，《法華經》不論是梵本，還是漢譯本都已經相當數量的學者發表了無數的論文談論有關三者的關係。但是過去學者們所做的梵漢佛典研究，是屬於梵文與漢文的對照。有些學者採用原文與譯本比對，將梵本某些辭彙認定爲漢譯的某些辭彙，用漢譯辭彙推定爲該梵文辭彙的原義。這種方式有其不確定性。舉個例子，《佛光大辭典》對於「咒」這個字的解釋：

……通常將梵語 mantra（漫怛ㄔ*羅）譯作咒。現存之梵文般若波羅蜜多心經，及梵文入楞伽經卷八陀羅尼品之中，皆有使用相當於漢譯咒字之 mantra 一字。西藏文《孔雀咒王經》之梵名爲 Mahāmayūrī-vidyā-rājñī。善見律毘婆沙卷十一，將巴利語 vijjāmayā 譯作咒。法華經卷七陀羅尼品等，將梵語 dhāraṇī（陀羅尼）譯作咒。由上記諸梵、巴語得知漢譯咒字有多種原語。又 dhārāṇī 有總持之意，梵語 vidyā（巴 vijjā）有明、術之意，mantra 亦譯作眞言。各語其意雖有別，而長久以來多已混用。另有將諸語明顯區分者，如翻譯名義大集（梵 Mahāvyutpatti）密咒本續與外道書契中，述及密咒之名時，將 dhārāṇī 譯作總持咒，vidyā 譯作明咒，mantra 譯作密咒。〔註2〕

但是 mantra，dhārāṇī 與 vidya 這三個字其實意義上有些差距：

Mantra【摩威梵英,786】

1. m.（rarely n.; ifc. f. ā）, ` instrument of thought ' , speech , sacred text or speech , a prayer or song of praise RV. AV. TS. ;
2. a Vedic hymn or sacrificial formula , that portion of the Veda which contains the texts called ṛc or yajus or sāman（q.v.）as opp. to the Brāhmana and Upanishad portion（see IW. 5 &c.）Br. GṛŚrS. ;
3. a sacred formula addressed to any individual deity（e.g. *om śivāya namaḥ*）RTL. 61 ;
4. a mystical verse or magical formula（sometimes personified）, incantation , charm , spell（esp. in modern times employed by the Śāktas to acquire superhuman powers ; the primary Mantras being held to be 70 millions in number and the secondary innumerable RTL. 197～202）RV.（i , 147 , 4）ĀśvŚr. Mn. Kathās. Suṣr. ;
5. cousultation , resolution , counsel , advice , plan , design , secret RV. ;
6. N. of Vishṇu Vishṇ. ; of Śiva MBh. ;（in astrol.）the fifth mansion VarYogay.

〔註 2〕請見《佛光大辭典》，台北縣：佛光文化事業有限公司 1997 年 5 月出版。頁 3114。

Dhāraṇī【摩威梵英,515】

1. f. any tubular vessel of the body L. ;
2. the earth Gal. ;
3. a partic. bulbous plant ib. ;
4. a mystical verse or charm used as a kind of prayer to assuage pain &c. MWB. 154 ; 351.（4 kinds of Dhāraṇī according to Dharmas. lii）;
5. row or line（w.r. for dhoraṇī）L. ;
6. N. of a daughter of Sva-dhā VP.

Vidyā【摩威梵英,964】

1. f. knowledge（cf. kāla-jāta-v-）, science , learning , scholarship , philosophy RV.（according to some there are four Vidyās or sciences , 1. trayī , the triple Veda ; 2. Anvīkśikī , logic and metaphysics ; 3. daṇḍa-nīti , the science of government ; 4. vārttā , practical arts , such as agriculture , commerce , medicine ; and Manu vii , 43 adds a fifth , viz. Atma-vidyā, knowledge of soul or of spiritual truth ;
2. according to others , Vidyā has fourteen divisions , viz. the four Vedas , the six Vedāṇgas , the Purāṇas , the Mīmāṇsā. Nyāya , and Dharma or law〔964,1〕 ; or with the four Upa-vedas , eighteen divisions ; others reckon 33 and even 64 sciences 〔= kalās or arts〕;
3. Knowledge is also personified and identified with Durgā ; she is even said to have composed prayers and magical formulas）; any knowledge whether true or false（with Pāṣupatas）Sarvad. ; a spell , incantation MBh. Ragh. Kathās. ;
4. magical skill MW. ; a kind of magical pill（which placed in the mouth is supposed to give the power of ascending to heaven）W. ; Premna Spinosa L. ; a mystical N. of the letter ī Up. ;
5. a small bell L.（cf. vidyāmaṇi）. 1.

所以無論是從《佛光大辭典》所揭示的問題，或是從上面就 Monier William 的《梵英辭典》來看，這三個字事實上未必相同。如果就「咒」這個字來做個共同的標準來看：

1. Mantra 是指「祈禱者的讚歌」（a prayer or song of praise RV，筆者按：這是《黎俱吠陀》，也是印度最古老文獻的定義）。也可以用第四個意義，即「神秘的詩歌，或是神奇模式，方法（有時候是個人化的），咒語，迷惑（護身符），召請，藉由神秘儀式獲得神奇力量」（a mystical verse or magical formula（sometimes personified）, incantation , charm , spell（esp. in modern times employed by the Śāktas to acquire superhuman powers）這個字就應該是中文「咒語」的本義。
2. Dhāraṇī 可以看出，原來是指身體「管狀的容器」，這裡也有關於「咒語」部分，就是第四個「一種神祕的詩歌或者咒語，是祈禱者用來減輕痛苦之用的」（a mystical verse or charm used as a kind of prayer to assuage pain）。和中文的「神奇章句」比較接近。
3. 而 Vidyā 則屬於「咒語」的意思，應該就是「神奇的技巧，或是一種神奇的丸子可以服用讓你生天之用」（magical skill MW. ; a kind of magical pill（which placed in the mouth is supposed to give the power of ascending to heaven）W.）這種應該是和現在密宗用的經過喇嘛加持過的「摩尼丸」類似。比較類似加持聖物服用的藥品（法藥）。

這三種「咒語」最常見的就是第二個「陀羅尼」（Dhāraṇī）的「咒語」，現在中國佛教早晚課誦，或是常見法會上幾乎很多都是屬於這種。可是《阿含經》裡面卻有記載佛陀反對弟子們持誦「咒語」，如《中阿含經・多界經》說：

> 若見諦人，生極苦甚重苦，不可愛、不可樂、不可思、不可念，乃至斷命。捨離此內（佛法），更從外求，或有沙門、梵志，或持一句咒、二句、三句、四句、多句、百千句咒，令脫我苦，......終無是處〔註 3〕

於是這是否和大乘佛教裡面每天早晚都在做的法會，所持誦的也是被翻譯成「咒」的「陀羅尼」是否有衝突？這就是爲什麼筆者要提出佛典需要訓詁學的原因。光是一個「咒」字就對應了三個可以說性質不盡相同的梵文詞彙，因爲這種佛典翻譯上的問題產生教義上的矛盾情況，時有耳聞。

之所以會發生這種問題，是因爲研究者把漢譯佛典當作是絕對性的「正

〔註 3〕請見《大正新修大藏經》第一冊，台北市：新文豐圖書出版有限公司 1983 年出版。頁 724。

確」，卻忽略了這個詞語是究竟是在「直譯」還是「意譯」的手法下翻譯出來，妄以漢譯找尋對應的梵本辭彙，而編成了詞典。後人不解其中，往往加以引用，就發生了上面類似「咒語」的問題。就拿這個問題來說，在台灣佛教界已經產生了爭議，甚且在學術會議上也成爲議題。〔註 4〕事實上佛典詞彙解釋產生的問題，經常關鍵就在於研究方法。

確實假如我們把梵文佛典拿來對照漢譯佛典，就這樣了事，不再作後續分析的話，那也確實造成學習者一個錯誤的印象，梵文佛典早已翻譯成中文，有何研究的必要？既然梵文佛典已經面世，爲何不以梵文辭彙爲中心去理解佛典，而必須用佛典譯文去推測原文？既然已經有了可信的梵本，何不按照正常的翻譯程序，再把佛典翻譯一次呢？這樣來理解佛經，準確性是要高多了。而且更能夠釐清原先難以解釋的章節與義理。

（二）本研究將採用的方法

那麼應當如何取得梵文的比較正確的意義呢？筆者以爲可用英國的 M. Monier-Williams 爵士所編著的《A Sanskrit English Dictionary—Etymologically and Philologically Arranged with special reference to Cognate Indo-European Languages》，原著於 1899 年出版於英國牛津大學出版社（Oxford University Press）出版，本文所用的辭典是 2002 年由印度德里（Delhi）的 Motilal Banarsidass 出版公司所出版。這本字典是世界上最大的梵英辭典，有 1333 頁，詳細說明用法，附有例句，動詞有詞尾變化，此外還有一個重要的特點，就是以 Etymology，字源學來編輯，每條辭彙均有多條的文獻引用說明，上面述說「咒語」引用有關即是該本字典的內容之一。到今天，這本辭典還是世界上最權威，以印度文化爲背景，不偏任何立場，兼收印度教各種宗教辭彙，以英文的解釋梵文的辭典。所以歷史超過百年，始終獲得學術界多數信賴。所以本研究以該字典解說來作爲梵文定義上的主要依據。

再來就是引用以漢譯與梵本辭彙對照爲主的辭典來做梵文意義上的對照。這方面的成就，最高者就屬日本，而日本當中，這方面屬於最高成就，當屬由荻原雲來的《梵和大辭典》，據林光明考訂該書主要參考梵英，梵德與梵法辭典，但是以 MacDonell 在 1892 年所編的《實用梵文字典》（A Practical

---

〔註 4〕請見林光明〈試析印順導師對咒語的態度〉收錄於《印順導師思想之理論與實踐：第四屆「人間佛教・薪火相傳」學術研討會論文集》，台北市：財團法人弘誓文教基金會，2003 年 03 月。

Sanskrit Dictionary）爲主要參考資料。〔註 5〕但台灣的林光明先生所編輯的《梵漢大辭典》所根據的資料是以荻原雲來的《梵和大辭典》爲基本資料，並加入了三種辭典爲主要的參考資料：即 M. Monier-Williams 爵士所編著的《梵英辭典》、1890 年出版的 Apte 的《The Practical Sanskrit-English Dictionary》，最後才是 MacDonell 在 1892 年所編的《實用梵文字典》（A Practical Sanskrit Dictionary）。但是上述三種字典裡面，遇到爭議時，仍以 M. Monier-Williams 的《梵英辭典》的解說爲主。

所以本研究採用這兩部辭典，分別是 M. Monier-Williams 的《梵英辭典》與 2005 年出版的，台灣的林光明先生所編輯的《梵漢大辭典》等兩部詞典作爲梵文意義取得的主要依據。至於遇到混合梵文的情況，則採用艾格頓（Prof. Franklin Edgerton）所編的《Buddhist Hybrid Sanskrit Grammar And Dictionary》的內容來做補充說明。

其他狀況，則採用江島惠教（代表）編纂的《梵藏漢法華經原典總索引》，這部書籍共有 11 分冊，是由日本東京靈友會在 1985 年出版的。該書對於梵文法華經的單字的字根有相當的研究，不過缺點在於是用梵文字母編輯，所以無法確認梵文法華經內所有單字都編在其中。不過特對於混合梵文或是其他不規則拼寫法的單字來說，可以發揮相當的功效。

（三）梵本翻譯的探尋

找尋到梵本的單字適當意義後，就是進行翻譯作業，此時便可與鳩摩羅什《妙法蓮華經》譯文的對照。但爲求翻譯的精確，筆者採用荷蘭 Prof. H Kern 所翻譯的《法華經》英譯本譯文同時參考。前面提過，Prof. H. Kern 是第一位校對梵文《法華經》，在此一領域具有權威的地位。《法華經》的英譯本，是他在完成《梵文法華經》校勘，並出版後翻譯出來的，所以甚具參考價值。該本初版於 1884 年於英國牛津大學出版社出版。筆者採用的是收錄在 F. Max Müller 所編的《The Sacred Books of The East》（印度德里 Motilal Banarsidass 出版社 1994 年再版）叢書的第廿一冊當中。

二、「信譯」的判準

誠如奈達的說法，判斷譯作是否「信譯」絕不能以爲一個單字只有一種

〔註 5〕請見林光明《梵漢大辭典》，台北市：家風出版社，2005 年 4 月出版。頁 8

解釋才叫做「信」。誠如當代翻譯學的學者劉宓慶認爲翻譯批評的首要標準就是要「放寬『信』的尺度」，原因就在世界文化多樣性，價値多元性，要產生對原文絕對的忠實，恐怕致礙難行。就像是英文的 glass 一詞可能至少有廿五種「杯子」，除非原作者特別去具體說明這個「杯子」的形狀，否則充其量也只能翻譯爲「杯子」，所以「信譯」是相對的。又如宋朝岳飛的「愛國心」與現代中國人所說的「愛國心」出入很大，但用英文卻只能翻譯成「patriotism」。可見「信譯」不可能是絕對的，劉宓慶舉出一句英文「Open（open）the door.」爲例，就可能有五種譯法：

1. 行動示範：大家看著：這樣做，就叫「開門」。
2. 請求：開開門吧！
3. 命令：快開門！
4. 建議：把門打開如何？
5. 描寫或敘述中的行爲：……打開了門……〔註 6〕

可見意義的意向是一個隨機性很強，微妙的變數，它是相對的。這與奈達所強調的「動態性的對等」看法是一致。所以當我們要判斷這一句或段落是否爲信譯，形式對應是考量之一，但非絕對，重點仍在「對等是否有效」的思考上。

所以本研究將「信譯」判準，建立在嚴復「信」的標準，與奈達「動態對等」的說法。具體而言，有下列規則：

1. 字與字，詞與詞的正確對應，即爲「信譯」。
2. 當第一條不成立時，段落與段落形成意義上的對應，亦可視爲「信譯」。
3. 納入「達」的思考，如嚴復所言：「『達』即所以爲信也。」
4. 譯文的讀者的知識水平，尤其是文化思維、生活習慣、人我價值觀等部分，表現於譯文之中，形成對等者，皆視爲「信譯」。
5. 個人的翻譯理論上的主張表現於譯詞者，亦可算是「信譯」。

非信譯部分，則以上述五項標準之外者，概屬「非信譯」。但「非信譯」並非即爲「錯譯」，亦可能爲「缺譯」、「不譯」或是「版本不同」等情況所致：

1. 「錯譯」者則於下列譯文與原文有明顯差異，如方向、數量、單位、人物對象等明確的人事物者，此皆變異性很低，不容錯誤但卻發生者，即爲「錯譯」。

〔註 6〕

2. 「缺譯」、「漏譯」者，在譯作與原文經過句對句，段對段審查對應關係，相對於原文，譯作找不得對應詞句者，可判為「缺譯」。惟原文所無，而譯文卻有者，則可能是原文的版本不同所致。

本研究以鳩摩羅什譯作為主要研究對象，從後人批評上來看，羅什風格近乎「意譯」，研究「意譯」的作品，自然在原文與譯作的「對等」的效果就成為重點。要言之，譯作是否「信譯」，則要看「原典」與「譯作」，雙邊「對等」的情況來斷定。

第二節　研究步驟與模式

根據上述構想，本研究採用的研究步驟是這樣的：

1. 先將梵本內天城體（Devanagri）字母進行羅馬化工作（Romanized），用羅馬字母顯示，然後區分段落與句子。
2. 就梵本內文作「分界」，也就是處理連音規則的部分，分解出梵文詞彙出來。
3. 取得梵本單字。
4. 就該單字取得單詞分析，作「語尾變化」的研究。
5. 取得字根，並分查兩本辭典：以 M. Monier-Williams 的梵英辭典（以下本文內簡稱【摩威梵英】），與林光明先生所編輯的《梵漢大辭典》（以下本文內簡稱【梵漢辭典】），遇到混合梵文，則查艾格頓所編的《Buddhist Hybrid Sanskrit Grammar And Dictionary》取得解說意義，或是尋求其他如索引書籍，例如江島惠教（代表）編纂的《梵藏漢法華經原典總索引》協助。
6. 以梵文一句或是一個頌偈為單位，分別各作翻譯對照的研究。對照內容依序有【現代漢譯】、【鳩摩羅什】與【英譯本】三者。其中【現代漢譯】為筆者求取梵文原義後所做的漢譯。
7. 每一段完成以後，即做【小結】，依照前面所立的「判準」來觀察該段的鳩譯是否「信譯」，亦考察「非信譯」情況的成因。

再以以上述的步驟來建構研究模式，用《第五章・第四節・第十三段・第一句》（後以 4.13.1 來替代）舉例來說，原文是這樣的：

तस्य खलु पुनरजित भगवतश्चन्द्रसूर्यप्रदीपस्य तथागतस्यार्हतः सम्यक्संबुद्धस्य

पूर्वं कुमारभूतस्यानभिनिष्क्रान्तगृहावासस्य अष्टौ पुत्रा अभूवन्। तद्यथा-मतिश्च नाम राजकुमारोऽभूत्।

經過轉換成「羅馬字體」後，就是這樣：

tasya khalu punar Ajita bhagavataś Candrasūryapradīpasya tathāgatasyārhataḥ samyak-saṁbuddhasya pūrvaṁ kumāra-bhūtasyānabhiniṣkrānta-gṛhā-vāsasya aṣṭau putrā abhūvan|

然後就原文當中的單字作個別解析，其中以 भगवतश् bhagavataś 這個單字研究的內容如下：

1. भगवतश् bhagavataś 名詞 尊貴的；世尊

1.1 【詞尾變化】bhagavataś 根據連音規則，是從 bhagavataḥ 變化過來的，而 bhagavataḥ 是 bhagavat 的陽性單數從格形，字典查 bhagavat。

1.2 【摩威梵英,p743】

1.1.1 mfn. possessing fortune , fortunate , prosperous , happy RV. AV. BhP. ; glorious , illustrious , divine , adorable , venerable AV.; holy（applied to gods , demigods , and saints ae a term of address , either in voc. bhagavan , bhagavas , bhagos f. bhagavatī m. pl. bhagavantaḥ ; or in nom. with 3. sg. of the verb ; with Buddhists often prefixed to the titles of their sacred writings）;

1.1.2 m. `the divine or adorable one' N. of Viṣṇu-Kṛṣṇa Bhag. BhP. ; of Śiva Kathās. ; of a Buddha or a Bodhi-sattva or a Jina Buddh.（cf. MWB. 23）;

1.1.3（ī）f. see below.

1.3 【梵漢辭典,p251】（形容詞）好運氣的，幸運的，繁榮的；應崇拜的，令人尊敬的，有神性的（諸神及諸半仙的稱呼），有尊嚴的，著名的，神聖的（聖者）；尊者，佛陀，菩薩或是 Jina 的稱號；（經文）世尊，有德，德成就，總攝眾德，出有，出有壞，如來，佛，佛世尊，婆伽婆，婆伽梵。

而 4.13.1 的該句譯文研究內容便如下列：

【筆者試譯】：而阿逸多，從世尊日月燈明如來，應供，正等正覺最後那一位，（他）還未捨棄僕人與宮室出家（時），有八個王子。

【什公漢譯】：其最後佛未出家時，有八王子。

【英　譯　本】：The aforesaid Lord Kandrasûryapradipa, the Tathâgata, &c., when a young prince and not yet having left home（to embrace the ascetic life）, had eight sons,……

以上就是本研究的模式，所有的研究成果都按照上述結構在後面詳述。因爲 bhagavataś 這個字是「單數從格形」，意義上就是「從世尊」。特別要說明的是，上述屬於【摩威梵英】部分的內容，原辭典文內有許多印度傳統文獻引用標註，這裡只特別標示屬於吠陀文獻與婆羅門的梵書文獻，說明該單字最早被用於婆羅門教所表達的意義，其他的標示，即爲佛教文獻引用的標示，也會予以標示。如此簡單標示婆羅門教與佛教的文獻標註，主要是爲了求其理解上的清晰所致。

特別說明，由於本研究採用的梵本是尼泊爾的版本，該版本書寫梵字爲天城體（Devanagri），本文爲了研究方便，除了梵本原文以外，其餘梵字都採用羅馬化（Romanized Character）字母來顯示。同時在此也說明，梵文所採用的電腦字體：天城體字體是以 Arial Unicode MS.ttf 爲主，羅馬化的電腦字體是以 URWPalladio ITU.ttf 爲主。

第五章 《妙法蓮華經・序品》信譯的研究

一、體裁說明

本章主要是說明鳩摩羅什《妙法蓮華經・序品》信譯的研究過程，在研究開始之前，先說明本研究陳述的體例。

梵本資料研究是以 Dr. P. L. Vaidya 所編之《Saddharmapuṇḍrīkasūtra》（印度 The Mithila Institute of Post-Graduate Studies and Research in Sanskrit Learning, Darbhanga,1960 所出版），爲梵文母本。所有的天城體梵文一概取自此本。羅馬字體化轉寫亦根據此本而寫定。漢譯本取自《大正新修大藏經》之第九冊所收錄之鳩摩羅什《妙法蓮華經》。陳述的結構依據第三章「研究方法」，其次序如下：

1. 【梵本段落的名稱】：括弧內標明梵本內的段落的名稱，這部份是以學術界研究梵文的標準字體——印度天城體（Devanagari）爲主。這也是世界上編纂梵本佛典的標準字體。這裡天城體文字用以顯示梵本全段文句，與單字部分，其餘部分則不用。
2. 【羅馬譯音】：將梵文天城字體轉寫，用羅馬化字母表現讀音，便於解析。這也是目前學術界最常用的梵文研究字體的標準，羅馬化字母用來解析各句，及單字說明的內文。
3. 【句義解析】：爲該段該句進行分界（dhātu），完成單詞拆解，以便更進一步進行各單字的字尾解析。
4. 【摩威梵英】：即英國的 M. Monier-Williams 爵士所編著的《A Sanskrit English Dictionary—Etymologically and Philologically Arranged with

special reference to Cognate Indo-European Languages》，原著於 1899 年出版於英國牛津大學出版社（Oxford University Press）出版，本文所用的辭典是 2002 年由印度德里（Delhi）的 Motilal Banarsidass 出版公司所出版。

5. 【艾格混梵】：即美國耶魯大學教授法蘭克林・艾格頓（Prof. Franklin edgerton）所編的《Buddhist Hybrid Sanskrit Grammar And Dictionary》，本文所用的是 1993 年由印度德里的 Motilal Banarsidass 出版公司所出版。
6. 【梵漢辭典】：即由台灣的林光明先生與林怡馨小姐所聯合編纂，由台灣台北市的嘉豐出版社於 2005 年所出版的《梵漢大詞典》。該書是以日本荻原雲來博士，過直四郎博士所監修的《漢譯對照梵和大辭典》爲底本擴增，因此是本文列爲重要參考書籍之一。
7. 【詞尾變化】：分析梵文本文詞彙最重要的方法，從原來的詞彙分析語尾，析出字根，然後判定詞類語型，方能查字典，決定義意。本文對於動詞字根採取符號「√」作標示說明。名詞，形容詞，副詞等字跟則不用此符號，以示區分。
8. 【筆者試譯】：爲分析梵文單字後，筆者對本句梵文的翻譯。
9. 【什公漢譯】：指鳩摩羅什《妙法蓮華經》相對的譯文。
10. 【英譯本】：這裡指荷蘭 Prof. H. Kern 所譯著的《The Saddharma-pundarîka or The Lotus of the True Law》即爲《法華經》英譯本譯文，該書收錄在 F. Max Müller 所編的《The Sacred Books of The East》（印度德里 Motilal Banarsidass 出版社 1994 年再版）叢書的第廿一冊。
11. 【信譯研究】：檢驗該句是否符合信譯原則。
12. 【小結】：分析梵本該段內文、鳩摩羅什《妙法蓮華經》與英譯本三者內文比較分析「信譯」問題之研究。
13. 簡化符號：爲簡化本章內章節說明起見，資以 4.1.2（第四節第一段第二句，以下依此類推）依此類推。

二、梵文表示說明

由於梵本爲印度天城體寫成，故將對天城體與對應之羅馬化字體有所說明。

1. 梵文的字母有兩種：一爲母音，二爲子音。母音共有十三個，子音則有三十六個。
2. 母音：可分爲短母音、長母音與雙母音等三種。以天城體字母爲主，旁則附上羅馬化的子母作爲發音解釋。

   2.1 短母音：अ a इ i उ u ऋ ṛ ऌ ḷ

   2.2 長母音：आ ā ई ī ऊ ū ॠ ṝ

   2.3 雙母音：ए e ऐ ai ओ o औ au

3. 子音：依照發音部位分成五個部位，就是喉音、顎音、反舌音、齒音與唇音五種，又各個部位子音發聲也分成「送氣」與「不送氣」，此外還有「有聲半母音」、「無聲擦音」與「有聲鼻音」。以下用表列示於下：

   3.2 子音：

發音部位	硬音		軟音		軟音
	不送氣	送氣	不送氣	送氣	鼻音
喉　音	क ka	ख kha	ग ga	घ gha	ङ ṅa
顎　音	च ca	छ cha	ज ja	झ jha	ञ ña
反舌音	ट ṭa	ठ ṭha	ड ḍa	ढ ḍha	ण ṇa
齒　音	त ta	थ tha	द da	ध dha	न na
唇　音	प pa	फ pha	ब ba	भ bha	म ma

   3.2 有聲半母音：य ya र ra ल la व va

   3.3 無聲擦音：श śa ष ṣa स sa ह ha अः aḥ

   3.4 有聲鼻音：अं aṃ

   3.5 梵文字母的結合：有兩種，分別是母音與子音的結合，及子音與字音的結合兩種。

   3.5.1 正常的子母音拼寫法：各個梵文的子音字母原來都有一個「्」的符號，如 क ka 就是 क् k + अ a 這兩個字結合而成。同樣的道理，子音可與其他母音結合，但以母音的簡寫符號爲書寫原則。如下表：

拼音	書寫表現	羅馬拼寫表示	
क् + अ	क	K + a	ka
क + आ	का	K + ā	kā
क + इ	कि	K + i	ki
क + ई	की	K + ī	kī
क + उ	कु	K + u	ku
क + ऊ	कू	K + ū	kū
क + ऋ	कृ	K + ṛ	kṛ
क + ॠ	कॄ	K + ṝ	kṝ
क + ऌ	कॢ	K + ḷ	kḷ
क + ए	के	K + e	ke
क + ऐ	कै	K + ai	kai
क + ओ	को	K + o	ko
क + औ	कौ	K + au	kau

另外有兩個子音與字音，但被列於子音與母音拼寫的表示如下：

拼音	書寫表現	羅馬拼寫表示	拼音
क + अं	कं	K + aṃ K + aṁ	kaṃ kaṁ
क + अ:	क:	K + aḥ	Kaḥ

3.5.2 複合子音的拼寫：當兩個或兩個以上的子音緊連著出現時，並且中間沒有母音的時候，其寫法是：

3.5.2.1 除了最後的子音字母，其餘子音均以去掉垂直線，成爲「半形」成爲左右相加：

ग् + ध = ग्ध g + dha = gdha; न् + त् + य = न्त्य n + t + ya = ntya

3.5.2.2 如果連接字母沒有垂直線時，則以上下相加：

क् + क = क्क k + ka = kka ; श् + च =श्च ś + ca = śca

3.5.2.3 還有特殊字體，如：

म् + र = म्र m + ra = mra; प् + र= प्र p + ra = pra

3.5.2.4 還有一個特殊寫法，當 र ra 出現在子音前，其寫法通常為：

र् + क = र्क r + ka = rka

3.5.2.5 除上了上述寫法，最後一個特殊的字母就是數字，從一到零的寫法如下：

१	२	३	४	५	६	७	८	९	०
1	2	3	4	5	6	7	8	9	0

以下各節次第開展本研究的內容。

第一節　經題的研究

【梵本經題】

सद्धर्मपुण्डरीकसूत्रम्।

【羅馬譯音】：Saddharmapuṇḍarīkasūtram|

【辭彙研究】：本句可分析為：Sad-dharma-puṇḍarīka-sūtram，有關辭彙分析如下：

1. सद् Sad,，有三種意思：其一就是（陽性名詞）「正確」，特別是和後面的「dharma」連接，意思就是「正確的佛法」。其二就是（動詞）坐在～之上。其三是日本學者山口惠照所說，是由 Sat 變化過來，由於連音規則，成為 Sad，以形容詞型與後面的「dharma」相連結，意思也是「正確的佛法」。）〔註 1〕

1.1 【詞尾變化】無。

〔註 1〕 山口惠照認為 Sad 是從 Sat 變過來，Sad 的意思是有形容詞「正的」、「善良的」，名詞形則為「善人，聖賢們」。與後面的「法」相連則形成為「善人，聖賢們的法」。見日本學者中村瑞隆所編《法華經的思想與基盤》，收錄於《法華經研究系列 VIII》的《法華經の思想と基盤》，日本京都：平樂寺書店，1980 年 2 月 20 日發行。頁 31。

1.2 【摩威梵英,p1137（Sad）】（1）-dharma, m. the good law,true justice, R.;（with Buddhists and Jainas）designation of the Buddhist or Jaina doctrines.

1.3 【摩威梵英,p1138（Sad）】（v）（2）to sit down（esp. at a sacrifice）, sit upon or in or at（RV. AV. VS. SBr.）〔註 2〕

1.4 【摩威梵英,p1134（Sat）】（adj.）（3）real , actual , as any one or anything ought to be , true , good , right , beautiful , wise , venerable , honest（RV）. m. a being , beings , creatures（RV.）a good or wise man , a sage（MBh.）; good or honest or wise or respectable people（MBh.）

1.5 【梵漢辭典,p1044（Sad）】1.正確 2.在～之中；坐在～之上。

1.6 因此可知，sad 通用的意義有三種，一種作爲陽性名詞，與 dharma 相連接成爲「正法」，其二就是「坐～之上」，其三就是傳統上所認爲的形容詞，就是「好的」，「良善的」意思。所以這裡並列作爲參考。至於日本學者山口惠照所說，也有一定道理，自成一家，故特別放在一起。

2. धर्म dharma　陽性名詞　法（特別是指佛法）

1.1 【詞尾變化】無。

1.2 【摩威梵英,p510】:

1.1.1 m. the older form of the RV. is dhárman that which is established or firm , steadfast decree , statute , ordinance , law ; Usage , practice , customary observance or prescribed conduct , duty ; right , justice（often as a synonym of punishment）; virtue , morality , religion , religious merit , good works or ind. according to right or rule , rightly , justly , according to the nature of anything.

1.1.2 mfn. holding to the law , doing one's duty.

1.1.3 the law or doctrine of Buddhism ; the ethical precepts of Buddhism as distinguished from the abhi-dharma or , further dharma and from the vinaya or discipline, these three constituting the canon of Southern

〔註 2〕RV 在摩威梵英辭典裡面是代表了 Rg Veda，中文翻譯爲《黎具吠陀》，是婆羅門教四部吠陀之首。AV=Atharva Veda 而 VS. =Vājasaneyi Saṃhitā，Br.=Brāhmaṇas，這些都是與婆羅門教有關的宗教文獻。

Buddhism; the law of Northern Buddhism（in 9 canonical scriptures , viz. Prajba-paramita, Ganda-vyuha , Dawa-bhumiwvara , Samadhiraja , Lankavatara , Saddharma-pundarika , Tathagata-guhyaka , Lalita-vistara , Suvarna-prabhasa）.

1.2 【梵漢辭典,p369】（陽性名詞）固定的秩序，慣例，習慣，風俗，法則，規定，規則，義務，德，美德，善行，宗教，說教，正義，公正。常被翻譯成「法，正法，教法，是法，善法，實法，妙法，如法，法門」。

1.3 因此可知，dharma 我們取佛教的意義，就是指「法」，也就是「佛法」。

3. पुण्डरिक puṇḍarika, 名詞　白蓮華。

1.1 【詞尾變化】無。

1.2 【摩威梵英,p631】n. a lotus-flower（esp. a white lotus; expressive of beauty） RV.

1.3 【梵漢辭典,p986】（中性名詞）白蓮花〔或人類心臟的表徵〕，尤指白蓮花，表現美麗的。

4. सूत्रम् sūtram 名詞　經

4.1 【詞尾變化】sūtram 是 sūtra 的主格形，字典查 sūtra。

4.2 【摩威梵英,p1241】n. a thread , yarn , string , line , cord , wire AV. ; a measuring line; the sacred thread or cord worn by the first three classes. ; a girdle ; a fibre ; a line , stroke; a sketch , plan. ; that which like a thread runs through or holds together everything , rule , direction; a short sentence or aphoristic rule , and any work or manual consisting of strings of such rules hanging together like threads（these Sutra works form manuals of teaching in ritual , philosophy , grammar ; they form a kind of rubric to Vedic ceremonial , giving concise rules for the performance of every kind of sacrifice; in philosophy each system has its regular text-book of aphorisms written in Sutras by its supposed; in Vyakaraba or grammar there are the celebrated Sutras of Panini in eight books , which are the groundwork of a vast grammatical literature ; with Buddhists , the term Sutra is applied to original text books as opp. to explanatory works.

4.3 【梵漢辭典,p1246】（中性名詞）〔吠陀〕線，繩，索（普通之意）；〔雅〕；（高級種性左肩上所掛的）聖繩；墨繩；纖維；細線；草案；計畫；

（連接上的線）簡明的規則或繩線；綱要書，經書。

【筆者試譯】：正確的佛法白蓮花經典

【什公漢譯】：妙法蓮華經。

【英譯本】：The Lotus of the True Law.

【信譯研究】：信譯。境界比原文意思還要高。

【小結】

1. 有關經題部分，最値得研究的就是那個「妙」字。
2. 梵文 Sad 的原意，有「正確」的意思，鳩摩羅什捨棄了「正確」的意思，而採用比「正確」還更高一層的方式來翻譯，就是「妙」。日本學者山口惠照認爲，或許與《老子》的「玅」有關。〔註 3〕
3. 案有關「妙」字的意思，《老子》：「故常無欲，以觀其玅。」王弼注：「妙者，微之極也。」這裡的「妙」都是「精微」的意思。而宋玉《登徒子好色賦》：「贈以芳華辭甚妙。」《世說新語．賞譽．上》：「濟又使騎難乘馬。叔姿形既妙，回策如縈，名騎無以過之。」這裡兩個「妙」都是指「美好／善」的意思。而晉朝左思《魏都賦》：「控絃簡發，妙擬更贏。」這裡說的是「巧妙／高明」。〔註 4〕所以中文裏面，在鳩摩羅什的時代，妙字的意思有「精微」、「美好／善」、「美好／善」等，鳩摩羅什採用「妙」來翻譯了 Sad，這確實是很奧妙的。就因爲這個《「妙」法蓮華經》的「妙」字，令中國佛教的祖師們爲之著迷，天台智者大師，甚且爲了這個「妙」字，談了九十多天，讓這部經聲名大噪。〔註 5〕中國佛教時常將此「妙」字解釋成「絕待」，因而有所謂的「絕待妙」。〔註 6〕

〔註 3〕見日本學者中村瑞隆所編《法華經的思想與基盤》，收錄於《法華經研究系列 VIII》的《法華經の思想と基盤》，日本京都：平樂寺書店，1980 年 2 月 20 日發行。頁 31。

〔註 4〕上述資料請見《漢語大辭典》第九冊，上海：漢語大詞典出版社，2003 年 12 月出版。頁 297。

〔註 5〕《憨山老人夢遊集》卷十九說：「天台智者大師，持此大經。一日親見靈山一會，儼然未散，求證南岳。岳曰：『此法華三昧也！非子莫證，非我莫識。』自是大師以三觀釋經，於是九旬談妙，故有《玄義》、《文句》，口授門人章安記之。」見《憨山老人夢遊集》，收錄於《卍續藏》第七十三冊，台北市：新文豐圖書出版公司，1983 年 1 月再版。頁 597。

〔註 6〕《佛光大辭典》：「無可對待比較，純一獨妙，稱爲絕待妙。天台宗謂法華經

4. 令人好奇的是，到底這個「妙」字是否鳩摩羅什一時靈感所促成？考諸佛教史鮮少論及，從該經內簡易曉暢的行文風格來看，這種畫龍點睛的絕佳譯筆確實不太多，不禁令人懷疑究竟是鳩摩羅什一時生花妙筆？還是另有其他緣故？對於佛教來說，有哪部佛說的經典會是「錯誤」或是「不良善」的佛法呢？所以再次標示爲「正法」的經典，可謂「翻譯上的多餘」。自從天台宗出現以來，解釋《妙法蓮華經》者幾乎以該宗對此經的解釋爲主。現在漢傳佛教，包含日本、韓國在內，只要講解《妙法蓮華經》的經題，都把「妙」字講成「絕待」，固然源自天台智者大師的說法。〔註 7〕如果我們將該經題目理解成「坐在佛法白蓮花上的經典」，也就是坐在佛法蓮花座上的佛世尊所說的佛法，相較於其他經典，即佛陀對聽法者隨緣開示來說，這部經典可就尊貴得多了。若不在經題上顯示此經的尊貴，就太可惜了。是以，「妙」字，看做是「絕待」的意義，一方面就是要彰顯本經作爲成佛的經典，另一方面也是爲了要說明這是佛教裡位階最高的佛典。
5. 就 sūtra 來說，印度的 sūtra 則著重於文體，這個字本義是「線」，曾經被翻譯成「線經」，日本學者水野弘元認爲，印度人之所以把經典叫做「線」，是因爲修多羅譬喻爲一根線，穿透各朵美麗的花朵，形成一個花環可以掛在頭上。那些重要優美的短句譬喻爲「花朵」，將它們綴合起來的那條線，就是所謂的「修多羅」。〔註 8〕例如婆羅門的「經」如《天啓經》、《家庭經》和《法經》等，這些「經」都只有一些條文，格言或是簡短句子條列爲內容，是爲了方式記憶而設計。而在中國對於「經」的解釋，台灣學者王靜芝教授認爲：「『經』的本義是「織從

之妙爲絕待妙。而相對於彼之粗，以顯此之妙，則稱「相待妙」。天台宗以相待妙批判其他教，自認超越其他之教，謂自宗所依據之法華經開三乘之權，次顯一乘之實，然就法華經之目的、本義而言，實無三乘、一乘之別，亦無權實之分；故法華之妙乃超越相對比較，而爲絕待妙。」上述資料請見慈怡主編《佛光大辭典》，台北市：佛光文化事業有限公司，1997 年五月出版。頁 5192。

〔註 7〕天台智者大師在《妙法蓮華經玄義》卷二說：「二明妙者：一通釋，二別釋。通又爲二：一相待，二絕待。此經唯論二妙，更無非絕非待之文，若更作者，絕何惑顯何理？故不更論也。」見《妙法蓮華經玄義》，收錄於《大正新修大藏經》第三十三冊，台北市：新文豐圖書出版公司，1983 年 1 月出版。頁 696。

〔註 8〕這個說法，請見日本水野弘元著，劉欣如譯《佛典成立史》，台北市：東大圖書公司，1996 年 11 月出版，頁 4～5。

絲」，見《說文》。「從絲」就是「縱絲」，織布的縱絲是貫穿布的全長的絲，沒有經便不能使布連其長」所以「『經』含有這一學說的要義的意味。也就是這一家之學的傳道之書。」〔註 9〕因此 Sūtra 被翻譯成「經」，在字的表面意義上是相通。不過根據《翻譯名義集》說明：「修多羅……舊曰『修多羅』，訛也。或言無翻，含五義故。《摭華》云：『義味無盡，故喻涌泉。能生妙善，故號出生。揩定邪正，故譬繩墨。能示正理，故名顯示。貫穿諸法。故曰結鬘。含此五義故不可翻。』（出《雜心論》）或言有翻，《妙玄》明有五譯：一翻經、二翻論、三翻法本、四翻線、五翻善語教。……今且據一名，以爲正翻，亦不使二家有怨。何者？從古及今，譯梵爲漢，皆題爲『經』。若餘翻是正。何不改作線契？若傳譯僉然則經正明矣，以此方周孔之教名爲五經。故以經字，翻修多羅。然其眾典，雖單題經，諸論所指，皆曰契經。所謂契理契機，名『契經』也。」〔註 10〕因此將 Sūtra，也就是「修多羅」賦予了與中文「經」字相同的意涵。

第二節　開啓經文以前的祈請文研究

【梵本內容】

॥ नमः सर्वबुद्धबोधिसत्त्वेभ्यः।

नमः र्वतथागतप्रत्येकबुद्धार्यश्रावकेभ्योऽतीतानागतप्रत्युत्पन्नेभ्यश्च

बोधिसत्त्वेभ्यः॥

【羅馬譯音】

|| namaḥ sarvabuddhabodhisattvebhyaḥ|

namaḥ

sarvatathāgatapratyekabuddhāryaśrāvakebhyo'īttānāgatapratyutpannebhyaśca

---

〔註 9〕以上請見王靜芝編著《經學通論》，台北市：國立編譯館，1993 年 11 月再版，頁 10～11。

〔註 10〕請見《大正新修大藏經》第五十四冊，台灣，台北市：新文豐圖書公司，1982，1986 年出版。頁 1110。

bodhisattvebhyaḥ||

【第一句】

|| namaḥ-sarva-buddha-bodhisattvebhyaḥ |

【辭彙研究】

1. नमः namaḥ, 名詞　皈依，禮敬

1.1 【詞尾變化】原形單數是 namas,爲使形成「單數絕對性的語氣」，以呼格方式呈現。

1.2 【摩威梵英,528】n. bow, obeisance, reverential salutation, adoration（by gesture or word; often with dat. e.g. Rāmāya namaḥ, salutation or glory to Rāma, to utter a salutation, do homage, worshipped , adored）RV.

1.3 【梵漢辭典,p764】（中性名詞）低頭，敬禮，（語言及態度上的）崇敬：（常與爲格（Dative）連用作爲感歎詞）；經文上常翻譯爲「皈依，歸命，禮，敬禮，歸禮」。

2. सर्व sarva, 形容詞　一切

2.1 【詞尾變化】無。

2.2 【摩威梵英,1184】mfn. whole , entire , all , every（RV）.; of all sorts, manifold, various, different, altogether, wholly, completely, in all parts, everywhere.

2.3 【梵漢辭典,p1138】（形容詞）全部的，全體的；一切的，每一個的（RV）佛經裡面：一切，一切法，皆。

3. बुद्ध Buddha, 名詞　智者，佛陀

3.1 【詞尾變化】無。

3.2 【摩威梵英,733】

3.2.1 mfn. pp. awakened, awake; expanded, conscious, intelligent , clever , wise; learnt , known , understood. MBh. Kāv. &c.

3.2.2 expanded , blown SāmavBr.

3.2.3 learnt , known , understood Āpast. MBh.

3.2.4 m. a wise or learned man.

3.2.5 n.（with Buddhists）a fully enlightened man who has achieved perfect knowledge of the truth and thereby is liberated from all existence and before his own attainment of Nirvāṇa reveals the method of obtaining it,（esp.）the principal Buddha of the present age（born at Kapila-vastu about the year 500 B.C. his father, Ṣuddhodana, of the Śākya tribe or family, being the Rāja of that district, and his mother , Māyā-devī, being the daughter of Rāja Su-prabuddha; hence he belonged to the Kshatriya caste and his original name Śākya-muni or Śākya-siṉha was really his family name, while that of Gautama was taken from the race to which his family belonged; he is said to have died when he was 80 years of age.

3.3 【梵漢辭典,p1246】

3.3.1（過去被動分詞）覺醒，完全覺醒，開花，開悟，聰明的，了悟的，明白的，認識的。

3.3.2（陽性名詞）佛陀〔眞正了悟善行與涅槃（Nirvāṇa）境界，並將所得之道理啓示於世人的覺者〕。

3.3.3（佛教術語）（歷史上的）佛陀〔稱爲 Śākya-muni Gautama 的佛教創始者〕

3.3.4（經文）覺悟，覺，正覺，如來，佛，世尊。

4. बोधिसत्त्वेभ्यः bodhisattvebhyaḥ,（陽性複數名詞）菩薩

4.1 【詞尾變化】原形單數爲 bodhisattva 由於文前有 namaḥ 的關係，這裡以爲格（Dative）形出現。

4.2 【摩威梵英,734】

4.2.1 m. "one whose essence is perfect knowledge", one who is on the way to the attainment of perfect knowledge（i.e. a Buddhist saint when he has only one birth to undergo before obtaining the state of a supreme Buddha and then Nirvāṇa）

4.2.2 Buddh.（the early doctrine had only one Bodhi-sattva , viz. Maitreya ; the later reckoned many more of the principal Buddha of the present era（before he became a Buddha）.

4.3 【梵漢辭典,p290】

4.3.1（陽性名詞）菩薩〔成佛之前最後位階的佛教聖者〕，尋求開悟之人。

4.3.2（經文翻譯）開士，大士。

4.3.3（譯音）菩薩，菩提薩埵。

【筆者試譯】：‖皈依禮敬一切佛陀與菩薩們｜

【什公漢譯】：缺譯。

【英 譯 本】：Homage to all the Buddhas and Bodhisattvas.

【信譯研究】：非信譯。

【第二句】

|namaḥ-sarva-tathāgata-pratyeka-buddha-arya-śrāvakebhyaḥ-atītān āgata-pratyutpannebhyaḥ-ca- bodhisattvebhyaḥ ||

【辭彙研究】

1. तथागत tathāgata, 名詞　如來

1.1 【詞尾變化】無。

1.2 【摩威梵英,p433】

1.2.1 mfn. being in such a state or condition , of such a quality or nature " he who comes and goes in the same way as the Buddhas who preceded him", Gautama Buddha Buddh. Sarvad.

1.2.2 m. "direction how to attain to the inconceivable subject of the Tathā-gata's qualities and knowledge " N. of a Buddh. Sūtra.

1.3 【梵漢辭典,p1281】

1.3.1 〔形容詞〕這樣的舉止，在如此狀態，這樣的性質或本性的，如這樣的。

1.3.2（陽性名詞）Buddha; 佛教徒。

1.3.3（經文）如來，如去，如來至眞，得如者，得眞儒者誠如來者，佛，世尊。

2. प्रत्येकबुद्धार्य Pratyekabuddhārya= pratyeka-buddha-arya，因爲梵文的連音規則 ā=a+a 的關係。

3. श्रावकेभ्योऽतीतानागतप्रत्युत्पन्नेभ्यश्च śrāvakebhyo'tītānāgatapratyutpannebhyaśca = śrāvakebhyaḥ-atītānāgata-pratyutpannebhyaḥ-ca，這裡有兩條梵文的連音規則。

3.1 首先梵文裡面的「ऽ」符號，羅馬譯音爲「'」通常代表「a」的省略。

3.2 連音規則：-aḥ+a=-o'，所以 śrāvakebhyo'tītānāgata 就可以拆開成 śrāvakebhyaḥ - atītānāgata 兩個字。

3.3 連音規則：-ḥ+c/ch=-ś+c/ch，所以 pratyutpannebhyaśca 就可以拆開成 pratyutpannebhyaḥ-ca 兩個字。

4. प्रत्यकबुद्ध pratyeka-buddha, 名詞（只為自己解脫的）孤單或孤立的佛陀，緣覺，獨覺

4.1 【詞尾變化】：無。

4.2 【摩威梵英】：無此詞彙。

4.3 【艾格混梵,p379】：m.（=Pali pacceka-）a Buddha for himself alone, who has won enlightenment but lives in solitude and does not reveal his knowledge to the world; in Mahāyāna-texes often mentioned with śrāvakas（followers of Hīnayāna）and bodhisattvas（Mahāyānaists）, between the two; when there is no Buddha in the world.

4.4 【梵漢辭典,p964】（陽性名詞）（只爲自己解脫的）孤單或孤立的佛陀，緣覺，獨覺。（譯音）辟支佛。

5. अर्य arya, 形容詞　聖者的，尊者的。

5.1 【詞尾變化】：無。

5.2 【摩威梵英,p93】

5.1.1 mfn. kind, favourable, RV.;attached to, true, devoted, dear, RV.; excellent.

5.1.2 m. a master, lord, Naigh.

5.3 【梵漢辭典,p160】

5.3.1（形容詞）親切的；忠實的；虔誠的。

5.3.2（陽性名詞）主人；君主；Vaiśya（第三種姓階級）以上的男子。

5.3.3（經文）民，尊者。

6. शरावकेभ्य: śrāvakebhyaḥ, 名詞　聲聞，阿羅漢

6.1 【詞尾變化】原形單數爲 śrāvaka 由於文前有 namaḥ 的關係，這裡以複數（Dative）爲格形出現。

6.2 【摩威梵英,p1097】

6.2.1 mfn. Hearing, listening to , audible from a far,

6.2.2 m. a pupil, disciple; a disciple of the Buddha the disciples of the Hīnayāna school are sometimes so call in contradistinction to the disciples of the

Mahā-yāna school; properly only those who heard the law from the Buddha's own lips have the name *śrāvaka* , and of these two, viz. Sāriputta and Moggallāna, were Agra-śrāvaka, "chief disciples", while eighty, including Kāśyapa, Upāli, and Ānanda, were Mahā-śrāvakas or 'great disciples'.

6.3 【梵漢辭典,p1196】

6.3.1（形容詞）傾聽；從遠方聽。

6.3.2（陽性名詞）聽聞者，門弟；佛陀或耆那（Jina，耆那教的聖人）的弟子；

6.3.3（經文）聲聞，弟子，聖賢，小乘人，阿羅漢。

7. अतितानागत atītānāgata-pratyutpannebhyaḥ, 形容詞　過去未來現在，也就是所謂的「三世」

7.1 【詞尾變化】atītānāgata= atīta（過去的）+anāgata（未來的）；pratyutpannebhyaḥ 的原形是 pratyutpanna（現在的），因爲變成名詞的第四格的複數形，也就是「爲格」（Dative）表示目的，方向，語尾產生變化成 pratyutpannebhyaḥ　。

7.2 【摩威梵英,p16】：atīta

7.2.1 mfn. gone by, past, passed away, dead; one who has gone through or got over or beyond, one who has passed by or neglected; negligent;passed left behind; excessive;

7.2.2（as）, m., N. of a particular Śaiva sect.

7.3 【摩威梵英,p27】：anāgata

7.3.1 mfn.（√gam）, not come, not arrived; future; not attained, not learnt; unknown;

7.3.2（am）, n. the future.

7.4 【摩威梵英,p27】：pratyutpanna mfn.（√pad）existing at the present moment, present, prompt, ready.

7.5 【梵漢辭典,p195】atītānāgata-pratyutpannebhyaḥ（過去被動分詞）過去未來現在，去來今，三世。

8. च ca, 連接詞　與。

8.1 【詞尾變化】無。

8.2 【摩威梵英,p380】ind. And, both, also, moreover, as well as, when used after verbs the first of them is accented,; it connects whole sentences as well as parts of sentences.

8.3 【梵漢辭典,p195】(附屬字)(連接詞)及，和；還；並且；正如；不但……而且，上有；如果；(經文)與，又，亦；而；與，及與，及，及以；或，或時。

【筆者試譯】:｜禮敬一切如來(佛)、辟支佛、聖阿羅漢與過去現在與未來的菩薩們‖

【什公漢譯】:缺譯。

【英 譯 本】:無此段。

【信譯研究】:非信譯。

【小結】

佛教大凡在誦經之前必先向諸佛菩薩祈請皈依。本段即爲此意。這部份鳩摩羅什缺譯，應該是《大正新修大藏經》的版本所致。中國佛教所印製的《妙法蓮華經》課誦本均有「南無本師釋迦牟尼佛三稱」的字樣。〔註 11〕Kern 博士的英譯本僅譯出本段第一句，但是 Kern 博士所編的梵本本段是有兩句的，他不可能不知道這個情況，所以筆者認爲，英譯本第一句已有翻譯，第二句因爲意思與第一句差距不大，即可省略。〔註 12〕

第三節　品名研究

【梵本品名】: १ निदानपरिवर्तः।

【羅馬譯音】: 1 nidānaparivartaḥ|

〔註 11〕台灣的佛陀教育基金會印贈的《大乘妙法蓮華經》爲其代表版本。請見《大乘妙法蓮華經》，台北市：佛陀教育基金會，2005 年 3 月出版。頁 14。

〔註 12〕請見 Prof. H. Kern and Prof. Bunyiu Nanjio 編《Saddharmapuṇḍrīka》收錄於『佛教文庫』No.10 (Bibliotheca Buddhica X)，日本東京：Meicho-Fukyū-Kai (名著普及會),1977 年出版。頁 1。《改訂梵文法華經》亦有此段，請見荻原雲來，土田勝彌編《改訂梵文法華經》，日本東京：山喜房佛書林，1994 年出版。頁 1。

【句義解析】：1 nidāna-parivartaḥ|。

【辭彙研究】

1. निदान, nidāna 名詞 緣起。

1.1 【詞尾變化】：無。

1.2 【摩威梵英,p548】

1.2.1 n. a band, rope, halter,RV.; a first or primary cause; original from or essence.

1.2.2（with Buddh.）a cause of existence（12 in number）.

1.2.3 mfn. knowing the cuases or symptoms of a disease.

1.3 【梵漢辭典,p778】

1.3.1（中性詞）（馬）韁，繩索；原因，原形；起源；病源或症侯；敘述緣由的序文。

1.3.2（經文）因，緣，姻緣，所因，緣起，緒，發起。

2. परिवर्तः parivartaḥ 名詞品。

2.1 【詞尾變化】parivartaḥ 是 parivarta 的陽性單數主格形，所以字典查 parivarta。

2.2 【摩威梵英,p601】m. revolving, revolution（of a plant &etc.）, ; a period or lapse or expiration of time; the end of world; a year, moving to and fro, stirring, turning back, flight, change, exchange, barter, requital, return, an abode, spot, place; a chapter, section, book.

2.3 【梵漢辭典,p867】

2.3.1（陽性名詞）旋轉，（行星的）運行；一段期間的末尾；最後；交換，以物易物；變化；四處轉動，及破，喧嚣；住所，廠所；引領至末尾；（書籍的）章；

2.3.2（經文）迴，施，施劉；翻，易，起，發起；品，品目；分。

【筆者試譯】：第一品 緣起品；序品

【什公漢譯】：序品第一

【英 譯 本】：Chapter I, Introductory.

【信譯研究】：信譯。

【小結】

1. 案「品」字中文原無篇章之意，有篇章之義從佛教開始。〔註 13〕就是從梵文 parivarta, varta, varga 三字翻譯過來，音譯爲「跋渠」。《翻譯名義集》：「跋渠，《法華文句》云：《中阿含》翻「品」。「品」者義類同者聚在一段，故名「品」也。」〔註 14〕
2. 如台灣的佛陀教育基金會印贈的《大乘妙法蓮華經》（2005 年 3 月出版）、三慧講堂印贈的明朝蕅益大師科判的《妙法蓮華經冠科》（台北三慧講堂，1999 年 12 月出版）都將「序品」印成「敘品」，筆者查閱《大正新修大藏經》內，凡佛經漢譯後，正式都題名第一品者爲「序品」，絕少數經典爲「敘品」。而收錄於《大正新修大藏經》第九冊的《妙法蓮華經》內者亦題名爲「序品」。特此爲說明。

第四節　經文研究

【第一段】

एवं मया श्रुतम्। एकस्मिन् समये भगवान् राजगृहे विहरति स्म गृध्रकूटे पर्वते
महता भिक्षुसंघेन सार्धं द्वादशभिर्भिक्षुशतैः सर्वैरर्हद्भिः
क्षीणास्रवैर्निःक्लेशैर्वशीभूतैः सुविमुक्तचित्तैः सुविमुक्तप्रज्ञैराजानेयैर्महानागैः
कृतकृत्यैः कृतकरणीयैरपहृतभारैरनुप्राप्तस्वकार्थैः परिक्षीणभवसंयोजनैः
सम्यगाज्ञासुविमुक्तचित्तैः
सर्वचेतोवशितापरमपारमिताप्राप्तैरभिज्ञाताभिज्ञातैर्महाश्रावकैः।
तद्यथा-आयुष्मता च आज्ञातकौण्डिन्येन, आयुष्मता च अश्वजिता, आयुष्मता च
बाष्पेण, आयुष्मता च महानाम्ना, आयुष्मता च भद्रिकेण, आयुष्मता च
महाकाश्यपेन, आयुष्मता च उरुबिल्वकाश्यपेन, आयुष्मता च नदीकाश्यपेन,

〔註 13〕請見《漢語大辭典》，第三冊，上海：漢語大詞典出版社，2003 年 12 月出版，頁 322。

〔註 14〕請見《大正新修大藏經》，第五十四冊，台北市：新文豐圖書公司，1982 年出版，頁 1137。

आयुष्मता च गयाकाश्यपेन, आयुष्मता च शारिपुत्रेण, आयुष्मता च महामौद्गल्यायनेन, आयुष्मता च महाकात्यायनेन, आयुष्मता च अनिरुद्धेन, आयुष्मता च रेवतेन, आयुष्मता च कप्फिनेन, आयुष्मता च गवांपतिना, आयुष्मता च पिलिन्दवत्सेन, आयुष्मता च बक्कुलेन, आयुष्मता च महाकौष्ठिलेन, आयुष्मता च भरद्वाजेन, आयुष्मता च महानन्देन, आयुष्मता च उपनन्देन, आयुष्मता च सुन्दरनन्देन, आयुष्मता च पूर्णमैत्रायणीपुत्रेण, आयुष्मता च सुभूतिना आयुष्मता च राहुलेन। एभिश्चान्यैश्च महाश्रावकैः-आयुष्मता च आनन्देन शैक्षेण। अन्याभ्यां च द्वाभ्यां भिक्षुसहस्राभ्यां शैक्षाशैक्षाभ्याम्। महाप्रजापतीप्रमुखैश्च षड्भिर्भिक्षुणीसहस्रैः।

【羅馬譯音】

evaṁ mayā śrutam| ekasmin samaye bhagavān rājagṛhe viharati sma Gṛdhrakūṭe parvate mahatā bhikṣusaṁghena sārdhaṁ dvādaśabhirbhikṣuśataiḥ sarvairarhadbhiḥ kṣīṇāsravairniḥkleśairvaśībhūtaiḥ suvimuktacittaiḥ suvimuktaprajñairājāneyairmahānāgaiḥ kṛtakṛtyaiḥ kṛtakaraṇīyairapahṛtabhārairanuprāptasvakārthaiḥ parikṣīṇabhavasaṁyojanaiḥ samyagājñāsuvimuktacittaiḥ sarvacetovaśitāparamapāramitāprāptairabhijñātābhijñātairmahāśrāvakaiḥ| tadyathā-āyuṣmatā ca ājñātakauṇḍinyena, āyuṣmatā ca aśvajitā, āyuṣmatā ca bāṣpeṇa, āyuṣmatā ca mahānāmnā, āyuṣmatā ca bhadrikeṇa, āyuṣmatā ca mahākāśyapena, āyuṣmatā ca urubilvakāśyapena, āyuṣmatā ca nadīkāśyapena, āyuṣmatā ca gayākāśyapena, āyuṣmatā ca śāriputreṇa, āyuṣmatā ca mahāmaudgalyāyanena, āyuṣmatā ca mahākātyāyanena, āyuṣmatā ca aniruddhena, āyuṣmatā ca revatena, āyuṣmatā ca kapphinena, āyuṣmatā ca gavāṁpatinā, āyuṣmatā ca pilindavatsena, āyuṣmatā ca bakkulena, āyuṣmatā ca mahākauṣṭhilena, āyuṣmatā ca bharadvājena, āyuṣmatā ca mahānandena, āyuṣmatā ca upanandena, āyuṣmatā ca sundaranandena, āyuṣmatā ca pūrṇamaitrāyaṇīputreṇa, āyuṣmatā ca subhūtinā āyuṣmatā ca rāhulena| ebhiścānyaiśca mahāśrāvakaiḥ-āyuṣmatā ca ānandena śaikṣeṇa| anyābhyāṁ ca dvābhyāṁ bhikṣusahasrābhyāṁ śaikṣāśaikṣābhyām| mahāprajāpatīpramukhaiśca ṣaḍbhirbhikṣuṇīsahasraiḥ|

【第一句】

evaṁ mayā śrutam|

【辭彙研究】

1. एवं, evaṁ, 副詞　如此地

1.1 【詞尾變化】：evaṁ 根據連音規則是從 evam 變化過來，字典查 evam 這個單字。

1.2 【摩威梵英,p232】

1.2.1 ind.（probably connected with I. *eva*）, thus , in this way , in such a manner , such ,（it is not found in the oldest hymns of the Veda , where its place is taken by I. *eva* but occurs in later hymns ind in the Brāhmaṇas , especially in connection with √vid , " to know " , and its derivatives; in classical Sanskṛit *evam* occurs very frequently , especially in connection with the roots √vac, " to speak ", and *śru* , " to hear "' , and *refers to what precedes as well as to what follows* .

1.2.1 【梵漢辭典,p436】

1.2.1.1（副詞）這樣地，如此地，那樣地。

1.2.1.2（經文）是，如是，如此。

2. मया, mayā, 代名詞　我

2.1 【詞尾變化】：aham 是代名詞「我」的主格，mayā 是從 aham 變化過來，是 aham 的單數工具格。主要說明了以「我」當作行動的工具，通常翻譯成「從我這裡來的」。代名詞的第一人稱是沒有性別區分。所以我們查字典要找 aham 這個字。

2.2 【摩威梵英,p124】nom. sg. , " I " RV.

2.3 【梵漢辭典,p48】（代名詞）（主格）（單數）我。（經文）我，吾。

3. श्रुतम्, śrutam, 過去被動分詞　聽聞；學得的

3.1 【詞尾變化】：śrutam 根據連音規則是從 śruta 變過來的，śruta 是從動詞字根√śru 變化過來，是過去被動分詞轉形容詞形，字典查字根√śru。

3.2 【摩威梵英,p1100】

3.2.1 mfn.（案：也就是 adj.）heard , listened to , heard about or of , taught , mentioned , orally transmitted or communicated from age to age.

3.2.2 n. anything heard , that which has been heard（esp. from the beginning）, knowledge as heard by holy men and transmitted from generation to generation , oral tradition or revelation , sacred knowledge ;

3.2.3 learning or teaching , instruction（śrutaṁ-√kṛi , " to learn "）; memory , remembrance AV..

3.3 【梵漢辭典,p1204】

3.3.1（過去被動分詞）（中性）所聞，所學，傳承，學問，神聖的知識，聽聞，指點。

3.3.2（經文）聞。

【筆者試譯】：這是我所學習到的教法內容。

【什公漢譯】：如是我聞。

【英 譯 本】：Thus have I heard.

【信譯研究】：信譯。不過有下列討論：

1. 在本句的第一單字 evam 譯成「如是」。就梵文來說，evam 這個單字的本義就是【辭彙研究】裡面的 1.2.1 所說的意思「老師怎麼說，學生就怎麼追隨」，這是印度宗教界依循著口傳的習慣。所以這個「如是」字的意思，就是「學習內容」。
2. 為何會用「聞」來翻 śrutam 的意義呢？除了「聽聞」的意思外，「聞」也有「知識、見聞、消息」的意思。《論語・季氏》：「友直，友諒，友多聞。」司馬遷《報任少卿書》：「僕竊不遜，近自託於無能之辭，網羅天下放失舊聞，略考其行事，綜其終始，稽其成敗興壞之紀。」漢朝王褒《四子講德論》：「俚人不識，寡見尠聞」〔註 15〕上面這些「聞」字都做「知識、見聞、消息」。由此可知「聞」除了「聽聞」，也有「知識、見聞、消息」的意思。這兩個意思與梵文 śrutam 的意思近似。

〔註 15〕上述資料請見《漢語大辭典》第十二冊，上海：漢語大詞典出版社，2003 年 12 月出版。頁 103。

【第二句】

ekasmin samaye bhagavān Rājagṛhe viharati sma Gṛdhrakūṭe parvate mahatā bhikṣu-saṁghena sārdhaṁ dvādaśabhir bhikṣu-śataiḥ sarvair arhadbhiḥ kṣīṇāsravair niḥkleśair vaśībhūtaiḥ suvimukta-cittaiḥ suvimukta-prajñair ājāneyair mahā-nāgaiḥ kṛta-kṛtyaiḥ kṛta-karaṇīyair apahṛta-bhārair anuprāpta-svakārthaiḥ parikṣīṇa-bhava-saṁyojanaiḥ samyag-ājñā-suvimukta-cittaiḥ sarva-ceto-vaśitā-parama-pāramitā-prāptair abhijñātābhijñātair mahā-śrāvakaiḥ|

【辭彙研究】

1. एकस्मिन्, ekasmin, 數詞／形容詞　一

1.1 【詞尾變化】： ekasmin 是 eka 的中性單數於格形，字典查 eka。

1.2 【摩威梵英,p227】mfn. one RV. ; alone, solitary , single , happening only once , that one only RV.; the same , one and the same , identical; one of two or many , the one-the other ; single of its kind , unique , singular , chief , pre-eminent , excellent Ragh; sincere , truthful , a , an ;before a Taddhita suffix and as first member of a compound is “eka”

1.3 【梵漢辭典,p428】

1.1.1（形容詞）單一的，唯一的，單獨的，一個的，同一的。〔座屬格與從格時〕之一，獨特的，傑出的，或，某〔經常爲不定冠詞〕。

1.1.2（經文）一，獨，同一。

2. समये , samaye ,名詞　時間點，時機。

2.1【詞尾變化】:samaye 是 samaya 的中性單數於格形，所以字典查 samaya。

2.2 【摩威梵英,p1164】

2.2.1 m.（ifc. f. *ā*）coming together , meeting or a place of meeting AV.; intercourse with（instr.）;

2.2.2 coming to a mutual understanding , agreement , compact , covenant , treaty , contract , arrangement , engagement , stipulation , conditions of agreement , terms according to agreement , conditionally, in consequence of this agreement ; to propose an agreement , offer terms ;

2.2.3 convention , conventional rule or usage , established custom , law , rule , practice , observance MBh. BhP. ; order , direction , precept , doctrine Nir. MBh.;（in rhet.）the conventional meaning or scope of a word , Kusum. ;

2.2.4 appointed or proper time , right moment for doing anything, opportunity , occasion , time , season;

2.2.5 at the appointed time or at the right moment or in good time for, or at the time of , when there is , at that time MBh. , under these circumstances , in this case.

2.3 【梵漢辭典,p1084】

2.3.1（陽性名詞）（吠陀）一起來的，集會的場所；（吠陀）（雅語）一致，同意，合約，裁決，約定。（雅語）條約，條件，與～（具格）交往，爲了～（屬格）所指定的或適當的時間，場合，時間，季節；機會，好時機；情況或事情；習慣，一般的習俗，慣例，例行，規則；法令，教訓，戒律，教義；（語言的）一般意思或使用範圍。

2.3.2（經文）時，候，劫。

3. भगवान्, bhagavān,（名詞）　世尊

3.1 【詞尾變化】：bhagavān 是從 bhagavat 的陽性單數主格形，請參照附篇第六節名詞第 49.3。所以字典要查 bhagavat。

3.2 【摩威梵英,p743】

3.2.1 mfn. possessing fortune , fortunate , prosperous , happy RV. AV. BhP. ; glorious , illustrious , divine , adorable , venerable AV.; holy（applied to gods , demigods , and saints ae a term of address , either in voc. bhagavan , bhagavas , bhagos

3.2.2 f. bhagavatī m. pl. bhagavantaḥ ; or in nom. with 3. sg. of the verb ; with Buddhists often prefixed to the titles of their sacred writings ;

3.2.3 m. " the divine or adorable one" N. of Vishṇu-Kṛishṇa Bhag. BhP. of Śiva Kathās. ; of a Buddha or a Bodhi-sattva or a Jina Buddha.

3.3 【梵漢辭典,p251】

3.3.1（形容詞）好運氣的，幸運的，繁榮的；應崇拜的，令人尊敬的，有神性的（諸神與半仙的稱呼），有尊嚴的，著名的，神聖的（聖者）。

3.3.2（第三人稱・主格・單數・陽性）尊者（Viṣṇu 神，Kṛṣṇa 神及 Śiva

神等的稱號，也是佛陀，菩薩或 Jina 的稱號）。

3.3.3（經文）世尊，有德，德成就，如來，佛世尊。

4. राजगृहे , Rājagṛhe, 名詞　國王的寓所

4.1 【詞尾變化】：Rājagṛhe 是從 Rājagṛha 的中性單數於格形，字典要查 Rājagṛha。

4.2 【摩威梵英,p873】

4.2.1 n. a king's house , palace Kathās. ; of the chief city in Magadha MBh.;

4.2.2 mfn. belonging to the city Rāja-gṛha.

4.2.3 mfn. belonging or relating to a kings's palace.

4.3 【梵漢辭典,p1007】

4.3.1（中性名詞）國王的寓所，宮殿；〔Magadha（摩揭陀）國的首都之名〕。

4.3.2（經文）王舍，王舍城。

5. विहरति , viharati, 動詞　在

5.1 【詞尾變化】：viharati 是從 vi-√hṛ 的現在式第三人稱單數形。所以我們需要查閱單字 vi-√hṛ。

5.2 【摩威梵英,p1003】

5.2.1 P. *-harati*, to put asunder , keep apart , separate , open RV. AV. ;

5.2.2 to distribute and transpose（verses or parts of verses）Br. ;

5.2.3 to disperse ; to shift , let pass from hand to hand MBh. ;

5.2.4 to divide（also arithmetically）; to construct; to cut off , sever MBh. ; to extract from（abl.）ib. ; to carry away , remove; to tear in pieces , lacerate RV. ;

5.2.5 to move on , walk ; to spend or pass MBh. ; to roam , wander through MBh. ;（esp.）to walk or roam about for pleasure , divert one's self MBh.

5.3 【梵漢辭典,p497】

5.3.1（動詞・第一類）（吠陀）弄散，切開，打開，分別，掉換，撕碎，弄傷。

5.3.2（雅）搬走，除去，自～（從格）拔出；去除；耗費（如時間，用對格）。

5.3.3（與具格連用）愉快度日，享受，快樂而遊蕩，散步（普通之意）；流淚。

5.3.4（經文）在，處，安住，安立，行。

6. स्म, sma, 質詞，（虛字，沒有什麼特別的意思）

6.1 【詞尾變化】：沒有詞尾的變化。

6.2 【摩威梵英,p1271】

6.2.1 *sma*,（or *śma* , *śmā*）ind. a particle perhaps originally equivalent to "ever", "always" ; and later to"indeed", "certainly", "verily", "surely "（it is often used pleonastically , and in earlier language generally follows a similar particle 〔esp. *ha* , *na*〕 , or relative , or prep. or verb , while in later language it frequently follows *iti* , *na*; it is also joined with a pres. tense or pres. participle to give them a past sense 〔e.g. *pravizanti sma*, " they entered "〕 ; this use of *sma* is also found in the Brāhmaṇas and is extended to *veda* and *āha*）RV.

6.2.2 【梵漢辭典,p1183】

6.2.2.1（附屬字・質詞）原來可能是「從來、總是」之意，後來演變成「確實地、無疑地」之意。在（雅語）中常被減弱變成單純的虛詞；在（吠陀）中被用於其他質詞，特別是 ha，關係詞，介係詞與動詞之後；在雅語中一般被用於（質詞）iti 與 mā 之後。

6.2.2.2 在（雅語）中將現在時態轉為過去時稱（有時亦保留現在時稱的意義）。

7. गृध्रकूटे , Gṛdhrakūṭe, 名詞　靈鷲山

7.1 【詞尾變化】：Gṛdhrakūṭe 是從 Gṛdhrakūṭa 變化過來，是單數的於格。所以字典要查 Gṛdhrakūṭa。

7.2 【摩威梵英,p361】m. " vulture-peak "N. of a mountain near Rājagṛha MBh.

7.3 【梵漢辭典,p471】

7.3.1（陽性名詞）〔山名，鷲峰〕。

7.3.2（經文）鷲峰，鷲頭，鷲台，靈鷲，鷲峰山，靈鷲山。

8. पर्वते, parvate, 名詞　山

8.1 【詞尾變化】：parvate 是 parvata 的陽性單數於格形。字典查 parvata。

8.2 【摩威梵英,p609】

8.2.1 mfn. knotty , rugged（said of mountains）RV. AV.

8.2.2 m. a mountain , mountain-range , height , hill , rock（often personified）RV. an artificial mound or heap（of grain , salt , silver , gold &c. presented to

Brāhmans）; the number 7（from the 7 principal mountain-ranges）; a fragment of rock , a stone, the stones for pressing Soma RV. ;

8.2.3 【梵漢辭典,p871】

8.2.3.1（形容詞）由結或粗塊構成的。

8.2.3.2（陽性名詞）山，丘，岩石，滾石；雲；

8.2.3.3（經文）山，大山，山靈，山巖，山崖。

9. महता, mahatā, 形容詞　大的

9.1 【詞尾變化】: mahatā 是從 mahat 變化過來，是 mahata 的中性單數工具格。所以字典要查 mahat。

9.2 【摩威梵英,p794】

9.2.1 mfn.（orig. pr. p. of √*mah* ; strong form , *mahānt,* f. *mahatī* ; in ep. often *mahat* for *mahāntam* ; ibc. mostly *mahā* q.v.）great（in space , time , quantity or degree）i.e. large , big , huge , ample , extensive , long , abundant , numerous , considerable , important , high , eminent RV. , to become great or full 〔said of the moon〕）; abounding on rich in（instr.）;distinguished by, ; early（morning）ib. ; advanced（afternoon）MBh. ; violent（pain or emotion）ib. ; thick（as darkness）, gross ib. ; loud（as noise）; many（people）MBh. ,the gross elements Mn. MBh. ;

9.2.2 m. a great or noble man; the leader of a sect or superior of a monastery ; a camel ; , a partic. class of deceased progenitors ; of two princes ; m. the great principle 'N. of Buddhi `," Intellect " , or the intellectual principle（according to the *Sāṁkhya* philosophy the second of the 23 principles produced from Prakṛiti and so called as the {great} source of āhaṁkāra , " self-consciousness " , and Manas , " the mind " ; the 12th day in the light half of the month Bhādrapada Pur.;

9.2.3 n. anything great or important. ; greatness , power , might; dominion L. ; a great thing , important matter , the greater part; advanced state or time , in the middle of the night ; sacred knowledge MBh.

9.3 【梵漢辭典,p686】

9.3.1（形容詞）（史詩裡面通常成爲中性，對格，單數，偶爾做陽性對格單數使用）〔空間上〕大的，巨大的，廣的；高的（樹）；深的；長

的（距離）；充分成長的；粗大的。〔時間上〕長的；進行的（一整天的時間）；〔數量上〕豐富的，許多的，眾多的，多數的；〔程度上〕相當的，重要的，重大的；高的（價格）；有價值的（報酬）；強烈的（情感）；劇烈的（疼痛）；濃密的（黑暗）；高的（聲音）；〔階位上〕高的，顯著的，卓越的，有力的，著名的，高貴的。

9.3.2（經文）大，廣大，甚大，極。

10. भिक्षु , bhikṣu,名詞　比丘

10.1 【詞尾變化】：沒有詞尾變化。

10.2 【摩威梵英,p756】

10.2.1 m. a beggar , mendicant , religious m endicant（esp. a Brāhman in the fourth Āśrama or period of his life , when he subsists entirely on alms）Mn. MBh.

10.2.1 a Buddhist mendicant or monk Kathās.; a partic. Buddha ; Asteracantha Longifolia L. ; Sphaerantus Mollis L. ;

10.2.2 N. of an Āṅgirasa RAnukr. ; of a son of Bhoja Ra1jat. ;

10.2.3 of a poet Cat. ; n. N. of an Upanishad.

10.3 【梵漢辭典,p268】

10.3.1（陽性名詞）乞食者；尤指宗教上的乞食者〔第四期生活中離家或捨離家族，只靠化緣過生活的婆羅門；亦稱 Saṁnyāsin；佛教徒的乞食僧。

10.3.2（經文）乞士，出家，比丘。

11. संघेन, saṁghena, 陽性名詞　僧伽

11.1 【詞尾變化】：saṁghena 是 saṁgha 的單數工具格形，所以字典要查 saṁgha。

11.2 【摩威梵英,p1129】

11.2.1 m.（from. sam + √han）" close contact or combination " , any collection or assemblage , heap , multitude , quantity , crowd , host , number; a multitude of sages BhP. ; a host of enemies Rājat. MBh.; any number of people living together for a certain purpose , a society , association , company , community ; a clerical community , congregation , church（esp.）the whole community or collective body or brotherhood of monks（with Buddhists ; also applied to a monkish fraternity or sect among Jainas）Buddh.

11.3 【梵漢辭典,p1091】

11.3.1（陽性名詞）群體，眾多，（敵方的）大軍（少用）；組合；團體；共同體，集合；僧團，（耆那教徒內的）派別。

11.3.2（經文）多，眾，聚，眾會，廣聚。

12. सर्धं, sārdhaṁ , 介係詞　共同地，一起地

12.1【詞尾變化】:sārdhaṁ 根據連音規則是從 sārdham 變化過來，而 sārdham 又是從 sārdha 中性單數對格形，所以字典要查 sārdha。

12.2 【摩威梵英,p1209】

12.2.1 mf（ā）n. joined wilh a half , plus one half. increased by one half. having a half over（e.g. *dve śate sārdhe*｝, " two hundred together with a half " i.e. 250）Mn. MBh. ;（*ām*）

12.2.2 ind. jointly , together , along with , with（instr. or comp. ; with *ā-√dā* , to take with one "'）.

12.2.3 mfn. dwelling togather with a teacher.

12.3 【梵漢辭典,p1135】

12.3.1（形容詞）加一半。（經文）全。

12.3.2 後面加 m（副詞）共同地，一起地。

12.3.3（介係詞）（與具格連用），與～同在地，與～一起地。（經文）與；與～共；俱；同。

13. द्वादशभिर्, dvādaśabhir,形容詞　數詞，十二，由十二構成的

13.1 【詞尾變化】: dvādaśabhir 根據連音規則是從 dvādaśabhiḥ 變化過來，而 dvādaśabhiḥ 又是 dvādaśa 的工具格，所以字典要查 dvādaśa。梵英辭典則須從查 dvā 開始，才能查到 dvādaśa。

13.2 【摩威梵英,p503】

13.2.1（案：有關 *dvā* 部分）old nom. du. of *dva* , substituted for *dvi* in comp. before other numerals. –daśa and –daśan f. aggregate or collection of 12.

13.2.2（案：有關 *dva* 部分）original stem of *dvi* q.v.（nom. acc. du. m. *dva* , or *dvau* fn. *dve* ; instr. dat. abl. *dvābhyām* gen. loc. *dvāyos*）two RV. ; loc. *dvayos* in two genders（masc. and fem.）or in two numbers（sing. and pl.）

13.3【梵漢辭典,p419】

13.3.1（形容詞）第十二的；由十二構成的，有十二個部份；增爲十二。

13.3.2（經文）十二。

14. शतैः śataiḥ, 數詞 百

14.1 【詞尾變化】：śataiḥ 是 śata 的複數工具格，所以字典要查 śata。

14.2 【摩威梵英,p1048】

14.2.1 n. a hundred(used with other numerals thus , *ekâdhikaṁ śatam* , or *eka-ś-* , ah + one , 101, ah + twenty , 120 ; śate or dve śate or dvi-śatam or śata-dvayam , 200 ;'beyond ah exceeding 100' ; the counted object is added either in the gen. , or in the same case as śata.

14.3 【梵漢辭典,p1151】（陽性）（中性）形容詞，百，與較小的數字結合時變成附加之意。倍數詞在複合詞中依可屬的對象而分離（catur-varṣa-śatam=400 年）。（經文）百。

15. सर्वैर् sarvair , 形容詞 一切的

15.1 【詞尾變化】：sarvair 是從 sarvaiḥ 變化過來，其變化根據附篇第八節形容詞第 9 條。是 sarva 的複數工具格，所以字典要查 sarva。

15.2 【摩威梵英,p1184】mfn. whole , entire , all , every（RV）.; of all sorts, manifold, various, different, altogether, wholly, completely, in all parts, everywhere.

15.3 【梵漢辭典,p1138】

15.3.1（形容詞），全部的，全體的；一切的，每一個的。（雅語）各種的，所有種類的；全部，完全地。

15.3.2（經文）一切；皆；諸；眾；普一切。

16. अर्हद्भिः arhadbhiḥ ,名詞 阿羅漢

16.1 【詞尾變化】：arhadbhiḥ 是 arhat 的複數工具格，所以字典要查 arhat。

16.2 【摩威梵英,p1184】

16.2.1 mfn. deserving , entitled to（acc.）RV. ; used in a respectful address for *arhasi*, able , allowed to（acc.）RV. ; worthy , venerable , respectable ; praised , celebrated L.

16.2.2 m. a Buddha who is still a candidate for Nirvāṇa ; a Jaina ; an Arhat or superior divinity with the Jainas ; the highest rank in the Buddhist hierarchy.

16.3 【梵漢辭典,p153】

16.3.1（現在分詞）相當，値得。

16.3.2（陽性名詞）有價値的人，（佛教與耆那教的）阿羅漢。

16.3.3（經文）應供，應，羅漢，阿羅漢。

17. क्षीणास्रवैर् kṣīṇāsravair,形容詞　煩惱業已盡的

17.1 【詞尾變化】：kṣīṇāsravair 是 kṣīṇāsrava 的複數工具格，所以字典要查 kṣīṇāsrava。但是因爲梵英字典並無此字，故亦可拆解 kṣīṇa + āsrava 這兩個字來查。

17.2 【摩威梵英,p328, kṣīṇa】

17.2.1 mfn. diminished , wasted , expended , lost , destroyed , worn away , waning（as the moon）; weakened , injured , broken , torn , emaciated , feeble ; delicate , slender; poor , miserable

17.2.2 n. N. of a disease of the pudenda muliebria Gal.

17.3 【摩威梵英,p162, āsrava】

17.3.1 m. the foam on boiling rice L. ; a door opening into water and allowing the stream to descend through it.

17.3.2（with Jainas）the action of the senses which impels the soul towards external objects（one of the seven Sattvas or substances ; it is two fold , as good or evil）Sarvad. ; distress , affliction , pain.

17.4 【梵漢辭典,p626】

17.4.1（形容詞）已脫離情慾的，煩惱業已盡的。

17.4.2（經文）漏盡；漏已盡，諸漏永盡。

18. निःक्लेशैर् niḥkleśair　形容詞　無惑，離煩惱

18.1 【詞尾變化】：niḥkleśair 是 niḥkleśa 的複數工具格，所以字典要查 niḥkleśa。但是因爲梵英字典並無此字，故亦可拆解 niḥ +kleśa→niṣ +kleśa 這兩個字來查。

18.2 【摩威梵英,p542, niṣ】for *nis*（q.v.）before *k , kh ; p , ph.*

18.3 【摩威梵英,543, nis】ind. out , forth , away &c.（rarely used as an independent word, but mostly as a prefix to verbs and their derivatives, or to nouns not immediately connected with verbs , in which case it has the sense , “out of " , “away from " or that of a privative or negative adverb , “without ",“destitute of “, "free from" , “un- ", or that of a strengthening particle "thoroughly " ,”entirely " , " very "' ; it is liable to be changed to *niḥ* , *niś* , *niṣ* , and *nis* and *nī*）.

18.4 【摩威梵英,p324, kleśa】 m. pain , affliction , distress , pain from disease , anguish;（in Yoga phil. five Kleśas are named; the Buddhists reckon ten, viz. three of the body 〔murder , theft , adultery〕 , four of speech 〔lying , slander , abuse , unprofitable conversation〕, three of the mind 〔covetousness , malice , scepticism〕 Buddh.; wrath , anger ; worldly occupation , care , trouble.

18.5 【摩威梵英,543, niṣ-kleśa】 mfn. free form pain or moral faults.

18.6 【梵漢辭典,p781】

18.6.1（經文）無惑，離煩惱，無煩惱，無復煩惱，無煩惱者。

19. वशिभूतैः vaśībhūtaiḥ, 形容詞　服從的，自在的

19.1 【詞尾變化】：vaśībhūtaiḥ 是 vaśībhūta 的複數工具格，所以字典要查 vaśībhūta。但是因爲梵英字典並無此字，故拆解 vaśī + bhūta 這兩個字來查。

19.2 【摩威梵英,p761, bhūta】

19.2.1 mf（ā）n. become , been , gone , past（n. the past）RV. ; actually happened, true, real（n. an actual occurrence, fact, matter of fact, reality）; existing, present;（ifc.）being or being like anything, consisting of, mixed or joined with Prāt.（also to form adj. out of adv.）; purified ; obtained ; fit , proper ;

19.2.2 m. a son , child; a great devotee or ascetic ;（pl.）N. of an heretical sect（with Jainas , a class of the Vyantaras）; of a priest of the gods; of a son of Vasu-deva and Pauravi1 BhP. ; of a son-in-law of Daksha and father of numerous Rudras ib. ; of a Yaksha Cat. ; the 14th day of the dark half of the lunar month SkandaP.（L. also m.）;

19.2.3 n.（cf. above）that which is or exists , any living being（divine , human , animal , and even vegetable）, the world（in these senses also m.）RV.; a spirit（good or evil）, the ghost of a deceased person , a demon , imp , goblin（also m.）; an element , one of the 5 elements; with Buddhists there are only 4 element.

19.3 【摩威梵英,p929, vaśībhūta】Mfn. become subject, subject, obedient; become powerful. Buddh.

19.4 【梵漢辭典,p1398】

19.4.1（形容詞）服從的，順從的，謙虛的。

19.4.2（經文）自在，得自在，得眞自在，心自在，具自在，自在者，心自在者（阿羅漢）。

20. सुविमुक्त-चित्तैः suvimukta-cittaiḥ 形容詞 心善解脫

20.1 【詞尾變化】：suvimukta-cittaiḥ 是 suvimukta-citta 的複數工具格，所以字典要查 suvimukta-citta。但是因爲梵英字典並無此字，故拆解 su+vimukta+citta 來查。

20.2 【摩威梵英,p1219~p1220, su】

20.2.1 cl. 1. P.Ā. *savati* , to go , move.

20.2.2（= √1. *sū*）cl. 1. 2. P. to urge , impel , incite; to possess supremacy.

20.2.3 cl. 5. P. Ā. ; to press out , extract（esp. the juice from the Soma plant for libations）RV. MBh. ; to distil , prepare（wine , spirits &c.）with pass. sense ; aor.

20.2.4 to beget , bring forth.

20.2.5 ind. good , excellent , right , virtuous , beautiful , easy , well , rightly , much , greatly , very , any , easily , willingly , quickly RV. &c.

20.3 【摩威梵英,p980, vimukta】（字根是 vi-√muc）

20.3.1 mfn. unloosed , unharnessed; set free , liberated（esp. from mundane existence）, freed or delivered or escaped from MBh.; deprived of（instr.）MBh. ; launched（as a ship）R. ; given up , abandoned , relinquished , deserted ib. BhP. ; hurled , thrown MBh. ; emitted or discharged by , flowing from（comp.）; shed or bestowed on（loc.）;（a snake）which has recently cast its skin MBh.; dispassionate R.

20.3.2 mfn. having the throat or voice unloosed , raising a loud cry;

20.3.3 mfn. having flowing or dishevelled hair BhP.

20.3.4 mfn. with slackened reins

20.3.5 ind. breaking silence;

20.3.6 mfn. released from the（consequences）of a curse

20.3.7 m. N. of a teacher Buddh. ;

20.3.8 m. N. of an author Cat.

20.4 【摩威梵英,p980, su-vi-√muc】

20.4.1 f. right unyoking or loosening.

20.5 【摩威梵英,p395, citta】

20.5.1 mfn. `noticed' see *a-citta* ; `aimed at' , longed for; `appeared' , visible, RV. ;

20.5.2 n. attending , observing; thinking , reflecting , imagining , thought RV.; intention , aim , wish RV. ; the heart , mind MBh. ; memory ; intelligence , reason Yogas. ;（in astrol.）the 9th mansion VarYogay..

20.6 【梵漢辭典,p1248】

20.6.1（經文）心善解脫，心解脫者，心得解脫。

21. सुविमुक्त-प्रजैर् suvimukta-prajñair 形容詞　慧善解脫

21.1 【詞尾變化】: suvimukta 情況同上面第 19 個單字。prajñair 是從 prajñaiḥ 是 prajña 的複數工具格，所以字典要查 prajña。

21.2 【摩威梵英,p659】

21.2.1 pra-√jña, P. to know, understand（esp. a way or mode of action）, discern, distinguish, know about, be acquainted with（acc.）, RV.; to find out, discover, percive, learn, MBh.; to show, or point out; to summon, invite.

21.2.2 Pra-jña, mf（ā）n.（for I. see above）wise, prudent; knowing, conversant with.

21.2.3 f. knowledge, see.

21.2.4 mfn ordered, prescribed;arranged.

21.2.5 f. teaching, information, instruction, BhP; an appointment, agreement, engagement; arrangement（of a seat）;（with Jainas）a partic. Magical art personified as one of the Vidyā-devis, Kathās.

21.2.6 m. N. of a teacher acquainted with the magical art called Prajñapti.

21.3 【梵漢辭典,p912, prajña】

21.3.1（形容詞）有理解力的；了解，精通～

21.3.2（經文）智慧，般若。

21.4 【梵漢辭典,p1248, suvimukta-prajñair】

21.4.1（經文）慧善解脫，慧解脫者，慧得解脫。

22. आजानेयैर् ājāneyair, 調服

22.1【詞尾變化】:ājāneyair 是 ājāneya 的複數工具格，所以字典要查 ājāneya。

22.2 【摩威梵英,p132】

22.2.1 mf（í）n. of noble origin , of good breed（as a horse）MBh. ; originating or descending from（in comp.）Buddh. ;

22.2.2 m. a well-bred horse MBh.

22.3 【梵漢辭典,p53】

22.3.1（形容詞）貴族的；良種（馬）；天生的秉性。

22.3.2（經文）調，易調，調伏，調順可化，善順之相，善良，明良，調伏者，智，聰慧，正知（者），令知見明了；善調，調伏者。

23. महानागैः mahā-nāgaiḥ 名詞 大龍／大象

23.1 【詞尾變化】：mahā-nāgaiḥ 是 mahā-nāga 的複數工具格，所以字典要查 mahā-nāga。

23.2 【摩威梵英,p796】

23.2.1 m. a great serpent; elephant; one of the elephants that support the earth R. ; N. of Vātsyāyana Gal.

23.2.2 m. N. of Śiva MBh. ; of a Śrāvaka Buddh.

23.3 【梵漢辭典,p681】

23.3.1（陽性名詞）大蛇；大象。

23.3.2（經文）大龍；大象；大龍象，大象王，象王。

24. कृतकृत्यैः kṛta-kṛtyaiḥ 形容詞 完成任務

24.1 【詞尾變化】：kṛta-kṛtyaiḥ 是 kṛta-kṛtya 的複數工具格，所以字典要查 kṛta-kṛtya。

24.2 【摩威梵英,p302】

24.2.1 n. what has been done and what is to be done Up. ;

24.2.2（mfn.）one who has done his duty or accomplished a business R. ; one who has attained any object or purpose , contented , satisfied with MBh. ;

24.2.3 f. the full discharge of any duty or realisation of any object, accomplishment, success Mn. MBh.

24.3 【梵漢辭典,p616】

24.3.1（形容詞）完成義務的；使達成目的；使對～（位格名詞）滿意的。

24.3.2（經文）所作已辦；已作所做；已起作用，已起功能，所作（皆）已辦，所做事。

25. कृतकरणीयैर् kṛta-karaṇīyair 形容詞 應該做的事情已經完成

25.1 【詞尾變化】：kṛta-karaṇīyair 是 kṛta-karaṇīya 的複數工具格，所以字典應當要查 kṛta-karaṇīya。

25.2 【摩威梵英,p301, kṛta】

25.2.1 1 mfn. done , made , accomplished , performed RV. AV.; prepared , made ready; obtained , gained , acquired , placed at hand AV. ; well done , proper , good ; cultivated ; appointed（as a duty）; relating or referring to;

25.2.2 m. N. of one of the Viśve Devās MBh. ; of a son of Vasu-deva BhP.; of a son of Saṁnati and pupil of Hiraṇya-nābha BhP.; of a son of Kṛita-ratha and father of Vibudha VP. ; of a son of Jaya and father of Haryavana BhP. ; of a son of Cyavana and father of Upari-cara;

25.2.3 n. 'done with', away with , enough of , no need of , away with doubt S3ak. ; enough of joking ;

25.2.4 n. deed , work , action RV. ; service done , kind action , benefit MBh. ; magic, sorcery; consequence , result ; stake at a game RV. AV. ; prize or booty gained in battle ; N. of the die or of the side of a die marked with four points or dots（this is the lucky or winning die）;（also the collective N. of the four dice in opposition to the fifth die called ;

25.2.5 ind. on account of , for the sake of , for（with gen. or ifc., on my account , for me）MBh.

25.3 【摩威梵英,p254, karaṇīya】mfn. to be done or made or effected. MBh.

25.4 【梵漢辭典,p616】

25.4.1（形容詞）= kṛta-karatavya。使完成工作；使履行應做的事情或義務。

25.4.2（經文）所作已辦，已辦所辦，所爲已成，更無所作。

26. अपहृतभारैर् apahṛta-bhārair 形容詞 捨諸重擔

26.1 【詞尾變化】：apahṛta-bhārair 是 apahṛta-bhāra 的複數工具格，所以字典要查 apahṛta-bhāra。

26.2 【摩威梵英,p53, apahṛta】

26.2.1 mfn. taken away , carried off , stolen ,

26.2.2 mfn. bereft of sense.

26.3 【摩威梵英,p796, bhāra】

26.3.1 m.（√bhṛ）a burden , load , weight RV. ; heavy work , labour , toil , trouble , task imposed on any one（gen. or comp.）MBh. ; a large quantity , mass , bulk（often in comp. with words meaning " hair "）; a partic. weight（= 20 Tula1s = 2000 Palas of gold）;

26.4 【梵漢辭典,p129】（形容詞）（經文）捨重擔，捨於重擔，棄諸重擔，捨諸重擔。

27. अनुप्राप्तस्वकार्थैः anuprāpta-svakārthaiḥ 形容詞　已經達成了自己想要的目標（解脫）

27.1 【詞尾變化】：anuprāpta-svakārthaiḥ 是 anuprāpta-svakārtha 的複數工具格，所以字典要查 anuprāpta-svaka-artha。

27.2 【摩威梵英,p34, anuprāpta】mfn. arrived , returned ; obtained ; having reached , having got.

27.3 【摩威梵英,p1278, svaka】

27.3.1 mf（*akā* or *ikā*）n. = 1. *sva* , one's own , my own &c. Mn. MBh. ;

27.3.2 m. one of one's own people , a relation , kinsman , friend ; pl. one's own people , friends BhP. ;

37.3.2 n. one's own goods property , wealth , riches MBh.

27.4 【摩威梵英,p90, artha】*as* , *am* m. n. aim , purpose; cause , motive , reason Mn. ii , 213 , &c. ; advantage , use , utility（generally named with kāma and dharma; used in wishing well to another dat. or gen.）; thing , object ; object of the senses;（hence）the number , five, Seiryas. ; substance , wealth , property , opulence , money ;（hence in astron.）N. of the second mansion , the mansion of wealth ; personified as the son of Dharma arid Buddhi BhP. ; affair , concern ;（in law）lawsuit , action ; having to do with（instr.）, wanting , needing anything（instr.）, meaning , notion; manner , kind, prohibition , prevention; price.

27.5 【梵漢辭典,p116, anuprāpta-svakārtha】（形容詞）（經文）逮得己利，善得己利，得大善利，隨得我義。

28. परिक्षिणभवसंयोजनैः parikṣīṇa-bhava-saṁyojanaiḥ　形容詞　消失了生死的束縛

28.1【詞尾變化】: parikṣīṇa-bhava-saṁyojanaiḥ 是 parikṣīṇa-bhava-saṁyojana 的複數工具格，所以字典要查 parikṣīṇa-bhava-saṁyojana。

28.2【摩威梵英,p592, parikṣīṇa】mfn. vanished , disappeared , wasted , exhausted , diminished , ruined , lost , destroyed ;（in law）insolvent MBh.

28.3【摩威梵英,p748, bhava】

28.3.1 m.（√*bhū*）coming info existence , birth , production , origin（=*bhāva* Vop. ; ifc. , with f. *ā* = arising or produced from , being in , relating to）MBh. ; becoming , turning into ; being , state of being , existence , life ; worldly existence , the world;（with Buddhists）continuity of becoming（a link in the twelvefold chain of causation）; well-being , prosperity , welfare , excellence MBh. ; obtaining , acquisition; of a deity attending on Rudra and frequently connected with Śarva ; of the 1st and 4th Kāpa Cat. ; of a Sādhya VP. ; of a king MBh. ; of a son of Pratihartṛi VP. ; of Viloman ib. ; of a rich man Buddh. ; of an author Cat. ;

28.3.2 n. the fruit of Dillenia Speciosa L. ;

28.4【摩威梵英,p1112, saṁyojana】n. the act of joining or uniting with（instr. or loc.）; all that binds to the world, cause of re-birth; copulation, sexual union.

28.5【梵漢辭典,p616, parikṣıṇa-bhava-saṁyojana】

28.5.1（形容詞）（經文）盡諸有結，諸有結縛皆悉已盡，有合悉盡。

29. सम्यगाज्ञाचतोवशितापरमपारमताप्राप्तैर्

samyag-ājñā-ceto-vaśitā-parama-pāramitā-prāptair 形容詞　得到了正確智慧與圓滿各種功德的

29.1【詞尾變化】: samyag-ājñā-ceto-vaśitā-parama-pāramitā-prāptair 是 samyag-ājñā-ceto-vaśitā-parama-pāramitā-prāpta 的複數工具格，所以字典要查 samyag-ājñā-ceto-vaśitā-parama-pāramitā-prāpta。

29.2【摩威梵英,p1181, samyag-ājñā】f.= samyag-avabodha.

29.3【摩威梵英,p1181, samyag-avabodha】m. right understanding;

29.4【摩威梵英,p398, ceto】in compound for cetas.

29.5 【摩威梵英,p398, cetas】n. splendour RV. ; consciousness , intelligence , thinking soul , heart , mind MBh.; will AV.

29.6 【摩威梵英,p929, vaśitā】f. subjugation , dominion; the supernatural power of subduing all to one's own will , unbounded power of（a Bodhi-sattva is said to have 10 Vaśitās）BhP. Buddh. ; subduing by the use of magical means , fascinating , bewitching.

29.7 【摩威梵英,p588, parama】

29.7.1 mf（*ā*）n. most distant , remotest , extreme , last RV. ; chief , highest , primary , most prominent or conspicuous ; best , most excellent , worst , with all the heart ; 'with all the throat', roaring , speaking ; superior or inferior to , better or worse than MBh.;

29.7.2 m. N. of 2 authors Cat. ;

29.7.3 n. highest point , extreme limit , MBh. ; chief part or matter or object MBh.

29.7.4 ind. yes , very well ; in comp. ; very much , excessively , excellently , in the highest degree MBh.

29.8 【摩威梵英,p619, pāramitā】mfn. gone to the opposite shore ; crossed , traversed ; transcendent（as spiritual knowledge）. ; coming or leading to the oppositive shore , complete attainment , perfection in; transcendental virtue（there are 6 or 10 , viz. *dānta* , *śīla*, *kśānti*, *vīrya*, *dhyāna*, *prajñā*, to which are sometimes added *satya*, adhiṣṭhāna, *maitra*, upekṣā）MWB.

29.9 【摩威梵英,p707, prāpta】mfn. attained to , reached , arrived at , met with , found , incurred , got , acquired , gained MBh. ; one who has attained to or reached ; come to, arrived , present MBh.; accomplished , complete , mature , full-grown, indicated , serving the purpose; obtained or following from a rule , valid, 'while this follows from a preceding rule' ; fixed , placed; proper , right;

29.10【梵漢辭典,p1121, samyag-ājñā】

29.10.1（陰性名詞）（經文）正智；正教。

29.11【梵漢辭典,p322, cetovaśitā-parama-pāramitā-prāpta】（經文）至心自在第一究竟；心得自在一切功德皆悉具定。

30. अभिज्ञाताभिज्ञातैर् abhijñātā-bhijñātair 形容詞　證得神通與徹底了解各種知識與智慧

30.1 【詞尾變化】：abhijñātābhijñātair 是 abhijñātābhijñāta 的複數工具格，所以字典要查 abhijñātā-abhi-jñāta。

30.2 【摩威梵英,p62, abhijñātā】 f. or abhijñātva, the knowledge of.

30.3 【摩威梵英,p62, abhijña】

30.3.1 mf（ā）n. knowing, killful;clever;understanding, conversant with;

30.3.2（ā）f. remembrance, recollection, supernatural science or faculty of a Buddha（of which five are enumerated, viz. 1. taking any form at will; 2.hearing to any distance; 3.seeing to any distance; 4.penetrating men's thoughts; 5.knowing their state and amecedents）

30.4 【摩威梵英,p61, abhi】

30.4.1 ind.（a prefix to verbs and nouns , expressing）to , towards , into , over , upon.

30.4.2（As a prefix to verbs of motion）it expresses the notion or going towards , approaching.

30.4.3（As a prefix to nouns not derived from verbs）it expresses superiority , intensity.

30.4.4（As a separate adverb or preposition）it expresses（with acc.）to , towards , in the direction of , against ; into; for , for the sake of ; on account of ; on , upon , with regard to , by , before , in front of ; over. It may even express one after the other , severally, tree after tree.

30.5 【摩威梵英,p425, jñāta】mfn. known , ascertained , comprehended , perceived , understood AV. ; meant ; taken for（nom.）; known as（nom.）to（gen.）.

30.6 【梵漢辭典,p6, abhijñātā】（陰性）〔abhi-jña 的抽象名詞〕（經文）神通，證通慧，得諸神通。

30.7 【梵漢辭典,p6, abhijña】（形容詞）了解，成爲～知己，有～的經驗，熟知～的。（經文）知；善知；善達；神力；自在神力；神通。

30.8 【梵漢辭典,p3, abhi】（副詞）至此方，附近。（介詞）〔與對格併用〕至某方；到，對；越過，因爲，就；〔與從格併用〕無沒有。

30.9 【梵漢辭典,p681, jñāta】（過去被動分詞）從 jñā 變化過來。（經文）知，能知，了。

31. श्रावकैः śrāvakaiḥ 陽性名詞　聲聞；阿羅漢

31.1【詞尾變化】: śrāvakaiḥ 是 śrāvaka 的複數工具格，所以字典要查 śrāvaka。

31.2 【摩威梵英,p1097】

31.2.1 mf（*ikā*）n. hearing , listening to; audible from afar ;

31.2.2 m. a pupil , disciple ; a disciple of the Buddha（the disciples of the Hīna-yāna school are sometimes so called in contradistinction to the disciples of the Mahā-yāna school ; properly only those who heard the law from the Buddha's own lips have the name *śrāvaka* , and of these two , viz. Śāriputta and Moggallāna , were Agra-śrāvakas ,"chief disciples", while eighty , including Kāśyapa , Upāli , and Ānanda , were Mahā-śrāvakas or `great disciples'）; a Jaina disciple（regarded by orthodox Hindūs as a heretic）; a crow ; a sound audible from afar; that faculty of the voice which makes a sound audible to a distance.

31.3 【梵漢辭典,p1196】

31.3.1（形容詞）傾聽；從遠方聽的。

31.3.2（陽性名詞）聽聞者，門弟，佛陀或耆那（Jina）的弟子；

31.3.2（經文）聲聞；弟子，小乘人，阿羅漢。

【筆者試譯】: 有一次（一個時間點），佛陀世尊曾經在「王舍城」「靈鷲山」，與一個大比丘僧團一起，（這是一個）一千二百位比丘（組成），都是阿羅漢等級的尊者，（他們的）煩惱痛苦已經消滅了，並且了無疑惑，成爲了自在者，取得了無束縛的心解脫，也取得了智慧上了無所疑惑的解脫，即如「大龍（蛇）」（或是「大象」）般的（蠻橫無理）也能得到調伏，該做的修行也都完成，放下了所有（心理上的）重擔，達成了自己想要的目標，（更能讓自己）消失了生死的束縛，得到了（對於道）正確的認識，圓滿了各種功德的修行，獲得了神通力，並能徹底了解各種知識與智慧，（他們都是）如上所述的大阿羅漢。

【什公漢譯】: 一時，佛住王舍城，耆闍崛山中。與大比丘眾萬二千人俱，皆是阿羅漢。諸漏已盡，無復煩惱。逮得己利，盡諸有結，心得自在。

【英譯本】: Once upon a time the Lord was staying at Râgagriha, on the

Gridhrakûta mountain, with a numerous assemblage of monks, twelve hundred monks, all of them Arhats, stainless, free from depravity, self-controlled, thoroughly emancipated in thought and knowledge, of noble breed, (like unto) great elephants, having done their task, done their duty, acquitted their charge, reached the goal; in whom the ties which bound them to existence were wholly destroyed, whose minds were thoroughly emancipated by perfect knowledge, who had reached the utmost perfection in subduing all their thoughts; who were possessed of the transcendent faculties;

【信譯研究】：非信譯。主因在於數字上錯譯，將原文的一千兩百翻成一萬兩千。其餘部分，鳩摩羅什採用意譯，以五個文言文的形容詞涵括原文的十三個形容詞的敘述，做動態性等效的翻譯，概況如下表所示。然而本句因為數字錯譯，仍算「非信譯」。

原　　文	筆　者　試　譯	什公漢譯
1. kṣīṇāsravair 2. niḥkleśair	煩惱業已盡 無惑離煩惱	諸漏已盡，
3. vaśībhūtaiḥ 4. suvimukta-cittaiḥ 5. suvimukta-prajñair 6. ājāneyair mahā-nāgaiḥ	順從，自在 心善解脫 慧善解脫。 調伏大龍／大象	無復煩惱
7. kṛta-kṛtyaiḥ 8. kṛta-karaṇīyair 9. apahṛta-bhārair 10. anuprāpta-svakārthaiḥ	完成任務 應該做的事情已經完成 捨諸重擔 已經達成自己想要的目標	逮得己利
11. parikṣīṇa-bhava-saṁyojanaiḥ	消失了生死的束縛	盡諸有結
12. samyag-ājñā-ceto-vaśitā-parama-pāramitā-prāptair 13. abhijñātābhijñātair	得到了正確的智慧與圓滿各種功德 證得了神通與徹底了解各種知識與智慧。	心得自在

【第三句】

tad-yathā-āyuṣmatā ca Ājñātakauṇḍinyena, āyuṣmatā ca Aśvajitā, āyuṣmatā ca Bāṣpeṇa, āyuṣmatā ca Mahānāmnā, āyuṣmatā ca

Bhadrikeṇa, āyuṣmatā ca Mahākāśyapena, āyuṣmatā ca Urubilvakāśyapena, āyuṣmatā ca Nadīkāśyapena, āyuṣmatā ca Gayākāśyapena, āyuṣmatā ca Śāriputreṇa, āyuṣmatā ca Mahāmaudgalyāyanena, āyuṣmatā ca Mahākātyāyanena, āyuṣmatā ca Aniruddhena, āyuṣmatā ca Revatena, āyuṣmatā ca Kapphinena, āyuṣmatā ca Gavāṁpatinā, āyuṣmatā ca Pilindavatsena, āyuṣmatā ca Bakkulena, āyuṣmatā ca Mahākauṣṭhilena, āyuṣmatā ca Bharadvājena, āyuṣmatā ca Mahānandena, āyuṣmatā ca Upanandena, āyuṣmatā ca Sundaranandena, āyuṣmatā ca Pūrṇamaitrāyaṇīputreṇa, āyuṣmatā ca Subhūtinā āyuṣmatā ca Rāhulena| ebhiś cānyaiś ca mahā-śrāvakaiḥ āyuṣmatā ca Ānandena śaikṣeṇa|

【辭彙研究】

1. तद्यथा. tad-yathā, 關係詞，例如

1.1 【詞尾變化】tadyathā = tad-yathā，tad 是代名詞，yathā 是關係詞與副詞，兩個字沒有詞尾變化。所以梵英字典上要查 tad 與 yathā 兩個字。

1.2 【摩威梵英,p434,tad】

1.2.1 m. he f. she n. it , that , this RV. ;

1.2.2 n. this world R. ;

1.2.3 ind. there , in that place , thither , to that spot AV.; then , at that time , in that case RV. AV. ; thus , in this manner , with regard to that; on that account , for that reason , therefore , consequently MBh.; now AV.; so also , equally ;

1.3 【摩威梵英,p841, yathā】

1.3.1 ind. in which manner or way , according as , as , like RV.; as , for instance , namely; as it is or was BhP. ; that , so that , in order that; as soon as ; as , because , since, MBh. ; as if; according to what is right , properly , correctly BhP..

1.4 【梵漢辭典,p1266, tad-yathā】（經文）彼（如此），例如，謂，如，如此，譬如，所謂。

2. आयुष्मता. āyuṣmatā, 名詞，尊者

2.1 【詞尾變化】āyuṣmatā= āyuṣmat+ā，成為名詞的第三格，陽性的單數具

格，所以字典上要查 āyuṣmat。

2.2 【摩威梵英,p149】

2.2.1 mfn. possessed of vital power, healthy , long-lived ; alive , living AV.; lasting AV. ;old , aged.

2.2.2 m. `" life-possessing "' , often applied as a kind of honorific title（especially to royal personages and Buddhist monks）;

2.2.3 the third of the twenty-seven Yogas or divisions of the ecliptic ; the Yoga star in the third lunar mansion.

2.3 【梵漢辭典,p231】

2.3.1（形容詞）長壽的（經常作爲稱呼的敬語使用）；健康的；生涯的

2.3.2（經文）具壽，命者，慧命，淨命；長老，長者，大德，尊者。

3. आज्ञातकौण्डिन्येन Ājñātakauṇḍinyena, 名詞，阿愼若憍陳如（佛陀弟子名）

3.1 【詞尾變化】Ājñātakauṇḍinyena 是 Ājñātakauṇḍinya 的工具格單數變化。所以字典上要查 Ājñātakauṇḍinya。

3.2 【梵漢辭典,p56】（陽性名詞）（經文）了本際，阿愼若憍陳如（佛陀弟子之名）。

4. अश्वजिता Aśvajitā, 名詞，馬勝（佛陀弟子名）

4.1 【詞尾變化】Aśvajitā 是 Aśvajit 的單數工具格變化。所以字典上要查 Aśvajit。

4.2 【梵漢辭典,p186】（陽性名詞）（經文）馬勝，馬師（佛陀弟子之名）。

5. बाष्पेण Bāṣpeṇa,名詞，婆師波（佛陀弟子名）

5.1 【詞尾變化】Bāṣpeṇa 是 Bāṣpa 的單數工具格變化。所以字典上要查 Bāṣpa。

5.2 【梵漢辭典,p248】（陽性名詞）淚；蒸氣，水蒸氣（經文）婆師波（佛陀弟子之名）。

6. महानाम्ना Mahānāmnā, 名詞，摩訶南（佛陀弟子名）

6.1 【詞尾變化】Mahānāmnā 是 Mahānāman 的單數工具格變化。所以字典上要查 Mahānāman。

6.2 【梵漢辭典,p681】（陽性名詞）（經文）摩訶南，摩訶那摩（佛陀弟子之名）。

7. भद्रिकेण Bhadrikeṇa, 名詞，跋陀羅（佛陀弟子名）

7.1 【詞尾變化】Bhadrikeṇa 是 Bhadrika 的單數工具格變化。所以字典上要查 Bhadrika。

7.2 【梵漢辭典,p250】（陽性名詞）（經文）具妙，跋陀羅（佛陀弟子之名）。

8. महाकाश्यपेन Mahākāśyapena, 名詞，大迦葉（佛陀弟子名）

8.1 【詞尾變化】Mahākāśyapena 是 Mahākāśyapa 的單數工具格變化。所以字典上要查 Mahākāśyapa。

8.2 【梵漢辭典,p679】（陽性名詞）（經文）大迦葉；摩訶迦葉（佛陀弟子之名）。

9. उरुबिल्वकाश्यपेन Urubilvakāśyapena, 名詞，優樓頻螺迦葉（佛陀弟子名）

9.1 【詞尾變化】Urubilvakāśyapena 是 Urubilvakāśyapa 的單數工具格變化。所以字典上要查 Urubilvakāśyapa。

9.2 【梵漢辭典,p1352】（陽性名詞）（經文）優樓頻螺迦葉（佛陀弟子之名）。

10. नदिकाश्यपेन Nadīkāśyapena, 名詞，那提迦葉（佛陀弟子名）

10.1 【詞尾變化】Nadīkāśyapena 是 Nadīkāśyapa 的單數工具格變化。所以字典上要查 Nadīkāśyapa。

10.2 【梵漢辭典,p755】（陽性名詞）（經文）那提迦葉（佛陀弟子之名）。

11. गयाकाश्यपेन Gayākāśyapena, 名詞，象（頭山）引光；象迦葉（佛陀弟子名）

11.1 【詞尾變化】Gayākāśyapena 是 Gayākāśyapa 的單數工具格變化。所以字典上要查 Gayākāśyapa。

11.2 【梵漢辭典,p455】（陽性名詞）（經文）象（頭山）引光；象迦葉（佛陀弟子之名）。

12. शारिपुत्रेण Śāriputreṇa, 名詞，舍利子，舍利弗（佛陀弟子名）

12.1 【詞尾變化】Śāriputreṇa 是 Śāriputra 的單數工具格變化。所以字典上要查 Śāriputra。

12.2 【梵漢辭典,p1136】（陽性名詞）（經文）舍利子，舍利弗（佛陀弟子之名）。

13. महामौद्गल्यायनेन Mahā-maudgalyāyanena, 名詞，大目犍連（佛陀弟子名）

13.1 【詞尾變化】Mahā-maudgalyāyanena 是 Mahā-maudgalyāyana 的單數工具格變化。所以字典上要查 Mahā-maudgalyāyana。

13.2 【梵漢辭典,p681】（陽性名詞）（經文）大目犍連，大目乾連（佛陀弟子之名）。

14. महाकात्यायनेन Mahākātyāyanena, 名詞，大迦旃延（佛陀弟子名）

14.1 【詞尾變化】Mahākātyāyanena 是 Mahākātyāyana 的單數工具格變化。所以字典上要查 Mahākātyāyana。

14.2 【梵漢辭典,p680】（陽性名詞）（經文）大迦旃延，大迦旃衍納（佛陀弟子之名）。

15. अनिरुद्धेन Aniruddhena, 名詞，阿那律，阿〔少/兔〕樓陀（佛陀弟子名）

15.1 【詞尾變化】Aniruddhena 是 Aniruddha 的單數工具格變化。所以字典上要查 Aniruddha。

15.2 【梵漢辭典,p99】（陽性名詞）（經文）阿那律，阿（少／兔）樓陀（佛陀弟子之名）。

16. रेवतेन Revatena, 名詞，離婆多（佛陀弟子名）

16.1 【詞尾變化】Revatena 是 Revata 的單數工具格變化。所以字典上要查 Revata。

16.2 【梵漢辭典,p1027】（陽性名詞）（經文）離波多，梨婆多（佛陀弟子之名）。

17. कप्फिनेन Kapphinena, 名詞，劫賓那（佛陀弟子名）

17.1 【詞尾變化】Kapphinena 是 Kapphina 的單數工具格變化。所以字典上要查 Kapphina。

17.2 【梵漢辭典,p566】（陽性名詞）（經文）劫賓那（佛陀弟子之名）。

18. गवांपतिना Gavāṁpatinā, 名詞，憍梵波提（佛陀弟子名）

18.1 【詞尾變化】Gavāṁpatinā 是 Gavāṁpati 的單數工具格變化。所以字典上要查 Gavāṁpati。

18.2 【梵漢辭典,p454】（陽性名詞）（經文）憍梵波提，牛王（佛陀弟子之名）。

19. पिलिन्दवत्सेन Pilindavatsena, 名詞，畢陵伽婆蹉（佛陀弟子名）

19.1 【詞尾變化】Pilindavatsena 是 Pilindavatsa 的單數工具格變化。所以字典上要查 Pilindavatsa。

19.2 【梵漢辭典,p891】（陽性名詞）（經文）畢陵伽婆蹉（佛陀弟子之名）。

20. बक्कुलेन Bakkulena, 名詞，薄拘羅（佛陀弟子名）

20.1 【詞尾變化】Bakkulena 是 Bakkula 的單數工具格變化。所以字典上要查 Bakkula。

20.2 【梵漢辭典,p239】(陽性名詞)(經文)薄拘羅，薄拘盧(佛陀弟子之名)。

21. महाकौष्ठिलेन Mahākauṣṭhilena, 名詞，摩訶俱絺羅(佛陀弟子名)

21.1 【詞尾變化】Mahākauṣṭhilena 是 Mahākauṣṭhila 的單數工具格變化。所以字典上要查 Mahākauṣṭhila。

21.2 【梵漢辭典,p680】(陽性名詞)(經文)摩訶俱絺羅，俱絺羅(佛陀弟子之名)。

22. भरद्वाजेन Bharadvājena, 名詞，頗羅墮(佛陀弟子名)

22.1 【詞尾變化】Bharadvājena 是 Bharadvāja 的單數工具格變化。所以字典上要查 Bharadvāja。

22.2 【梵漢辭典,p257】(陽性名詞)(經文)頗羅墮(佛陀弟子之名)。

23. महानन्देन Mahānandena, 名詞，摩訶難陀(佛陀弟子名)

23.1 【詞尾變化】Mahānandena 是 Mahānanda 的單數工具格變化。所以字典上要查 Mahānanda。

23.2 【梵漢辭典,p681】(陽性名詞)(經文)摩訶難陀(佛陀弟子之名)。

24. उपनदेन Upanandena, 名詞，和難，跋難陀(佛陀弟子名)

24.1 【詞尾變化】Upanandena 是 Upananda 的單數工具格變化。所以字典上要查 Upananda。

24.2 【梵漢辭典,p1339】(陽性名詞)(經文)和難，跋難陀(佛陀弟子之名)。

25. सुन्दरनन्देन Sundaranandena, 名詞，孫陀羅難陀(佛陀弟子名)

25.1 【詞尾變化】Sundarananda 是 Sundarananda 的單數工具格變化。所以字典上要查 Sundarananda。

25.2 【梵漢辭典,p1234】(陽性名詞)(經文)孫陀羅難陀，善妙(佛陀弟子之名)。

26. पूर्णमैत्रायणिपुत्रेण Pūrṇamaitrāyaṇīputreṇa, 名詞，富樓那(佛陀弟子名)

26.1 【詞尾變化】Pūrṇamaitrāyaṇīputreṇa 是 Pūrṇamaitrāyaṇīputra 的單數工具格變化。所以字典上要查 Pūrṇamaitrāyaṇīputra。

26.2 【梵漢辭典,p991】(陽性名詞)(經文)富樓那，富樓那彌多羅尼子(佛陀弟子之名)。

27. सुभूतिना Subhūtinā 名詞，須菩提（佛陀弟子名）

27.1 【詞尾變化】Subhūtinā 是 Subhūti 的單數工具格變化。所以字典上要查 Subhūti。

27.2 【梵漢辭典,p1219】（陽性名詞）（經文）須菩提（佛陀弟子之名）。

28. राहुलेन Rāhulena 名詞，羅睺羅（佛陀弟子名）

28.1 【詞尾變化】Rāhulena 是 Rāhula 的單數工具格變化。所以字典上要查 Rāhula。

28.2 【梵漢辭典,p1006】（陽性名詞）（經文）羅睺羅，羅云（佛陀弟子之名）。

【筆者試譯】：例如有：1. 尊者阿愼若憍陳如，2. 尊者馬勝，3. 尊者婆師波，4. 尊者摩訶南，5. 尊者跋陀羅，6. 尊者大迦葉，7. 尊者優樓頻螺迦葉，8. 尊者那提迦葉，9. 尊者象迦葉，10. 尊者舍利弗，11. 尊者大目犍連，12. 尊者大迦旃延，13. 尊者阿〔少/兔〕樓陀，14. 尊者離婆多，15. 尊者劫賓那，16. 尊者憍梵波提，17. 尊者畢陵伽婆，18. 尊者薄拘羅，19. 尊者摩訶俱絺羅，20. 尊者頗羅墮，21. 尊者摩訶難陀，22. 尊者跋難陀，23. 尊者孫陀羅難陀，24. 尊者富樓那，25. 尊者須菩提，26. 尊者羅睺羅。

【什公漢譯】：其名曰阿若憍陳如、摩訶迦葉、優樓頻螺迦葉、迦耶迦葉、那提迦葉、舍利弗、大目揵連、摩訶迦旃延、阿耨樓馱、劫賓那、憍梵波提、離婆多、畢陵伽婆蹉、薄拘羅、摩訶拘絺羅、難陀、孫陀羅難陀、富樓那彌多羅尼子、須菩提、阿難、羅睺羅。

【英　譯　本】：Eminent disciples, such as the venerable Âgñâtakauṇḍinya, the venerable Asvagit, the venerable Vâshpa, the venerable Mahânâman, the venerable Bhadrika, the venerable Mahâkâsyapa, the venerable Kâsyapa of Uruvilvâ, the venerable Kâśsyapa of Nadî, the venerable Kâsyapa of Gayâ, the venerable Sâriputra, the venerable Mahâ-mMaudgalyâyana, the venerable Mahâ-Kâtyâyana, the venerable Aniruddha, the venerable Revata, the venerable Kapphina, the venerable Gavâmpati, the venerable Pilindavatsa, the venerable Vakula, the venerable Mahâ-Kaushthila, the venerable Bhâradvâga, the venerable Nanda（alias Mahânanda）, the venerable Upananda, the venerable Sundara-Nanda, the venerable Pûrna Maitrâyanîputra, the venerable Subhûti, the venerable Râhula……

【信譯研究】：非信譯。理由是，與梵本所列示人名不一致。梵本出示廿六位，鳩摩羅什僅譯出廿一位。另外阿難尊者不在此廿六位之中，是因爲阿難要到佛涅槃後才證得大阿羅漢果，才有資格與此廿六位尊者並列。〔註 16〕不過鳩摩羅什將他給翻譯進來，是因爲到了鳩摩羅什時代，阿難已經成爲大阿羅漢尊者。茲將梵本列示與鳩摩羅什譯出尊者之名列示於下表：

梵　　文	梵漢辭典對照	什公漢譯
Ājñātakauṇḍinyena	阿慎若憍陳如	阿若憍陳如
Aśvajitā	馬勝	-
Bāṣpeṇa	婆師波	-
Mahānāmnā	摩訶南	-
Bhadrikeṇa	跋陀羅	-
Mahākāśyapena	大迦葉	摩訶迦葉
Urubilvakāśyapena	優樓頻螺迦葉	優樓頻螺迦葉
Nadīkāśyapena	那提迦葉	那提迦葉
Gayākāśyapena	象迦葉	迦耶迦葉
Śāriputreṇa	舍利弗	舍利弗
Mahāmaudgalyāyanena	大目犍連	大目揵連
Mahākātyāyanena	大迦旃延	摩訶迦旃延
Aniruddhena	阿〔少/兔〕樓陀	阿㝹樓馱
Revatena	離婆多	離婆多

〔註 16〕阿難陀在經文中說明他是大阿羅漢，但是位「初學者」。事實上，阿難陀常侍於佛陀左右，幾乎所有佛陀所說的經典，他都有在現場。號稱爲「多聞第一」，後來佛滅度後，佛經進行集結，都是需要阿難在現場擔任誦出的工作。但是，佛教史上記載，參加佛經集結工作者都必須是證得圓滿四果大阿羅漢者才能參加，阿難陀在當時明顯不到程度，只有「初果」阿羅漢，經過主持集結的大迦葉尊者的要求下，阿難陀經過一番積極修行，修得了四果大阿羅漢，才能進入集結會場。所以我們就可以了解，阿難陀在參加佛陀講法華經時，還是如同經文所說的是「阿羅漢」的初學者，亦即「初果」阿羅漢程度。因爲前一句要介紹來參加法會的都是大阿羅漢，阿難陀雖然有名聲，可是未達四果大阿羅漢程度，因此特別另外一句來說明。但是這對於竺法護與鳩摩羅什的時代來說，阿難陀已然是四果大阿羅漢，程度等同於前一句所說的那些大阿羅漢，所以索性就不翻譯這句話。將阿難陀直接與前面諸位尊者放在一起。有關這段故事，請見龍樹所著《大智度論》卷二，收錄於《大正新修大藏經》第廿五冊，台北市：新文豐圖書出版公司，1983 年 1 月再版。頁 67。

Kapphinena	劫賓那	劫賓那
Gavāṁpatinā	憍梵波提	憍梵波提
Pilindavatsena	畢陵伽婆蹉	畢陵伽婆蹉
Bakkulena	薄拘羅	薄拘羅
Mahākauṣṭhilena	摩訶俱絺羅	摩訶拘絺羅
Bharadvājena	頗羅墮	-
Mahānandena	摩訶難陀	難陀
Upanandena	跋難陀	-
Sundaranandena	孫陀羅難陀	孫陀羅難陀
Pūrṇamaitrāyaṇīputreṇa	富樓那	富樓那彌多羅尼子
Subhūtinā	須菩提	須菩提
Rāhulena	羅睺羅	羅睺羅
Ānanda*	不在此句，放在下一句	阿難

【第四句】

ebhiś cānyaiś ca mahā-śrāvakaiḥ āyuṣmatā ca Ānandena śaikṣeṇa|

【辭彙研究】

1. एभिश्चयैश् च ebhiś-cānyaiś-（ca）代名詞+形容詞，在此以下還有

1.1 【詞尾變化】ebhiś-cānyaiś-（ca）根據連音規則的變化，可還原成 ebhiḥ ca anyaiḥ（ca），這裡，ebhiḥ 是代名詞 idam 的工具格複數，所以字典要查 idam。而 anyaiḥ 是代名詞 anya 的工具格複數，所以字典上要查 anya。

1.2 【摩威梵英,p165,idam】this , this here , referring to something near the speaker ; known , present ; idam often refers to something immediately following , whereas etad points to what precedes. idam occurs connected with yad , tad , etad , kim , and a personal pronoun , partly to point out anything more distinctly and emphatically , partly pleonastically.

1.3 【摩威梵英,p45,anya】as , ā , at , other , different ; other than , different from , opposed to; another ; another person ; one of a number ; or , the one , the other ; and another , besides , moreover.

1.4 【梵漢辭典,p502,idam】（代名詞）（中性）此，以下，凡此，在此處，正是這個。（經文）彼，是，此，如是，所有。

1.5 【梵漢辭典,p124,anya】（形容詞）別的，其他的；與～（從格連用）；不同的；某；通常的；（經文）他，別，更，異，有，離，餘，所餘。

2. आनन्देन Ānandena 名詞，阿難陀（人名）

2.1 【詞尾變化】Ānandena 是 Ānanda 的工具格單數變化。所以字典上要查 Ānanda。

2.2 【摩威梵英,p139】

2.2.1 m. happiness , joy , enjoyment , sensual pleasure RV. ;

2.2.2 m. and（%{am}）n. `pure happiness' , one of the three attributes of Ātman or Brahman in the Vedānta philosophy Vedāntas. ;

2.2.3 m.（in dram.）the thing wished for , the end of the drama ; a kind of flute ; the sixteenth Muhūrta ; N. of Śiva ; of a Lokeśvara（Buddh.）; of a Bala（Jain.）; of several men ; of a country ;

2.2.4 m. and n. N. of the forty-eighth year of the cycle of Jupiter ;

2.2.5 f. N. of two plants ;

2.2.6 n. a kind of house ;（often at the beginning and end of proper names.）

2.3 【梵漢辭典,p85】（陽性名詞）喜悅，歡喜；幸福。（經文）阿難陀（佛陀弟子之名）；慶喜，普喜，歡喜。

3. शैक्षेण śaikṣeṇa 名詞，初學者

3.1 【詞尾變化】śaikṣeṇa 是 śaikṣa 的工具格複數變化。所以字典上要查 śaikṣa。

3.2 【摩威梵英,p1089】

3.2.1 mf（*ī*）n.（fr. *śikṣā*）in accordance with right teaching or with rule , correct MBh. ;

3.2.2 m. a young Brāhman pupil studying with his preceptor , one who has recently begun to repeat the Veda.

3.3 【梵漢辭典,p1056】（形容詞）正規的，正確的。（陽性名詞）新加入者，初學者；（經文）學，學人，有學，有學位，有學聖人，有學聖位，有所作。

【筆者試譯】：還有初學者大阿羅漢尊者，阿難陀。

【什公漢譯】：缺譯。

【英 譯 本】：with them yet other great disciples, as the venerable Ânanda, still under training,

【信譯研究】：非信譯。沒有譯出，理由在上面已有說明。

【第五句】

anyābhyāṁ ca dvābhyāṁ bhikṣusahasrābhyāṁ śaikṣāśaikṣābhyām|

【辭彙研究】

1. अन्याभां anyābhyāṁ 形容詞，其他二者

1.1 【詞尾變化】anyābhyāṁ 是 anyābhyām 的連音規則變化。anyābhyām 是 anya 的雙數從格變化。所以字典要查 anya。

1.2 【摩威梵英】與【梵漢辭典,p1056】資料部分請看【第三句】的 1.3 與 1.5。

2. द्वाभां dvābhyāṁ　數詞，二；兩個

1.1 【詞尾變化】dvābhyāṁ 是 dvi 的從格雙數變化。所以字典上要查 dvi。

1.2 【摩威梵英,p504】du. two（nom. dvau see dva）.

1.3 【梵漢辭典,p422】（形容詞）二的；（經文）二。

3. भिक्षुसहस्राभ्यं bhikṣusahasrābhyāṁ 形容詞（雙數）千位比丘

3.1 【詞尾變化】

3.1.1 bhikṣusahasrābhyāṁ 是 bhikṣusahasra 的從格雙數。

3.1.2 bhikṣusahasra 可拆解成 bhikṣu 與 sahasra 兩個字，所以字典上要查 bhikṣu 與 sahasra 二字。但 bhikṣu 部分已知，爲「比丘」，這裡則需查 sahasra。

3.2 【摩威梵英,p1089,sahasra】

3.2.1 n.（rarely）m. a thousand RV ; a thousand cows or gifts ; any very large number;

3.2.2 mf（ī）n. a thousandth or the thousandth.

3.3 【梵漢辭典,p1056,sahasra】（中性形容詞）千（用於表示大的數量）；尤指千頭母牛，千畜。（經文）千。

4. शैक्षाशैक्षाभ्याम् śaikṣāśaikṣābhyām 名詞，初學者與無須再學者

4.1 【詞尾變化】śaikṣāśaikṣābhyām 是 śaikṣāśaikṣa 的從格雙數。śaikṣāśaikṣa

可拆解成 śaikṣa 與 aśaikṣa 兩個字，śaikṣa 已於【第三句解析】的第 3 字已有解析。這裡要查 aśaikṣa。

4.2 【摩威梵英,p113, aśaikṣa】m. `no longer a pupil' , an Arhat Buddh.

4.3 【梵漢辭典,p164, aśaikṣa】（形容詞）=Arhat，已無可學（學道圓滿，無須再修學之意）。（經文）無學，無學位，無學聖位。

【筆者試譯】:（還有）其他兩千人初學者與無須再修行的比丘僧。

【什公漢譯】: 復有學無學二千人。

【英 譯 本】: and tow thousand other monks, some of whom still under training, the others masters;

【信譯研究】: 信譯。

【第六句】

Mahāprajāpatī-pramukhaiś ca ṣaḍbhir bhikṣuṇī-sahasraiḥ|

【辭彙研究】

1. महाप्रजापती Mahāprajāpatī 名詞，大愛道（僧團內著名的比丘尼，佛陀的姨母）

1.1 【詞尾變化】這個字沒有變化，是主格。

1.2 【梵漢辭典,p683, aśaikṣa】（陰性名詞）（經文）大愛道比丘尼，摩訶波闍波提（人名，僧團內著名的比丘尼，佛陀的姨母）

2. प्रमुखैश्च pramukhaiśca 形容詞，爲上首

2.1 【詞尾變化】pramukhaiśca 根據連音規則，可拆解成 pramukhaiḥ 與 ca 兩個字。pramukhaiḥ 是 pramukha 的複數工具格。這裡要查 pramukha。

2.2 【摩威梵英,p686】

2.2.1 mfn. turning the face towards , facing; first , foremost , chief , principal , most excellent; having as foremost or chief , headed or preceded by , accompanied by or with; honourable , respectable;

2.2.2 m. a chief , respectable man , sage; a heap , multitude; Rottleria Tinctoria;

2.2.3 n. the mouth; commencement（of a chapter）; time being , the present , the same time ; before the face of , in front of , before , opposite to（with gen. or comp.）MBh.; to cause to go before or precede.

2.3 【梵漢辭典,p922】

2.3.1（形容詞）面對（對格名詞）的方向；最前的；最初的，主要的，首要的，傑出的。

2.3.2（經文）首，上首，元首。

2.3.3（中性名詞）（一章的）開頭；現在時；（位格）在～之前；對於～；面對～，在前面，在眼前。

3. षड्भिर् ṣaḍbhir 數詞，形容詞，六

3.1 【詞尾變化】ṣaḍbhir 原來是 ṣaḍbhiḥ 的連音規則變化。ṣaḍbhiḥ 是 ṣaṣ 的工具格。這裡要查 ṣaṣ。

3.2 【摩威梵英,p1108】

3.2.1 mfn. pl. six RV. ;

3.2.2 ind. six times

3.3 【梵漢辭典,p1146】（複數數詞）六。

4. भिक्षुणी bhikṣuṇī 名詞，比丘尼

4.1 【詞尾變化】主格，沒有語尾變化

4.2 【摩威梵英,p756】f. a Buddhist female mendicant or nun.

4.3 【梵漢辭典,p269】（陰性名詞）佛教的女乞食僧，尼僧；（經文）乞女，出家，比丘尼。

5. सहस्रैः sahasraiḥ 數詞，形容詞，千

5.1 【詞尾變化】sahasraiḥ 是 sahasra 的工具格複數。這裡要查 sahasra。資料則見第四句第 3 個字的解析。

【筆者試譯】:（還）有摩訶波闍波提，也就是大愛道比丘尼爲首，與六千個比丘尼。

【什公漢譯】: 摩訶波闍波提比丘尼，與眷屬六千人俱。

【英 譯 本】: with six thousand nuns having at their head Mahâpragâpati,

【信譯研究】: 信譯。不過值得研究的是「pramukha」梵文的意思是「爲首者」，這裡鳩本用「眷屬」來翻譯，值得推敲。案《漢語大詞典》認爲，眷屬通常指的是「親屬」。〔註 17〕然而在佛教翻譯歷史上，似乎有其翻譯的傳統，

〔註 17〕上述資料請見《漢語大辭典》第七冊，上海：漢語大詞典出版社，2003 年 12

自康僧會在三國時代就已經有「眷屬」一詞翻出。〔註 18〕案眷屬一詞，根據《梵語雜名》，就是「跛儞嚩羅」，就是 parivāra，〔註 19〕意思是「隨行者」（follower）的意思（摩威梵英,p601）。根據《大智度論》的說法，眷屬可視爲：謂眷愛隸屬的家族、從僕等人。將其眷屬分爲內眷屬、大眷屬二種。：「釋迦文佛未出家時，車匿給使，優陀耶戲笑，瞿毗耶、耶輸陀等諸婇女爲內眷屬。出家六年苦行時，五人給侍。得道時，彌喜羅陀、須那剎多羅、阿難、密跡力士等是名內眷屬。大眷屬者，舍利弗、目揵連、摩訶迦葉、須菩提、迦旃延、富樓那、阿泥盧豆等諸聖人，及彌勒、文殊師利、陀婆羅、諸阿毗跋致、一生補處菩薩等，是名大眷屬。」〔註 20〕梵本上說：「有摩訶波闍波提，也就是大愛道比丘尼爲首，與六千個比丘尼。」鳩摩羅什譯成所「摩訶波闍波提比丘尼，與眷屬六千人俱。」意思差異不大，以這裡鳩摩羅什的翻譯應該算是「信譯」。

【小結】

本段有六句，鳩摩羅什三句是信譯。其它三句非信譯。原因是：在第二句有數字上的錯譯。第三句則有部份尊者名字沒有譯出。第四句將阿難尊者名字併入第三句中，該句鳩本略而不譯。

【第二段】

यशोधरया च भिक्षुण्या राहुलमात्रा सपरिवारया। अशीत्या च बोधिसत्त्वसहस्रैः सार्धं सर्वैरवैवर्तिकैरेकजातिप्रतिबद्धैर्यदुत अनुत्तरायां सम्यक्संबोधौ, धारणीप्रतिलब्धैर्महाप्रतिभानप्रतिष्ठितैरवैवर्त्यधर्मचक्रप्रवर्तकैर्बहुबुद्धशतपर्युपासितैर्बहुबुद्धशतसहस्रावरोपितकुशलमूलैर्बुद्ध-शतसहस्रसंस्तुतैर्मैत्रीपरिभावितकायचित्तैस्तथागतज्ञानावतारणकुशलैर्महाप्रज्ञैः

月出版。頁 1208。

〔註 18〕三國時，吳國康僧會翻譯之《六度集經》即有「眷屬」一詞。位於《大正新修大藏經》第三冊，台北市：新文豐圖書出版公司，1983 年 1 月出版。頁 32。

〔註 19〕請見《大正新修大藏經》第五十四冊，台北市：新文豐圖書出版公司，1983 年 1 月出版。頁 1232。

〔註 20〕請見《大正新修大藏經》第廿五冊，台北市：新文豐圖書出版公司，1983 年 1 月出版。頁 303。

प्रज्ञापारमितागतिंगतैर्बहुलोकधातुशतसहस्रविश्रुतैर्बहुप्राणिकोटीनयुतशतसहस्र संतारकैः। तद्यथा-मञ्जुश्रिया च कुमारभूतेन बोधिसत्त्वेन महासत्त्वेन, अवलोकितेश्वरेण च महास्थामप्राप्तेन च सर्वार्थनाम्ना च नित्योद्युक्तेन च अनिक्षिप्तधुरेण च रत्नपाणिना च भैषज्यराजेन च भैषज्यसमुद्गतेन च व्यूहराजेन च प्रदानशूरेण च रत्नचन्द्रेण च रत्नप्रभेण च पूर्णचन्द्रेण च महाविक्रामिणा च अनन्तविक्रामिणा च त्रैलोक्यविक्रामिणा च महाप्रतिभानेन च सततसमिताभियुक्तेन च धरणीधरेण च अक्षयमतिना च पद्मश्रिया च नक्षत्रराजेन च मैत्रेयेण च बोधिसत्त्वेन महासत्त्वेन, सिंहेन च बोधिसत्त्वेन महासत्त्वेन। भद्रपालपूर्वंगमैश्च षोडशभिः सत्पुरुषैः सार्धम्। तद्यथा-भद्रपालेन च रत्नाकरेण च सुसार्थवाहेन च नरदत्तेन च गुह्यगुप्तेन च वरुणदत्तेन च इन्द्रदत्तेन च उत्तरमतिना च विशेषमतिना च वर्धमानमतिना च अमोघदर्शिना च सुसंप्रस्थितेन च सुविक्रान्तविक्रामिणा च अनुपममतिना च सूर्यगर्भेण च धरणींधरेण च।

【羅馬譯音】

yaśodharayā ca bhikṣuṇyā rāhulamātrā saparivārayā| aśītyā ca bodhisattvasahasraiḥ sārdhaṁ sarvairavaivartikairekajātipratibaddhairyaduta anuttarāyāṁ samyaksaṁbodhau, dhāraṇīpratilabdhairmahāpratibhānapratiṣṭhitairavaivartyadharmacakrapravartakair bahubuddhaśataparyupāsitairbahubuddha śatasahasrāvaropitakuśalamūlairbuddha śatasahasrasaṁstutairmaitrīparibhāvitakāyacittaistathāgatajñānāvatāraṇakuśalairm ahāprajñaiḥ prajñāpāramitāgatiṁgatairbahulokadhātuśatasahasraviśrutairbahuprāṇikoṭīnayutaś atasahasrasaṁtārakaiḥ | tadyathā-mañjuśriyā ca kumārabhūtena bodhisattvena mahāsattvena, avalokiteśvareṇa ca mahāsthāmaprāptena ca sarvārthanāmnā ca nityodyuktena ca anikṣiptadhureṇa ca ratnapāṇinā ca bhaiṣajyarājena ca bhaiṣajyasamudgatena ca vyūharājena ca pradānaśūreṇa ca ratnacandreṇa ca ratnaprabheṇa ca pūrṇacandreṇa ca mahāvikrāmiṇā ca anantavikrāmiṇā ca trailokyavikrāmiṇā ca mahāpratibhānena ca satatasamitābhiyuktena ca dharaṇīdhareṇa ca akṣayamatinā ca padmaśriyā ca nakṣatrarājena ca maitreyeṇa ca bodhisattvena mahāsattvena, siṁhena ca bodhisattvena mahāsattvena| bhadrapālapūrvaṁgamaiśca ṣoḍaśabhiḥ satpuruṣaiḥ sārdham| tadyathā-bhadrapālena ca ratnākareṇa ca susārthavāhena ca naradattena ca guhyaguptena ca varuṇadattena ca indradattena ca uttaramatinā ca viśeṣamatinā ca vardhamānamatinā ca amoghadarśinā ca susaṁprasthitena ca suvikrāntavikrāmiṇā ca anupamamatinā ca sūryagarbheṇa ca dharaṇīṁdhareṇa ca|

【第一句】

Yaśodharayā ca bhikṣuṇyā Rāhula-mātrā saparivārayā|

【辭彙研究】

1. यशोधरया Yaśodharayā 名詞，耶輸陀羅（比丘尼人名）
   1.1 【詞尾變化】Yaśodharayā 是 Yaśodharā 的工具格單數，所以字典要查 Yaśodharā。
   1.2 【梵漢辭典,p1506】（形容詞）（經文）名聞，華色，耶輸陀羅（佛陀出家前的王子妃）。
2. मात्रा mātrā 名詞，母親
   2.1 【詞尾變化】mātrā 是 mātṛ 的工具格單數，所以字典要查 mātṛ。
   2.2 【摩威梵英,p807】f. a mother , any mother（applicable to animals）RV. ; du. father and mother , parents RV. ; the earth（du. heaven and earth）RV. ; a cow MBh. ;（du. and pl.）the two pieces of wood used in kindling fire RV. ;（pl.）the divine mothers or personified energies of the principal deities;（pl.）the 8 classes of female ancestors（viz. mothers , grandmothers , great-grandmothers , paternal and maternal aunts &c. Saṁskārak. ; but the word `mother' is also applied to other female relatives and in familiar speech to elderly women generally）;
   2.3 【梵漢辭典,p720】（陰性名詞）母親（變成雙數則爲「雙親」）；大地，母牛，水。（經文）母親，生母。
3. सपरिवारया saparivārayā 名詞，有隨從的

3.1 【詞尾變化】saparivārayā 是 saparivāra 的爲格單數，所以字典要查 saparivāra。

3.2 【摩威梵英,p1148, saparikara】mfn. attended by a retinue.（由於 saparivāra 單字說明= saparikara）

3.3 【梵漢辭典,p1129】（形容詞）有隨從的；（經文）與眷屬；與諸眷屬。

【筆者試譯】:（還有）比丘尼，也是羅睺羅的母親，耶輸陀羅，她與追隨（支持者）者一同。

【什公漢譯】: 羅睺羅母耶輸陀羅比丘尼，亦與眷屬俱。

【英 譯 本】: and the nun Yasodharâ, the mother of Râhula, along with her train;

【信譯研究】: 信譯。

【第二句】

aśītyā ca bodhisattva-sahasraiḥ sārdhaṁ sarvair avaivartikair
eka-jāti-pratibaddhair yad uta anuttarāyāṁ samyak-saṁbodhau,
dhāraṇī-pratilabdhair mahā-pratibhāna-pratiṣṭhitair
avaivartya-dharma-cakra-pravartakair
bahu-buddha-śata-paryupāsitair
bahu-buddha-śata-sahasrāvaropita-kuśala-mūlair
buddha-śata-sahasra-saṁstutair maitrī-paribhāvita-kāya-cittais
tathāgata-jñānāvatāraṇa-kuśalair mahā-prajñaiḥ
prajñā-pāramitā-gatiṁ-gatair
bahu-loka-dhātu-śata-sahasra-viśrutair
bahu-prāṇi-koṭī-nayuta-śata-sahasra-saṁtārakaiḥ |

【辭彙研究】

1. अशीत्या aśītyā 形容詞・數詞，八十

1.1 【詞尾變化】aśītyā 是 aśīti 的單數工具格，所以字典要查 aśīti。

1.2 【摩威梵英,p113】f. eighty RV. AV.

1.3 【梵漢辭典,p175】（陰性形容詞）八十；（經文）八十。

2. अवैवर्तिकैर् avaivartikair 形容詞，不退轉

2.1【詞尾變化】avaivartikair 是 avaivartikaiḥ 的連音規則變化，而 avaivartikaiḥ 則是 avaivartika 單數工具格，所以字典要查 avaivartika。

2.2 【摩威梵英,p113】無此字，疑似佛教混合梵文。

2.3 【艾格頓混梵英,p79】（perhaps the commonest BHS form of many equivalents; see also avaivarta, °tya and s.vv. anivart（i）ya, avivart（i）ya, avinivartya）, not liable to turning back; regularly of Bodhisattvas（usually this word being used; if not, of persons firmly set on the road to enlightenment, which is the same thing）: SP 2.11）

2.4 【梵漢辭典,p208】（形容詞）不後退或退轉；（經文）步退，不退墮，不退轉，不復退轉。

3. जाति jāti 陰性形容詞，出生

3.1 【詞尾變化】沒有語尾變化。

3.2 【摩威梵英,p418】f. birth , production MBh. ; re-birth; the form of existence（as man , animal）fixed by birth Yogas. ; position assigned by birth , rank , caste , family , race , lineage；species（opposed to individual）, class; the generic properties（opposed to the specific ones）; natural disposition to Car. ; the character of a species , genuine or true state of anything MBh.; reduction of fractions to a common denominator ; a self-confuting reply（founded merely on similarity or dissimilarity）;（in rhet.）a particular figure of speech; a class of metres ; a manner of singing ; a fire-place ; mace , nutmeg ; Jasminum grandiflorum ;

3.3 【梵漢辭典,p527】（陰性形容詞）誕生，出產，起源，再生，生存的型態（人，動物等）；存在，生命；狀態；出身的地位（身分），等級，種姓，血統，家族，種族，民族；族類。（經文）生，出生，初生，世。

4. प्रतिबद्धैर् pratibaddhair 形容詞，繫屬；到達

4.1 【詞尾變化】pratibaddhair 是從 pratibaddhaiḥ 根據連音規則變化過來，而 pratibaddhaiḥ 則是 pratibaddha 的單數工具格，所以字典要查 pratibaddha。

4.2 【摩威梵英,p668】

4.2.1 mfn. tied or bound to , fastened , fixed ; twisted , wreathed（as a garland）; dependent on , subject to（comp.）; attached to , joined or connected or provided with（instr.）MBh.; harmonizing with,（loc.）; fixed, directed, or comp.; hindered, excluded, cut off; kept at a distance MBh.; entangled, complicated; disappointed, thwarted, crossed, vexed;（in phil.）that which is always connected or implied（as fire in smoke）;

4.2.2 mfn. one whose mind is turned to or fixed on（comp.）;

4.2.3 f. the being connected with（comp.）;

4.2.4 mfn. hindered or blunted in its course（as a thunderbolt）,

4.2.5 mfn. having passion in harmonious connection with（loc.）,.

4.3 【梵漢辭典,p939】（過去被動分詞）八十；（經文）屬，隨屬，繫屬，所繫，有靠，相連，繼，補處；能礙；有，偏了；得，俱生，相續體，俱時生。。

5. यद् yad 關係詞／代名詞　彼、那些所有

5.1 【詞尾變化】沒有語尾變化。

5.2 【摩威梵英,p844】（nom. and acc. sg. n. and base in comp. of 3. ya）, who, which, what, whichever, whatever, that RV. yad is often repeated to express \`whoever ', \`whatever', \`whichever', e.g. yo ya, \`whatever man'; yā yā, \`whatever woman; yo yaj jayati tasya tat, \`whatever he wins〔in war〕belongs to him'; yad yad vadati tad tadbhavati, \`whatever he says is true', or the two relatives may be separated by hi, and are followed by the doubled or single correl. Tad e.g. upyate yad dhi yad bījam tat tad eva prarohati, \`whatever seed is sown, that even comes forth'; similar indefinite meanings are expressed by the relative joined with tad e.g. yasmai tasmai, \`to any one whatever ', esp. in yadvā tadvā, \`anything whatever'; or by yaḥ with kaśca; yad is joined with tvad to express generalization; or immediately followed by a pers. pron. on which it lays emphasis;

5.3 【梵漢辭典,p1497】（關係詞）（代名詞）（ya 的中性、主格、對格與單數）做～之時或身爲～；（經文）彼，諸有，所有。

6. उत uta 質詞，且

6.1 【詞尾變化】沒有語尾變化。

6.2 【摩威梵英,p175】ind. and, also, even, or RV. AV.; often used for the sake of emphasis, especially at the end of a line after iti or a verb MBh.（As an interrogative particle , generally at the beginning of the second or following part of a double interrogation）or , utrum - an; in this sense it may be strengthened by āho , MBh.（As a particle of wishing , especially at the beginning of a sentence followed by a potential）would that! utinam!

6.3 【梵漢辭典,p1354】（質詞）且，亦，還，連，或；（經文）終。

7. अनुत्तरायां anuttarāyāṁ 形容詞，無上

7.1 【詞尾變化】anuttarāyāṁ 從 anuttarāyām 根據連音規則變化過來，而 anuttarāyām 則是從 anuttarya 的中性主格變化，但疑似 anuttara 的轉寫，所以字典查 anuttara。

7.2 【摩威梵英,p33】

7.2.1 mfn. chief , principal ; best , excellent ; without a reply , unable to answer , silent ; fixed , firm ; low , inferior , base ; south , southern ;

7.2.2（*am*）n. a reply which is coherent or evasive and therefore held to be no answer ;

7.2.3（*ās*）m. pl. a class of gods among the Jainas.

7.3 【梵漢辭典,p121,anuttara】（形容詞）無更高位的，最優秀的；（經文）勝，最聖，殊勝。

7.4 【梵漢辭典,p121,anuttarya】（中性形容詞）（經文）無上。

8. सम्यक्संबोधौ samyak-saṁbodhau 名詞　正等正覺

8.1 【詞尾變化】samyak-saṁbodhau 從 samyak-saṁbodha 的中性主格雙數變化，所以字典查 samyak-saṁbodha。

8.2 【摩威梵英,p1181】m. and complete enlightenment.

8.3 【梵漢辭典,p1122】（陽性）（Buddha 的）完全覺悟。

9. धारणी dhāraṇī 名詞　陀羅尼

9.1 【詞尾變化】主格，沒有字尾變化。

9.2 【摩威梵英,p1181】f. any tubular vessel of the body L. ; the earth Gal. ; a partic. bulbous plant; a mystical verse or charm used as a kind of prayer to assuage pain.

9.3 【梵漢辭典,p368】（陰性名詞）〔大乘佛教中，能使心不忘法或能守護修行者的章句。尤其指後世具有咒語性格的長句〕（經文）陀羅尼，妙

陀羅尼。

10. प्रतिलब्धैर् pratilabdhair 形容詞　已證得

10.1 【詞尾變化】pratilabdhair 是從 pratilabdhaiḥ 根據連音規則變化過來，而 pratilabdhaiḥ 則是 pratilabdha 的複數工具格，但這 pratilabdha 是由 prati-labdha 兩個字構成，所以字典要查 prati-labdha。

10.2 【摩威梵英,p661, prati】ind.（as a prefix to roots and their derivative nouns and other nouns , sometimes *pratī*）towards , near to ; against , in opposition to ; back , again , in return ; down upon , upon , on ; before nouns it expresses also likeness or comparison; or it forms Avyayibhāvas of different kinds; or as a prep. with usually preceding acc. , in the sense of towards , against , to , upon , in the direction of; opposite , before , in the presence of ; in comparison , on a par with , in proportion to ; in the vicinity of , near , beside , at , on; at the time of , about , through , for ; or used distributively to express at every , in or on every , severally; on account of , with regard to , concerning; conformably or according to; as , for ; or as prep. with abl. in return or as compensation for , instead or in the place of ;

10.3 【摩威梵英,p896, labdha】mfn. taken , seized , caught , met with , found ; got at , arrived（as a moment）; obtained（as a quotient in division）;（*ā*）f. N. of a partic. heroine ; a woman whose husband or lover is faithless.

10.4 【梵漢辭典,p946, prati-labdha】（形容詞）（過去被動分詞）（經文）得；所得，已所得，曾德，已得，獲得，逮得，（皆）已證得。

11. प्रतिभान pratibhāna 形容詞　辯才

11.1 【詞尾變化】沒有字尾變化。

11.2 【摩威梵英,p668】

11.2.1 n. becoming clear or visible , obviousness ; intelligence; eloquence ; brilliancy ; boldness , audacity ;

11.2.2 m. N. of a Bodhi-sattva ;

11.2.3 mfn. endowed with presence of mind , quick-witted , shrewd , intelligent MBh.; bright , brilliant ; bold , audacious.

11.3 【梵漢辭典,p940】（中性形容詞）明白的；卓越的構想；沉著；理解；

能辯的（經文）辯，辨，弁才，辨才，辯才，巧辯，辯說，詞辯，辯了，能辯說者，說，所說，能說法者，樂說，言詞，言語。

12. प्रतिष्ठितैर् pratiṣṭhitair 形容詞，住

12.1 【詞尾變化】pratiṣṭhitair 從 pratiṣṭhitaiḥ 根據連音規則變化過來，而 pratiṣṭhitaiḥ 則是從 pratiṣṭhita 的複數工具格變化，所以字典查 pratiṣṭhita。

12.2 【摩威梵英,p671】

12.2.1（prāti.）mfn. standing , stationed , placed , situated in or on（loc. or comp.）MBh. ; abiding or contained in（loc.）; fixed , firm , rooted , founded , resting or dependent on（loc. or comp.）AV ; established , proved ; ordained for , applicable to（loc.）; secure , thriving , well off; familiar or conversant with（loc.）MBh. ; transferred to（loc.）; undertaken; ascended into , having reached（comp.）; complete , finished; consecrated ; endowed , portioned; established in life , married ; prized , valued; famous , celebrated ;

12.2.2 m. N. of Vishṇu;

12.2.3 mfn. containing verses of a fixed or constant number of syllables ;

12.2.3 mfn. having just got a firm footing ;

12.2.4 mfn. one whose renown is well founded;

12.2.5 mfn. one who has progeny or offspring secured.

12.3 【梵漢辭典,p955】（過去被動分詞）（形容詞）有名的，著名的；對（經文）住；安住，所住，所依住；有，在，踞；置；安立；建立；所建立；所依止；為依止。

13. अवैवर्त्य avaivartya 形容詞，不退轉

13.1 資料請參考本句第 2 個字。

13.2 【梵漢辭典,p368, avaivartya】（未來被動分詞）（經文）不退轉。

14. चक्र cakra 名詞，輪

14.1 【詞尾變化】主格，沒有字尾變化。

14.2 【摩威梵英,p380】

14.2.1 n. the wheel RV. ; a potter's wheel; a discus or sharp circular missile weapon MBh. BhP. ; an oil-mill; a circle BhP. ; an astronomical circle ; a mystical circle or diagram; a cycle , cycle of years or of seasons ; `a form of military array（in a circle）'; circular flight（of a bird）; a particular constellation in the form of a hexagon; a circle or depression of the body; a circle or a similar instrument（used in astron.）; a troop , multitude MBh. ; the whole number of; a troop of soldiers , army , host MBh.; a number of villages , province , district;（fig.）range , department; the wheel of a monarch's chariot rolling over his dominions , sovereignty , realm, MBh.;（pl.）the winding of a river ; a whirlpool; a crooked or fraudulent device; the convolutions or spiral marks of the Śāla-grāma or ammonite ; N. of a medicinal plant or drug Suṣr. ; of a Ti1rtha BhP. ;

14.2.2 m. the ruddy goose or Brāhmany duck（Anas Casarca , called after its cries）MBh. ;（pl.）N. of a people MBh. ; N. of a man; of another man; of one of Skanda's attendants MBh.; of a mountain BhP.

14.2.3 f. a wheel RV.

14.3 【梵漢辭典,p305】（中性・陽性名詞）車輪；置陶用的拉坏輪車；圓盤（經文）輪；法輪。

15. प्रवर्तकैर् pravartakair 形容詞，轉的

15.1 【詞尾變化】pravartakair 是從 pravartakaiḥ 根據連音規則變化過來，而 pravartakaiḥ 則是 pravartaka 的複數工具格，所以字典要查 pravartaka。

15.2 【摩威梵英,p693】

15.2.1 mf（*ikā*）n. acting , proceeding; setting in motion or action , setting on foot , advancing , promoting , forwarding MBh. ; producing , causing , effecting MBh.

15.2.2 ; m. a founder , author , originator of anything ; an arbiter , judge;

15.2.3 n.（in dram.）the entrance of a previously announced person on the stage（at the end of the introduction）.

15.3 【梵漢辭典,p968】（形容詞）使轉向前方，使移動；獎勵；教唆；引起，產生；（經文）轉；生；能升；起；（生死正流）。

16. बहु bahu 形容詞，多量的

16.1 【詞尾變化】沒有詞尾變化。

16.2 【摩威梵英,p724】

16.2.1 mf（*vī* or *u*）n. much , many , frequent , abundant , numerous , great or considerable in quantity（n. also as subst. with gen.）RV.（rarely in Maṇḍ.）AV. MBh. ;large , great , mighty AV;

16.2.2 ind. much , very , abundantly , greatly , in a high degree , frequently , often , mostly RV.（often ibc. , where also= nearly , almost , rather , somewhat ,

16.2.3 n. the pl. number.

16.3 【梵漢辭典,p235】（形容詞）豐富的，多量的，多數的，反覆的；時常的，富於（後接具格）或多量的（經文）多，諸，眾多；無量，無數，廣。

17. शत śata 數詞，百

17.1 【詞尾變化】沒有字尾變化。資料請參考【第一段・第二句】第 14 個字。

18. पर्युपासितैर् paryupāsitair 形容詞　曾經親近供養過

18.1 【詞尾變化】paryupāsitair 是從 paryupāsitaiḥ 根據連音規則變化過來，而 paryupāsitaiḥ 則是 paryupāsita 的複數工具格，所以字典要查 paryupāsita。

18.2 【摩威梵英,p608】mfn. shared in, witnessed MBh.;worshipped , reverenced ;

18.3 【梵漢辭典,p874】（過去被動分詞）（形容詞）已參與的，所目擊，所崇拜，所崇敬；（經文）親近，得親近，供養，已曾供養，供養親近，承事供養。

19. सहस्रावरोपित sahasrāvaropita 形容詞，數千（次）所殖的

19.1 【詞尾變化】sahasrāvaropita 根據連音規則可拆解成 sahasra-avaropita 這兩個字，sahasra 已知道為「千」，所以這裡字典要查 avaropita。

19.2 【摩威梵英,p103】mfn. caused to descend , taken down from; deprived of（as of one's dominion）MBh. ; lowered , lessened, curtailed , lost（as dominions）BhP. , silenced（in dispute）BhP.

19.3 【梵漢辭典,p213】（過去被動分詞）（形容詞）卸下的；除掉（後接從格）的；被輕減的；使喪失；令不語的；被種植的（經文）種，所種，深種，殖，植，所植；置。

20. कुशल kuśala 形容詞，良善的

20.1 【詞尾變化】沒有詞尾變化。

20.2 【摩威梵英,p297】

20.2.1 mf（*ā*）n. right , proper , suitable , good; well , healthy , in good condition , prosperous; fit for , competent , able , skilful , clever , conversant with;

20.2.2（*ās*）m. pl.N. of a people MBh. ; N. of the Brāhmans in Kuṣadvi1pa BhP. ;

20.2.3 m. N. of Śiva ; of a prince; of a grammarian;

20.2.4（*ā*）f. N. of a woman g.

20.2.5 f. the plant Oxalis Corniculata ; the plant ;

20.2.6（*am*）n. welfare , well-being , prosperous condition , happiness MBh.; benevolence ; virtue; cleverness , competence , ability; N. of a Varsha governed by Kuṣala;

20.2.7（*am*）ind. well , in a proper manner , properly;happily , cheerfully BhP. ;

20.2.8（*ena*）ind. in due order Gobh..

20.3 【梵漢辭典,p175】（形容詞）好的，對的，適當的，合適的；有利的；有益的；健康的；健全的；使熟練於（後接屬格，位格，不定詞）老練的，有經驗的；（經文）嘉，善，妙善，純善；能，善，能；益，平安，樂；善巧，巧妙；識，賢，善之，善解；通，能通達。

21. मूलैर् mūlair 名詞，根本

21.1 【詞尾變化】mūlair 是從 mūlaiḥ 根據連音規則變化過來，而 mūlaiḥ 則是 mūla 的複數工具格，所以字典要查 mūla。

21.2 【摩威梵英,p826】

21.2.1 n. 'firmly fixed' , a root RV.; a radish or the root of various other plants（esp. of Arum Campanulatum , of long pepper , and of Costus Speciosus or Arabicus）; the edge（of the horizon）; immediate neighbourhood; basis , foundation , cause , origin , commencement , beginning ; a chief or principal city; capital ; an original text; a king's original or proper territory; a temporary owner; an old or hereditary servant , a native inhabitant; the square root; a partic. position of the fingers; a copse , thicket;

21.2.2 also m. and（*ā*）f. N. of the 17th（or 19th）lunar mansion AV;

21.2.3 m. herbs for horses , food ; N. of Sadā-ṣiva ;

21.2.4（*ā*）f. Asparagus Racemosus ;

21.2.5（*ī*）f. a species of small house-lizard ;

21.2.6 mfn. original , first, own , proper , peculiar.

21.3 【梵漢辭典,p748】（中性名詞）根，食用根，（牙，指，腕，尾等的）根；（山）麓，基底，下部；地平線；底；毗鄰；基礎，起源，本源，發端；要塞，首都，本金；圓點，原文。（經文）根，本，根本，下，根下，尾。

22. संस्तुतैर् saṁstutair 形容詞　稱揚

22.1 【詞尾變化】saṁstutair 是從 saṁstutaiḥ 根據連音規則變化過來，而 saṁstutaiḥ 則是 saṁstuta 的複數工具格，所以字典要查 saṁstuta。

22.2 【摩威梵英,p1121】

22.2.1 mfn. praised or hymned together; praised , celebrated , extolled; counted together（as one Stotra）, reckoned together; equal to , passing for（instr. or comp.）BhP. ; acquainted familiar , intimate;

22.2.2 n. the being praised together;

22.2.3 mfn. for the most part lauded or hymned together , associated in hymns.

22.3 【梵漢辭典,p1113】（形容詞）（過去被動分詞）（經文）熟，稱揚，稱歎，所歎，識，知識，慣習，曾習，串習，數習，情交者。

23. सपरिवारया maitrī 陰性形容詞　友好

23.1 【詞尾變化】沒有詞尾變化。

23.2 【摩威梵英,p834】f. friendship , friendliness , benevolence , good will MBh.; Benevolence personified BhP. ; close contact or union; equality , similarity Prasannar. ; N. of the Nakshatra ; N. of an Upanishad.

23.3 【梵漢辭典,p692】（陰性形容詞）對～（位格）好意的；友情，友好；與～密切接觸或結合（就無生物而言）；好意；（經文）慈，慈愍，慈念，慈心。

24. परिभावित paribhāvita 形容詞　勤修

24.1 【詞尾變化】沒有詞尾變化。

24.2 【摩威梵英,p598】mfn. enclosed , contained BhP. ; penetrated , pervaded ib. ; conceived , imagined.

24.3 【梵漢辭典,p175】（使役）（形容詞）（過去被動分詞）與世隔絕的；受控制的，透徹的；所思考的，所想像的；（經文）修，勤修，修習，薰習，所薰習，成就；所顯，思惟。

25. काय kāya 陽性名詞　心，識

25.1 【詞尾變化】沒有詞尾變化。

25.2 【摩威梵英,p274】2 m. , the body ; the trunk of a tree; the body of a lute（the whole except the wires）; assemblage , collection , multitude ; principal , capital ; a house , habitation; a butt , mark; any object to be attained ; natural temperament.

25.3 【梵漢辭典,p586】（陽性名詞）身體，有形體，集團，多數，多量，集合；樹（幹）；（經文）身，體，眾。

26. चित्तैस् cittais 形容詞　心識

26.1 【詞尾變化】cittais 是根據聯音規則，由 cittaiḥ 變過來，而 cittaiḥ 則是 citta 的複數工具格。所以字典要查 citta。

26.2 【摩威梵英,p395】

26.2.1 mfn. `noticed' see *a-cītta* ; `aimed at' , longed for ; `appeared' , visible RV;

26.2.2 n. attending , observing , `so as to remain unnoticed' ; thinking , reflecting , imagining , thought RV. VS. ; intention , aim , wish RV. AV. ;（Naigh. iii , 9）the heart , mind MBh. ; memory W. ; intelligence , reason ;（in astrol.）the 9th mansion.

26.3 【梵漢辭典,p332】（被動過去分詞）（中性形容詞）注意；思考，思想；目的，意志；精神，心，知性，理性；（經文）識，心，心意。

27. ज्ञानावतारण jñānāvatāraṇa 形容詞　得到眞正的智慧，無須諍辯

27.1 【詞尾變化】jñānāvatāraṇa 根據連音規則，可拆解成 jñāna-avata-araṇa 三個字的組合。所以字典分別要查 jñāna-avata-araṇa 這三個字。

27.2 【摩威梵英,p426, jñāna】n. knowing , becoming acquainted with , knowledge ,（esp.）the higher knowledge（derived from meditation on the one Universal Spirit）; knowledge about anything cognizance,; conscience MBh. ;

27.3 【摩威梵英,p98, avata】m. a well , cistern RV.

27.4 【摩威梵英,p86, araṇa】

27.4.1 mf（ī）n. , foreign , distant RV. AV. ;

27.4.2（*am*）n. the being fitted（as a piece of wood）; a refuge BhP.

27.4.3 mfn. without fighting（as death i.e. natural death）.

27.5 【梵漢辭典,p537, jñāna】（中性形容詞）知悉，知識；眞正的或卓越的學識；智慧；企圖；假設；益世；感覺器官；（經文）智，慧，智慧，正智，勝智，妙智，了，知。

27.6 【梵漢辭典,p539, avata】（陽性名詞）井；

27.7 【梵漢辭典,p539, araṇa】（形容詞）無戰鬥；（經文）無煩惱；無諍；去除鬥爭。

28. गतिंगतैर् gatiṁgatair 形容詞　修得正果

28.1 【詞尾變化】gatiṁgatair 是從 gatiṁgataiḥ 根據連音規則變化過來，而 gatiṁgataiḥ 則是 gatiṁgata 的複數工具格，不過 gatiṁgata 是 gatiṁ-gata 這兩個字的組合，而 gatiṁ 根據連音規則，是 gati 變化過來，是 gati 的單數對格，所以字典要查 gati-gata 分別來查。

28.2 【摩威梵英,p347, gati】f. going , moving , gait , deportment , motion in general RV. ; manner or power of going ; going away; procession , march , passage , procedure , progress , movement; arriving at , obtaining（with gen. loc.）MBh. ; acting accordingly , obeisance towards（loc.）; path , way , course; a certain division of the moon's path and the position of the planet in it（the diurnal motion of a planet in its orbit?）; running wound or sore; place of issue , origin , reason; possibility , expedient , means ; a means of success ; way or art , method of acting , stratagem; refuge , resource; the position（of a child at birth）; state , condition , situation , proportion , mode of existence; a happy issue ; happiness MBh. ; the course of the soul through numerous forms of life , metempsychosis , condition of a person undergoing this migration; manner ; the being understood or meant Pat. ;（in gram.）a term for prepositions and some other adverbial prefixes（such as *alam*）when immediately connected with the tenses of a verb or with verbal derivatives; a kind of rhetorical figure; a particular high number Buddh. ; `Motion'（personified as a daughter of Kardama and wife of Pulaha）BhP.; m. N. of a son of Anala Hariv.

28.3 【摩威梵英,p347, gata】

28.3.1 mfn. gone , gone away , departed , departed from the world , deceased , dead RV; past（as time）, gone by; disappeared（often in comp.）MBh.; come , come forth from（in comp. or abl.）; come to , approached , arrived at , being in , situated in , contained in（acc. or loc. or in comp.）RV. ; having walked; gone to any state or condition , fallen into（acc. or loc.）; relating to , referring to , connected with; walked（a path）, frequented , visited RV; spread abroad , celebrated MBh. ; `known , understood' , having the meaning of（loc.）;

28.3.2 n. going , motion , manner of going MBh. ; the being gone or having disappeared; the place where any one has gone; anything past or done , event ; diffusion , extension , celebration ; manner.

28.4 【梵漢辭典,p453, gati】（陰性形容詞）去，離開，步伐，前進，舉止，行動，飛行；退去，出發，進行，成功；對～（位格）的服從；路進路，小徑；出口；根源，根底；手段，方法，可能性，策略；避難處；狀態；狀況，條件，位置，性質，幸福；輪迴，人類的運命，風俗，被人了解的，被賦予意義的；與動詞結合的介係詞或副詞（經文）行，行止，至，到，往，趣，所趣，所歸趣。

28.5 【梵漢辭典,p452, gata】（形容詞）（過去被動分詞）去；離開，離開獲來到，陷入～，於～，在～之中，包含或佔據，朝向～的；與～相關；（經文）中，在，有，行，求，坐，遍，證得。

29. लोक loka 名詞，世界；眾生

29.1 【詞尾變化】沒有詞尾變化。

29.2 【摩威梵英,p906】m. free or open space , room , place , scope , free motion RV. AV; intermediate space; a tract , region , district , country , province ; the wide space or world ;（also pl.）the inhabitants of the world , mankind , folk , people（sometimes opp. to ` king'）Mn. MBh.;（pl.）men（as opp. to `" women "'）; a company , community; ordinary life , worldly affairs , common practice or usage ; the faculty of seeing , sight;

29.3 【梵漢辭典,p661】（陽性名詞）空間，餘地，廠所；地方，地帶，國度，世界，宇宙的區分，天，第，人類（單數與複數），普通的人民，國

民，男子；（經文）世，世間，世界，百姓，眾生。

30. धातु dhātu 名詞　界

30.1 【詞尾變化】沒有詞尾變化。

30.2 【摩威梵英,p113】m. layer , stratum; constituent part , ingredient RV. ; element , primitive matter MBh; a constituent element or essential ingredient of the body; primary element of the earth i.e. metal , mineral , are（esp. a mineral of a red colour）MBh. element of words i.e. grammatical or verbal root or stem（with the southern Buddhists *dhātu* means either the 6 elements; or the 18 elementary spheres *dhātu-loka* ; or the ashes of the body , relics.

30.3 【梵漢辭典,p378】（陽性名詞）層，成分，要素；身體的基本要素；（經文）界，身界，世界，大，根，性，根性，種姓，種，言根，舍利。

31. विश्रुतैर् viśrutair 形容詞　有名的

31.1 【詞尾變化】viśrutair 是從 viśrutaiḥ 根據連音規則變化過來，而 viśrutaiḥ 則是 viśruta 的複數工具格，所以字典要查 viśruta。

31.2 【摩威梵英,p992】

31.2.1 mfn. heard of far and wide , heard , noted , notorious , famous , celebrated RV.; known as , passing for , named（nom.）; pleased , delighted , happy ;

31.2.2 m. N. of a man; of a son of Vasu-deva BhP. ;

31.2.3 n. fame , celebrity BhP. ; learning（see comp.）;

31.2.4 -*deva* m. N. of a king Buddh. ;

31.2.5 -*vat* mfn. possessing much learning , very learned;

31.3 【梵漢辭典,p1461】（形容詞）（過去被動分詞）有名的（陽性名詞）〔人名〕（中性名詞）名聲；（經文）善聞，普聞，博聞，名，號曰，名稱，美名稱，廣流，遍。

32. प्राणिकोती prāṇikoṭī 數詞　眾生一億

32.1 【詞尾變化】prāṇikoṭī 是由 prāṇi-koṭī 兩個字組成，所以字典要查 prāṇi-koṭī 兩個字。

32.2 【摩威梵英,p706, prāṇi】in comp. for *prāṇin*.

32.3 【摩威梵英,p706, prāṇin】

32.3.1 mfn. breathing , living , alive ;

32.3.2 m. a living or sentient being , living creature , animal or man.

32.4 【摩威梵英,p312, koṭī】 f. = koṭi.

32.5 【摩威梵英,p312, koṭi】 f. the curved end of a bow or of claws , end or top of anything , edge or point（of a sword）, horns or cusps（of the moon）MBh.; the highest point , eminence , excellence; `a point or side in an argument or disputation' ,（if there are two）`alternative' ; the highest number in the older system of numbers MBh. ; the complement of an arc to 90 degrees ; the perpendicular side of a right-angled triangle ; Medicago esculenta .

32.6 【梵漢辭典,p925,prāṇin】（形容詞）有呼吸的；活著的（陽性名詞）生物，動物，人類；（經文）生，人，眾生，有情。

32.7 【梵漢辭典,p175,koṭi】（陰性形容詞）（數詞）千萬，億，萬億，百仟，京（經文）億，一億，兆，京。

33. नयुत nayuta 數詞　極大的數字；那由他

33.1 【詞尾變化】沒有詞尾變化。

33.2 【摩威梵英,p528】 m. pl. a myriad.

33.3 【梵漢辭典,p175】（中性·陽性形容詞·數詞）（經文）「數詞；一般爲千億的單位，但另有其他說法」載，十萬，千一；萬；那由他，那由多。

34. संतारकैः saṁtārakaiḥ 形容詞　度化的

34.1 【詞尾變化】saṁtārakaiḥ 則是 saṁtāraka 的複數工具格，所以字典要查 saṁtāraka。

34.2 【摩威梵英,p1142】

34.2.1 mfn. conveying or helping over ;

34.2.2 -*vidhi* m. N. of wk.

34.3 【梵漢辭典,p1114】（形容詞）（經文）度脫；能度。

【筆者試譯】：有八十個一千位菩薩一起（即八萬個菩薩），（這些菩薩）一切都是到了不退轉（程度）的，能夠一生之內就達完成「補處」（準備成佛）的階段，並且他們證得了無上正等正覺（即阿耨多羅三藐三菩陀），清楚了陀羅尼（佛法總持的心要），獲得了大辯才。並不退轉（勤）轉法輪，曾經親近侍奉過上百位眾多的佛陀，並於百千位佛陀那裡（學到了善法），種下了善根因緣，並讓百千多位佛陀稱揚過的（功德），勤修而累積了善心與如來那無須諍辯的大般若智慧，而窮盡了般若波羅蜜的底蘊，修得了正果。他們的名聲遍及了百千世界，也渡化了百千萬億無量的眾生。

【什公漢譯】：菩薩摩訶薩八萬人，皆於阿耨多羅三藐三菩提不退轉，皆得陀羅尼、樂說辯才，轉不退轉法輪，供養無量百千諸佛，於諸佛所殖眾德本，常爲諸佛之所稱歎，以慈修身，善入佛慧，通達大智，到於彼岸，名稱普聞無量世界，能度無數百千眾生。

【英 譯 本】：（further）with eighty thousand Bodhisattvas, all unable to slide back, endowed with the spells ofsupreme, perfect enlightenment, firmly standing inwisdom; who moved onward the never deviating wheel of the law; who had propitiated many hundred thousands of Buddhas; who under many hundred thousands of Buddhas had planted the roots of goodness, had been intimate with many hundred thousands of Buddhas, were in body and mind fully penetrated with the feeling of charity; able in communicating the wisdom of the Tathâgatas; very wise, having reached the perfection of wisdom; renowned in many hundred thousands of worlds; having saved many hundred thousand myriads of kotis of beings;

【信譯研究】：信譯。與本章 4.1.2（第四節第一段第二句，以下依此類推）情況不同，這裡鳩摩羅什翻得相當仔細。另外鳩摩羅什將重要的佛教名詞，作爲音譯，如「anuttarāyāṁ samyak-saṁbodhau」鳩摩羅什則翻譯成「阿耨多羅三藐三菩提」，這種翻譯對於佛經漢譯來說是一件大事，重要名詞予以音譯，確定這門學問的主體性，使佛教脫離了「格義」時期，在中國取得了主體性。

梵 本 原 文	筆 者 試 譯	什公漢譯	說明
1.sarvair avaivartikair	1.一切不退轉	皆於阿耨多羅三藐三菩提不退轉	信譯
2.eka-jāti-pratibaddhair yad uta anuttarāyāṁ samyak-saṁbodhau,	2.一生就到達無上正等正覺。		

3.dhāraṇī-pratilabdhair	3.已證得陀羅尼	皆得陀羅尼、樂說辯才。	信譯
4.mahā-pratibhāna-pratiṣṭhitair	4.已獲得大辯才		
5.avaivartya-dharma-cakra-pravartakair	5.轉不退轉法輪	轉不退轉法輪。	信譯
6.bahu-buddha-śata-paryupāsitair	6.曾親近供養過許多百佛陀	供養無量百千諸佛。	信譯
7.bahu-buddha-śata-sahasrāvaropita-kuśala-mūlair	7.許多百千佛陀種過善良德行根本	於諸佛所殖眾德本。	信譯
8.buddha-śata-sahasra-saṁstutair	8.從百千佛陀稱揚讚嘆。	常爲諸佛之所稱歎。	信譯
9.maitrī-paribhāvita-kāya-cittais	9.慈悲勤修心識	以慈修身，善入佛慧。	信譯
10.tathāgata-jñānāvatāraṇa-kuśalair	10.得到如來無諍善良的智慧，		
11.mahā-prajñaiḥ prajñā-pāramitā-gatiṁ-gatair	11.得到大般若波羅蜜，修成正果。	通達大智到於彼岸。	信譯
12.bahu-loka-dhātu-śata-sahasra-viśrutair	12.有名聲於許多百千世界	名稱普聞無量世界。	信譯
13.bahu-prāṇi-koṭī-nayuta-śata-sahasra-saṁtārakaiḥ	13.渡化許多百千億眾生	能度無數百千眾生。	信譯

【第三句】

tadyathā-Mañjuśriyā ca kumāra-bhūtena bodhisattvena mahāsattvena, Avalokiteśvareṇa ca Mahāsthāmaprāptena ca Sarvārthanāmnā ca Nityodyuktena ca Anikṣiptadhureṇa ca Ratnapāṇinā ca Bhaiṣajyarājena ca Bhaiṣajyasamudgatena ca Vyūharājena ca Pradānaśūreṇa ca Ratnacandreṇa ca Ratnaprabheṇa ca Pūrṇacandreṇa ca Mahāvikrāmiṇā ca Anantavikrāmiṇā ca Trailokyavikrāmiṇā ca Mahāpratibhānena ca Satatasamitābhiyuktena ca Dharaṇīdhareṇa ca Akṣayamatinā ca Padmaśriyā ca Nakṣatrarājena ca Maitreyeṇa ca bodhisattvena mahāsattvena, Siṁhena ca bodhisattvena mahāsattvena|

【辭彙研究】

1. मञ्श्रया Mañjuśriyā 名詞，文殊師利（菩薩名）

1.1 【詞尾變化】Mañjuśriyā 是 Mañjuśrī 的單數工具格變化。所以字典上要查 Mañjuśrī。

1.2 【梵漢辭典,p706】（陽性名詞）（經文）妙德，妙吉祥，濡首，溥首，文殊師利（菩薩名）。

2. कुमारभूतेन kumārabhūtena 形容詞　法王子

2.1 【詞尾變化】kumārabhūtena 則是 kumārabhūta 的單數工具格，但 kumārabhūta 是 kumāra-bhūta 兩個字所組成，但 bhūta 已於第一段第一句 19.2 已說明過，所以字典要查 kumāra。

2.2 【摩威梵英,p292】

2.2.1 m. a child , boy , youth ; son RV. AV; a prince , heir-apparent associated in the kingdom with the reigning monarch（especially in theatrical language）; a groom; N. of Skanda MBh. ; N. of a son of Agni（who is the author of some Vedic hymns）; one of the nine names of Agni; of Mañju-śrī Buddh. ; of a river; of the Sindhu river; of the author of a Dharmaśāstra ; of the attendant of the twelfth Arhat of the present Avasarpiṇī Jain. ; a parrot; the tree Capparis trifoliata;

2.2.2（*ās*）m. pl.N. of a people MBh.;

2.2.3（*ī*）f. a young girl , one from ten to twelve years old , maiden , daughter AV. ; or（in the Tantras）any virgin up to the age of sixteen or before menstruation has commenced ; N. of certain flags（set up along with Indra's banner）VarBr2S. ; N. of the wife of Bhīma-sena（son of Pari1kshit）MBh. ; of a daughter of Vasu-deva by Rohiṇī ; of Sītā（Rāma's wife）; of the goddess Durgā ; of Dākṣāyaṇī ; of a metre（a kind of Śakvarī , consisting of four lines of sixteen syllables each）; the bird commonly called Śyāmā ; the plant Aloe perfoliata ; the plant Clitoria ternatea; the plant Jasminum Sambac ; the plant commonly called;great cardamoms; the most southerly of the nine portions of the known continent or of Jambū-dvīpa; the central part of the universe（according to Hindū geography , Jambū-dvīpa or India）; N. of a river flowing from the mountain Śuktimat MBh.; of another river;（when a name is given to a pupil to indicate his attachment to any particular master , may be prefixed to denote that the pupil's object is to gain the affections of the master's daughter

2.2.4 n. N. of a Varsha governed by Kumāra（the son of Bhavya）.

2.3 【梵漢辭典,p634】（陽性）（名詞）初生兒；小孩；男孩；少年；青年；兒子；王子（經文）子，孩子，孺童。

2.4 【梵漢辭典,p634, kumāra-bhūta】（形容詞）（經文）童子，法王子。

3. महासत्त्वेन mahāsattvena, Z 摩訶薩

3.1 【詞尾變化】mahāsattvena 則是 mahāsattva 的單數工具格，但 mahāsattva 是由 mahā-sattva 所組成，而 mahā 前面已經說明，所以字典要查 sattva。

3.2 【摩威梵英,p1135】

3.2.1 n. being , existence , entity , reality ; true essence , nature , disposition of mind , character MBh.; spiritual essence , spirit , mind MBh. BhP. ; vital breath , life , consciousness , strength of character , strength , firmness , energy , resolution , courage , selfcommand , good sense , wisdom , magnanimity MBh; the quality of purity or goodness MBh.; material or elementary substance , entity , matter , a thing; a substantive , noun ;

3.2.2 m. n. a living or sentient being , creature , animal MBh. ; embryo , fetus , rudiment of life; a ghost , demon , goblin , monster ;

3.2.3 m. N. of a son of Dhṛita-rāshṭra MBh.

3.3 【梵漢辭典,p1156】

3.3.1（中性）（形容詞）有，存在，實在，本質，性質，性分，性格；（雅語）堅強的個性，精力，決心，勇氣。精神，生氣，生命；實體，實物。

3.3.2（經文）薩埵，有，有相，力，勇，勇健，喜，喜樂，剛決，猛健。

4. अवलोकितेश्वरेण Avalokiteśvareṇa 名詞　觀世音（菩薩名）

4.1 【詞尾變化】Avalokiteśvareṇa 是 Avalokiteśvara 的單數工具格變化。所以字典上要查 Avalokiteśvara。

4.2 【梵漢辭典,p706】（陽性名詞）（經文）觀世音菩薩；觀自在菩薩（菩薩名）。

5. महास्थामप्राप्तेन Mahāsthāmaprāptena 名詞　大勢至（菩薩名）

5.1 【詞尾變化】Mahāsthāmaprāptena 是 Mahāsthāmaprāpta 的單數工具格變化。所以字典上要查 Mahāsthāmaprāpta。

5.2 【梵漢辭典,p686】（陽性名詞）（經文）得大勢至；大勢至（菩薩名）。

6. सर्वार्थनाम्ना Sarvārthanāmnā 名詞　一切名號（菩薩名）

6.1 【詞尾變化】Sarvārthanāmnā 是 Sarvārthanāman 的單數工具格變化。又 Sarvārthanāman 是由 Sarvārtha-nāman 所組成，所以字典上要查 Sarvārtha-nāman 這兩個字。

6.2 【摩威梵英,p1189, Sarvārtha】

6.2.1 m. pl. all things or objects , all manner of things ; all matters;

6.2.2 ind. for the sake of the whole Jaim. ;

6.2.3 mfn. suitable for every purpose; regarding or minding everything ;

6.2.4 m. N. of the 29th Muhu1rta（in astron.）;

6.2.5 -*kartri* m. the creator of all things;

6.2.6 -*kuśala* mfn. skilful in all matters;

6.2.7 -*cintaka* mfn. thinking about everything ;

6.2.8 m. a general overseer , chief officer Mn. MBh. ;

6.2.9 -*cintāmani* m. N. of various wks. ;

6.2.10 -*tā* f. the possessing of all objects ;

6.2.11 -*nāman* m. N. of a Bodhi-sattva Buddh. ;

6.2.12 -*sādhaka* mf（*ikā*）n. effecting everything , fit for everything MBh. ;

6.2.13（*ikā*）f. N. of Durga1 Devi1m. ;

6.2.14 -*sādhana* mfn. = -*sādhaka* ;

6.2.15（or）n. a means of accomplishing everything ;

6.2.16 -*sāra-saṁgraha* m. N. of wk. ;

6.2.17 -*siddha* mfn. one who has accomplished all aims;

6.2.18 m. N. of Gautama Buddha（so called , according to some , because his parents "' wishes were all fulfilled by his birth）; of a king W. ;

6.2.19 -*siddhi* f. accomplishment of all aims; N. of various wks. ;

6.2.20 m. pl.（with Jainas）a class of deities;

6.2.21（*inī*）f. N. of Durgā

6.3 【摩威梵英,p536, nāman】

6.3.1 n. a characteristic mark or sign , form , nature , kind , manner RV. VS. AV. ; name , appellation RV.; personal name; a noun（as opp. to a verb）; substance , essence; a good or great name , renown , fame; water;

6.3.2 nāmnā ind. by name; to give a name call.

6.4 【梵漢辭典,p1142】（陽性名詞）（複數）一切事物（經文）（自他）一切種利。

6.5 【梵漢辭典,p764】

6.5.1（中性名詞）標誌，形式，樣態，名稱，名號。

6.5.2（經文）名字，名號，名稱。

7. नित्योद्युक्तेन Nityodyuktena 名詞　常精進（菩薩名）

7.1 【詞尾變化】Nityodyuktena 是 Nityodyukta 的單數工具格變化。所以字典上要查 Nityodyukta。

7.2 【梵漢辭典,p812】（陽性名詞）（經文）常精進；恆精進（菩薩名）。

8. अनिक्षिप्तधुरेण Anikṣiptadhureṇa 名詞　不休息（菩薩名）

8.1 【詞尾變化】Anikṣiptadhureṇa 是 Anikṣiptadhura 的單數工具格變化。所以字典上要查 Anikṣiptadhura。

8.2 【梵漢辭典,p98】（陽性名詞）（經文）不休息；無有休息（菩薩名）。

9. रत्नपाणिना Ratnapāṇinā 名詞　寶掌（菩薩名）

9.1 【詞尾變化】Ratnapāṇinā 是 Ratnapāṇi 的單數工具格變化。所以字典上要查 Ratnapāṇi。

9.2 【梵漢辭典,p1023】（陽性名詞）（經文）寶掌（菩薩名）。

10. भैषज्यराजेन Bhaiṣajyarājena 名詞　藥王（菩薩名）

10.1 【詞尾變化】Bhaiṣajyarājena 是 Bhaiṣajyarāja 的單數工具格變化。所以字典上要查 Bhaiṣajyarāja。

10.2 【梵漢辭典,p252】（陽性名詞）（經文）藥王（菩薩名）。

11. भैषज्यसमुद्गतेन Bhaiṣajyasamudgatena 名詞　藥上（菩薩名）

11.1 【詞尾變化】Bhaiṣajyasamudgatena 是 Bhaiṣajyasamudgata 的單數工具格變化。所以字典上要查 Bhaiṣajyasamudgata。

11.2 【梵漢辭典,p252】（陽性名詞）（經文）藥上（菩薩名）。

12. व्यूहराजेन Vyūharājena 名詞　莊嚴王（菩薩名）

12.1 【詞尾變化】Vyūharājena 是 Vyūharāja 的單數工具格變化。所以字典上要查 Vyūharāja。

12.2 【梵漢辭典,p1493】(陽性名詞)(經文)莊嚴王;淨王(菩薩名)。

13. प्रदानशूरेण Pradānaśūreṇa 名詞　勇施(菩薩名)

13.1 【詞尾變化】Pradānaśūreṇa 是 Pradānaśūra 的單數工具格變化。所以字典上要查 Pradānaśūra。

13.2 【梵漢辭典,p904】(陽性名詞)(佈施的勇士)(經文)勇施;妙勇(菩薩名)。

14. रत्नचन्द्रेण Ratnacandreṇa 名詞　寶月(菩薩名)

14.1 【詞尾變化】Ratnacandreṇa 是 Ratnacandra 的單數工具格變化。所以字典上要查 Ratnacandra。

14.2 【梵漢辭典,p1022】(陽性名詞)(經文)寶月(菩薩名)。

15. रत्नप्रभेण Ratnaprabheṇa 名詞　寶光(菩薩名)

15.1 【詞尾變化】Ratnaprabheṇa 是 Ratnaprabha 的單數工具格變化。所以字典上要查 Ratnaprabha。

15.2 【梵漢辭典,p1023】(陽性名詞)(經文)寶光(菩薩名)。

16. पूर्णचन्द्रेण Pūrṇacandreṇa 名詞　滿月(菩薩名)

16.1 【詞尾變化】Pūrṇacandreṇa 是 Pūrṇacandra 的單數工具格變化。所以字典上要查 Pūrṇacandra。

16.2 【梵漢辭典,p990】(陽性名詞)(經文)滿月(菩薩名)。

17. महाविक्रामिणा Mahāvikrāmiṇā 名詞　大力(菩薩名)

17.1 【詞尾變化】Mahāvikrāmiṇā 是 Mahāvikrāmin 的單數工具格變化。所以字典上要查 Mahāvikrāmin。

17.2 【梵漢辭典,p688】(陽性名詞)(經文)大力(菩薩名)。

18. अनन्तविक्रामिणा Anantavikrāmiṇā 名詞　無量游步(菩薩名)

18.1 【詞尾變化】Anantavikrāmiṇā 是 Anantavikrāmin 的單數工具格變化。然則 Anantavikrāmin 是由 Ananta-vikrāmin 所組成,所以字典上要查 Ananta-vikrāmin。

18.2 【梵漢辭典,p86, Ananta】(形容詞)無終,無限(經文)無亮,無數,普遍,無窮。

18.3 【梵漢辭典,p1430, vikrāmin】（陽性名詞）（經文）越，遊步，游步，力，勢，勇猛，鎮伏。

19. त्रैलोक्यविक्रामिणा Trailokyavikrāmiṇā 名詞　越三界（菩薩名）

19.1 【詞尾變化】Trailokyavikrāmiṇā 是 Trailokyavikrāmin 的單數工具格變化。所以字典上要查 Trailokyavikrāmin。

19.2 【梵漢辭典,p1294】（陽性名詞）（經文）越三界（菩薩名）。

20. महाप्रतिभानेन Mahāpratibhānena 名詞　大辯（菩薩名）

20.1 【詞尾變化】Mahāpratibhānena 是 Mahāpratibhāna 的單數工具格變化。所以字典上要查 Mahāpratibhāna。

20.2 【梵漢辭典,p683】（陽性名詞）（經文）大辯，大樂說（菩薩名）。

21. सततसमिताभियुक्तेन Satatasamitābhiyuktena 名詞　常應時（菩薩名）

21.1 【詞尾變化】Satatasamitābhiyuktena 是 Satatasamitābhiyukta 的單數工具格變化。所以字典上要查 Satatasamitābhiyukta。

21.2 【梵漢辭典,p1153】（陽性名詞）（經文）常精進，常恆精進，常應時（菩薩名）。

22. धरणीधरेण Dharaṇīdhareṇa 名詞　持陀羅尼（菩薩名）

22.1 【詞尾變化】Dharaṇīdhareṇa 是 Dharaṇīdhara 的單數工具格變化。但是 Dharaṇīdhara 是由 Dharaṇī-dhara 所組成，而 Dharaṇī 前面已有說明，爲「陀羅尼」，所以字典上要查 dhara。

22.2 【梵漢辭典,p368】（陽性名詞）承擔，支撐，記憶，通曉（經文）持，任持，受持，住持。

23. मञुश्रया Akṣayamatinā 名詞　無盡意（菩薩名）

23.1 【詞尾變化】Akṣayamatinā 是 Akṣayamati 的單數工具格變化。所以字典上要查 Akṣayamati。

23.2 【梵漢辭典,p64】（陽性名詞）（經文）無盡意（菩薩名）。

24. पद्मश्रिया Padmaśriyā 名詞　華德（菩薩名）

24.1 【詞尾變化】Padmaśriyā 是 Padmaśrī 的單數工具格變化。所以字典上要查 Padmaśrī。

24.2 【梵漢辭典,p826】（陽性名詞）（經文）華德（菩薩名）。

25. नक्षत्रराजेन Nakṣatrarājena 名詞　宿王（菩薩名）

25.1 【詞尾變化】Nakṣatrarājena 是 Nakṣatrarāja 的單數工具格變化。所以字典上要查 Nakṣatrarāja。

25.2 【梵漢辭典,p761】（陽性名詞）（經文）宿王（菩薩名）。

26. मैत्रेयेण Maitreyeṇa 名詞　彌勒（菩薩名）

26.1 【詞尾變化】Maitreyeṇa 是 Maitreya 的單數工具格變化。所以字典上要查 Maitreya。

26.2 【梵漢辭典,p692】（陽性名詞）（經文）彌勒（菩薩名）。

27. सिंहेन Siṁhena 名詞　師子（菩薩名）

27.1 【詞尾變化】Siṁhena 是 Siṁha 的單數工具格變化。所以字典上要查 Siṁha。

27.2 【梵漢辭典,p1174】（陽性名詞）（經文）師子（菩薩名）。

【筆者試譯】：例如 1.文殊師利法王子菩薩摩訶薩、2. 觀世音、3. 大勢至、4. 一切名號、5. 常精進、6. 不休息、7. 寶掌、8. 藥王、9. 藥上、10. 淨王、11. 勇施、12. 寶月、13. 寶光、14. 滿月、15. 大力、16. 無量游步、17. 越三界、18. 大辯、19. 常應時、20. 持陀羅尼、21. 無盡意、22. 華德、23. 宿王、24. 彌勒菩薩摩訶薩，與 25.師子菩薩摩訶薩。

【什公漢譯】：其名曰文殊師利菩薩。觀世音菩薩。得大勢菩薩。常精進菩薩。不休息菩薩。寶掌菩薩。藥王菩薩。勇施菩薩。寶月菩薩。月光菩薩。滿月菩薩。大力菩薩。無量力菩薩。越三界菩薩。跋陀婆羅菩薩。彌勒菩薩。寶積菩薩。導師菩薩。

【英 譯 本】：such as the Bodhisattva Mahâsattva Mañgusrî as prince royal; Bodhisattvas Mahâsattvas, Avalokitesvara, Mahâsthâmaprâpta, Sarvârthanâman, Nityodyukta, Anikshiptadhura , Ratnapâni, Bhaisagyarâga,（Bhaiṣajyasamudgata , Vyūharājena ）, Pradânasûra , Ratnakandra, Ratnaprabha, Pûrnakandra, Mahûvikrâmin, Anantavikrâmin, Trailokyavikrâmin, Mahûpratibhānena, Satatasamitâbhiyukta, Dharanîdhara, Akshayamati, Padmasrî, Nakshatrarâga, the Bodhisattva Mahâsattva Maitreya, the Bodhisattva Mahâsattva Simha,（筆者按：括號者爲原文有但譯者未翻。）

【信譯研究】：非信譯，什譯菩薩名部分比較少。

梵　　文	梵漢辭典對照	什公漢譯
Mañjuśriyā	文殊師利	文殊師利菩薩
Avalokiteśvareṇa*	觀世音	觀世音菩薩
Mahāsthāmaprāptena	大勢至	得大勢菩薩
Sarvārthanāmnā	一切名號	-
Nityodyuktena	常精進	常精進菩薩
Anikṣiptadhureṇa	不休息	不休息菩薩
Ratnapāṇinā	寶掌	寶掌菩薩
Bhaiṣajyarājena	藥王	藥王菩薩
Bhaiṣajyasamudgatena	藥上	-
Vyūharājena	莊嚴王	
Pradānaśūreṇa	勇施	勇施菩薩
Ratnacandreṇa	寶月	寶月菩薩
Ratnaprabheṇa	寶光	月光菩薩
Pūrṇacandreṇa	滿月	滿月菩薩
Mahāvikrāmiṇā	大力	大力菩薩
Anantavikrāmiṇā	無量游步	無量力菩薩
Trailokyavikrāmiṇā	越三界	越三界菩薩
Mahāpratibhānena	大辯	-
Satatasamitābhiyuktena	常應時	
Dharaṇīdhareṇa	持陀羅尼	
Akṣayamatinā	無盡意	
Padmaśriyā	華德	
Nakṣatrarājena	宿王	
Maitreyeṇa	彌勒	彌勒菩薩
Siṁhena	師子	-

另外以下是本段第五句部份列示如下：

梵　　文	梵漢辭典對照	什公漢譯
Bhadrapālena	賢護	跋陀婆羅菩薩
Ratnākareṇa	寶積	寶積菩薩
Susārthavāhena	導師	導師菩薩

Naradattena	那羅童子	-
Guhyaguptena	密護	
Varuṇadattena	水施	
Indradattena	帝施	
Uttaramatinā	上意	
Viśeṣamatinā	最上意	
Vardhamānamatinā	增意	
Amoghadarśinā	見益	
Susaṁprasthitena	端坐	
Suvikrāntavikrāmiṇā	勇伏	
Anupamamatinā	無比意	-
Sūryagarbheṇa	日藏	
Dharaṇīṁdhareṇa	持地	

1. 從上表看來，鳩摩羅什對於菩薩名號的翻譯，不採用先前翻譯羅漢弟子的音譯。可是有幾位菩薩的翻譯，如文殊師利菩薩，鳩摩羅什採音譯，彌勒菩薩也採用音譯。

2. 鳩摩羅什對於佛菩薩名號的翻譯，其中一個影響後世最大的，就是「觀世音」，案本版梵文「Avalokiteśvara」原來是由 Avalokita 和 īśvara 兩個字所組成。而 Avalokita，這個字是「所見，所觀察」，是過去被動分詞，而 īśvara 的部份，則是「God ; the Supreme Being」也就是指「自在天」的意思，所以嚴格說起來，應該是翻做「觀自在」或是「觀世自在」才對。但是不論是「觀世音」還是「觀自在」，自古以來都是被接受的。〔註 21〕

【第四句】

Bhadrapāla-pūrvaṁ-gamaiś ca ṣoḍaśabhiḥ sat-puruṣaiḥ sārdham|

【辭彙研究】

1. भद्रपाल Bhadrapāla 名詞　賢護（菩薩名）

1.1 【詞尾變化】沒有語尾變化。

〔註 21〕如唐朝的玄應在《一切經音義》裡面認爲：「舍『濕』婆羅（śvara）＝自在」是根據天竺本，「娑『颯』婆羅＝音」則根據龜兹本。因此，玄應認爲不論是「觀自在」、「觀世自在」還是「觀世音」或「觀音」都不算錯。轉引自林光明編著《梵藏心經自學》，台北市：嘉豐出版社，2004 年 4 月初版，頁 58。

1.2 【梵漢辭典,p249】（陽性名詞）（經文）賢護，賢守，善守，妙護（菩薩名）。

2. पूर्वं pūrvaṁ 形容詞　在先

2.1 【詞尾變化】pūrvaṁ 根據連音規則，是從 pūrvam 變化過來，而 pūrvam 則是 pūrva 的對格，所以字典要查 pūrva。

2.2 【摩威梵英,p643,】

2.1.1 mf（*ā*）n being before or in front fore , first RV.; eastern , to the east of（abl.）ib. ; former , prior , preceding , previous to , earlier than; ancient , old , customary , traditional RV.; first（in a series）, initial , lowest; `first age' , youth MBh. ; foregoing , aforesaid , mentioned before（abl.）MBh. ;

2.1.2 m. an ancestor , forefather（pl. the ancients , ancestors）RV. ; an elder brother ; N. of a prince BhP. ;

2.1.3（*ā*）f.（with or sc. diś）the east MBh. ; N. of a country to the east of Madhya-deśa ; of the Nakshatras Pūrva-phalgunt;

2.1.4 n. the fore part śak.; a partic. high number（applied to a period of years）Buddh. ; N. of the most ancient of Jaina writings; N. of a Tantra ; an ancient tradition W. ;

2.1.5（*am*）ind. before, formerly , hitherto , previously

2.1.6 ;（*eṇa*）ind. in front , before ; eastward , to the east of.; to the east of that MBh.

2.2 【梵漢辭典,p993】（形容詞）在前面，前方的，東方的，在～（從格）的東邊，居先的；（經文）前，在先。

3. गमैश् gamaiś 形容詞　行至

3.1 【詞尾變化】gamaiś 根據連音規則，是從 gamaiḥ 變化過來，而 gamaiḥ 則是 gama 的複數工具格，所以字典要查 gama。

3.2 【摩威梵英,p348】

3.2.1 mf（*ā*）n. going; riding;

3.2.2 m. going , course; march , decampment; intercourse with a woman; going away from;（in math.）removal（as of fractions）; a road; flightiness , superficiality; hasty perusal ; a game played with dice and men; a similar reading in two texts.

3.2.3 m. an ancestor , forefather（pl. the ancients , ancestors）RV. ; an elder brother ; N. of a prince BhP. ;

3.3 【梵漢辭典,p443】

3.3.1（形容詞）行至～，移動至～；（經文）行，導向。

3.3.2（陽性）行進；行軍。

4. षोडशभिः ṣoḍaśabhiḥ 形容詞／數詞　十六

4.1【詞尾變化】ṣoḍaśabhiḥ 是 ṣoḍaśa 的複數工具格，所以字典要查 ṣoḍaśa。

4.2 【摩威梵英,p1110】

4.2.1 1 mf（ī）n. the sixteenth ; consisting of 16 VS.; Pl. incorrectly for, 16 ;

4.2.2（ī）f. having the length of the 16th of a man（said of a brick）; N. of one of the ten; one of the 12 forms of Durgā called Mahā-vidyā.

4.3 【梵漢辭典,p1187】（形容詞）第十六的，由十六構成的；（經文）十六。

5. सत् sat 形容詞　善良的

5.1 【詞尾變化】沒有詞尾變化。

5.2 【摩威梵英,p1134】

5.2.1 mf（*satī*）n. being , existing , occurring , happening , being present RV.; abiding in（loc.）MBh. ; belonging to（gen.）; living ; lasting , enduring RV.; real , actual , as any one or anything ought to be , true , good , right, beautiful , wise , venerable , honest（often in comp. see below）RV;

5.2.2 m. a being ,（pl.）beings , creatures RV.; a good or wise man , a sage MBh. ; good or honest or wise or respectable people MBh.;

5.2.3（ī）f. below ;

5.2.4（*sat*）n. that which really is , entity or existence , essence , the true being or really existent RV.; that which is good or real or true , good , advantage , reality , truth ib. ; water;（in gram.）the terminations of the present participle;

5.2.5（*sat*）ind. well , right , fitly.

5.3 【梵漢辭典,p1151】（形容詞）存在的，現存的，在場的；（經文）有，實，眞，善，善人。

6. पुरुशैः puruṣaiḥ 名詞　大士

6.1 【詞尾變化】puruṣaiḥ 是 puruṣa 的複數工具格，所以字典要查 puruṣa。

6.2 【摩威梵英,p637】

6.2.1 m. a man , male , human being（pl. people , mankind）RV. &c. &c. ; a person , an officer , functionary , attendant , servant MBh.; a friend ; a follower of the Sāṁkhya Philosophy; a member or representative of a race or generation; the height or measure of a man（= 5 Aratnis = 120 Aṇgulas）; the pupil of the eye ; the primaeval man as the soul and original source of the universe RV.; the personal and animating principle in men and other beings , the soul or spirit AV.; the Supreme Being or Soul of the universe;（in Sāṁkbya）the Spirit as passive and a spectator of the Prakṛiti or creative force; the , `spirit' or fragrant exhalation of plants RV ;

6.2.2（with *sapta*）N. of the divine or active principles from the minute portions of which the universe was formed; N. of a Pāda in the Mahsnāmnī verses; of a son of Manu Cākshusha BhP. ; of one of the 18 attendants of the sun ;

6.2.3 pl. men , people（cf. above）; N. of the Brāhmans of Krauṇca-dvipa BhP. ;

6.2.4（with *pañca*）N. of 5 princely personages or miraculous persons born under partic. constellations , Var ; Rottleria Tinctoria ; Clerodendrum Phlomoides L. ;

6.2.5（*ī*）f. a woman , female RV.;

6.3 【梵漢辭典,p992】（陽性）（名詞）人，男人，（複數）人們；（經文）人，人者，男，男子，丈夫，大士。

【筆者試譯】：賢護菩薩與十六位善大士們一起爲前行（前導）。

【什公漢譯】：缺譯。

【英 譯 本】：With them were also the sixteen virtuous men to begin with Bhadrapâla,

【信譯研究】：非信譯。因爲沒有譯出。

【第五句】

tadyathā-Bhadrapālena ca Ratnākareṇa ca Susārthavāhena ca Naradattena ca Guhyaguptena ca Varuṇadattena ca Indradattena ca Uttaramatinā ca Viśeṣamatinā ca Vardhamānamatinā ca

Amoghadarśinā ca Susaṁprasthitena ca Suvikrāntavikrāmiṇā ca Anupamamatinā ca Sūryagarbheṇa ca Dharaṇīṁdhareṇa ca|

【辭彙研究】

1. भद्रपालेन Bhadrapālena 名詞　賢護（菩薩名）

 1.1 【詞尾變化】Bhadrapālena 是 Bhadrapāla 的單數工具格變化。所以字典上要查 Bhadrapāla。

 1.2 【梵漢辭典,p249】（陽性名詞）（經文）賢護，賢守，善守，妙護（菩薩名）。

2. रत्नाकरेण Ratnākareṇa 名詞　寶積（菩薩名）

 2.1 【詞尾變化】Ratnākareṇa 是 Ratnākara 的單數工具格變化。所以字典上要查 Ratnākara。

 2.2 【梵漢辭典,p1022】（陽性名詞）（經文）寶積（菩薩名）。

3. सुसार्थवाहेन Susārthavāhena 名詞　導師（菩薩名）

 3.1 【詞尾變化】Susārthavāhena 是 Susārthavāha 的單數工具格變化。所以字典上要查 Susārthavāha。

 3.2 【梵漢辭典,p1243】（陽性名詞）（經文）導師（菩薩名）。

4. नरदत्तेन Naradattena 名詞　那羅童子（菩薩名）

 4.1 【詞尾變化】Naradattena 是 Naradatta 的單數工具格變化。所以字典上要查 Naradatta。

 4.2 【梵漢辭典,p767】（陽性名詞）（經文）那羅童子（菩薩名）。

5. गुह्यगुप्तेन Guhyaguptena 名詞　密護（菩薩名）

 5.1 【詞尾變化】Guhyaguptena 是 Guhyagupta 的單數工具格變化。但是 Guhyagupta 是由 Guhya-gupta 兩個字所組成，所以字典上要查 Guhya-gupta。

 5.2 【梵漢辭典,p474,Guhya】（未來被動分詞）（形容詞）（經文）秘密，隱密。

 5.3 【梵漢辭典,p477, gupta】（過去被動分詞）（經文）守、護、守護。

 5.4 兩個字合組成爲菩薩名「密護」。

6. वरुणदत्तेन Varuṇadattena 名詞　水施（菩薩名）

6.1 【詞尾變化】Varuṇadattena 是 Varuṇadatta 的單數工具格變化。但是 Varuṇadatta 是由 Varuṇa-datta 兩個字所組成，所以字典上要查 Varuṇa-datta。

6.2 【梵漢辭典,p1395, Varuṇa】（陽性名詞）（經文）水神，水王，和輪。

6.3 【梵漢辭典,p355, datta】（過去被動分詞）（經文）佈施，奉獻。

6.4 兩個字合組成爲菩薩名「水施」。

7. इन्द्रदत्तेन Indradattena 名詞　帝施（菩薩名）

7.1 【詞尾變化】Indradattena 是 Indradatta 的單數工具格變化。但是 Indradatta 是由 Indra-datta 兩個字所組成，所以字典上要查 Indra-datta。不過，已知 datta 的詞意，這裡只需查 Indra。

7.2 【梵漢辭典,p505】（陽性名詞）（經文）王，主，帝，天主，帝王，帝主。

7.3 兩個字合組成爲菩薩名「帝施」。

8. उत्तरमतिण Uttaramatinā 名詞　上意（菩薩名）

8.1 【詞尾變化】Uttaramatinā 是 Uttaramati 的單數工具格變化。所以字典上要查 Uttaramati。

8.2 【梵漢辭典,p1361】（陽性名詞）（經文）上意（菩薩名）。

9. वशेषमतिना Viśeṣamatinā 名詞　最上意（菩薩名）

9.1 【詞尾變化】Viśeṣamatinā 是 Viśeṣamati 的單數工具格變化。所以字典上要查 Viśeṣamati。

9.2 【梵漢辭典,p1458】（陽性名詞）（經文）最上意（菩薩名）。

10. वर्धमानमतिना Vardhamānamatinā 名詞　增意（菩薩名）

10.1 【詞尾變化】Vardhamānamatinā 是 Vardhamānamati 的單數工具格變化。所以字典上要查 Vardhamānamati。

10.2 【梵漢辭典,p1390】（陽性名詞）（經文）增意（菩薩名）。

11. अमोघदर्शिना Amoghadarśinā 名詞　見益（菩薩名）

11.1 【詞尾變化】Amoghadarśinā 是 Amoghadarśin 的單數工具格變化。所以字典上要查 Amoghadarśin。

11.2 【梵漢辭典,p78】（陽性名詞）（經文）見義，見益（菩薩名）。

12. सुसंप्रस्थितेन Susaṁprasthitena 名詞　端坐（菩薩名）

12.1 【詞尾變化】Susaṁprasthitena 是 Susaṁprasthita 的單數工具格變化。

所以字典上要查 Susaṁprasthita。

12.2 【梵漢辭典,p1242】（形容詞）（經文）端然而坐，端然實坐的。

12.3 所以菩薩名爲「端坐」。

13. सुविक्रान्तविक्रामिणा Suvikrāntavikrāmiṇā 名詞　勇伏（菩薩名）

13.1 【詞尾變化】Suvikrāntavikrāmiṇā 是 Suvikrāntavikrāmin 的單數工具格變化。所以字典上要查 Suvikrāntavikrāmin。

13.2 【梵漢辭典,p1248】（形容詞）（經文）勇猛善降伏的。

14. अनुपममतिना Anupamamatinā 名詞　無比意（菩薩名）

14.1 【詞尾變化】Anupamamatinā 是 Anupamamatin 的單數工具格變化。但 Anupamamatin 是由 Anupama-matin 所組成，所以字典上要查 Anupama-matin。

14.2 【梵漢辭典,p114, Anupama】（形容詞）（經文）無比。

14.3 【梵漢辭典,p720, mati】（陰性名詞）（經文）意，慧，見解。

15. सूर्यगर्भेण Sūryagarbheṇa 名詞　日藏（菩薩名）

15.1 【詞尾變化】Sūryagarbheṇa 是 Sūryagarbha 的單數工具格變化。所以字典上要查 Sūryagarbha。

15.2 【梵漢辭典,p1241】（陽性名詞）（經文）日藏。

16. पुरुशै: Dharaṇīṁdhareṇa 名詞　持地（菩薩名）

16.1 【詞尾變化】Dharaṇīṁdhareṇa 是 Dharaṇīṁdhara 的單數工具格變化。所以字典上要查 Dharaṇīṁdhara。

16.2 【梵漢辭典,p369】（陽性名詞）（經文）持地（菩薩名）。

【筆者試譯】：有 1. 賢護、2. 寶積、3. 導師、4. 那羅童子、5. 密護、6. 水施、7. 帝施、8. 上意、9. 最上意、10. 增意、11. 見益、12. 端坐、13. 勇伏、14. 無比意、15. 日藏、16. 持地（等十六位菩薩）。

【什公漢譯】：缺譯。

【英譯本】：to wit, Bhadrapâla, Ratnâkara, Susârthavâha, Naradatta, Guhyagupta, Varunadatta ,Indradatta, Uttaramati, Viseshamati, Vardhamānamati, Amoghadarsin, Susamsthita, Suvikrântavikrâmin, Anupamamati, Sâryagarbha, and Dharanîṁdhara;

【信譯研究】：非信譯。因爲沒有譯出。

【小結】

這段梵本裡面有五句，鳩摩羅什僅有兩句屬於信譯，三句非信譯。其中，對於菩薩的形容部份，與上一段形容聲聞弟子部份相較，鳩摩羅什明顯與原文一致。另外非信譯的部份，鳩摩羅什有兩句沒有譯出，而對於菩薩名號的部份則有省略。

【第三段】

एवंप्रमुखैरशीत्या च बोधिसत्त्वसहस्रैः सार्धम्। शक्रेण च देवानामिन्द्रेण सार्धं विंशतिदेवपुत्रसहस्रपरिवारेण। तद्यथा-चन्द्रेण च देवपुत्रेण सूर्येण च देवपुत्रेण समन्तगन्धेन च देवपुत्रेण रत्नप्रभेण च देवपुत्रेण अवभासप्रभेण च देवपुत्रेण। एवंप्रमुखैर्विंशत्या च देवपुत्रसहस्रैः। चतुर्भिश्च महाराजैः सार्धं त्रिंशद्देवपुत्रसहस्रपरिवारैः। तद्यथा-विरूढकेन च महाराजेन, विरूपाक्षेण च महाराजेन, धृतराष्ट्रेण च महाराजेन, वैश्रवणेन च महाराजेन। ईश्वरेण च देवपुत्रेण च महेश्वरेण च देवपुत्रेण त्रिंशद्देवपुत्रसहस्रपरिवाराभ्याम्। ब्रह्मणा च सहांपतिना सार्धं द्वादशब्रह्मकायिकदेवपुत्रसहस्रपरिवारेण। तद्यथा-शिखिना च ब्रह्मणा ज्योतिष्प्रभेण च ब्रह्मणा। एवंप्रमुखैर्द्वादशभिश्च ब्रह्मकायिकदेवपुत्रसहस्रैः। अष्टाभिश्च नागराजैः सार्धं बहुनागकोटीशतसहस्रपरिवारैः। तद्यथा-नन्देन च नागराजेन, उपनन्देन च नागराजेन, सागरेण च वासुकिना च तक्षकेण च मनस्विना च अनवतप्तेन च उत्पलकेन च नागराजेन। चतुर्भिश्च किन्नरराजैः सार्धं बहुकिन्नरकोटीशतसहस्रपरिवारैः। तद्यथा-द्रुमेण च किन्नरराजेन, महाधर्मेण च किन्नरराजेन, सुधर्मेण च किन्नरराजेन, धर्मधरेण च किन्नरराजेन। चतुर्भिश्च गन्धर्वकायिकदेवपुत्रैः सार्धं बहुगन्धर्वशतसहस्रपरिवारैः। तद्यथा-मनोज्ञेन च गन्धर्वेण मनोज्ञस्वरेण च मधुरेण च मधुरस्वरेण च गन्धर्वेण। चतुर्भिश्चासुरेन्द्रैः सार्धं बह्वसुरकोटीशतसहस्रपरिवारैः। तद्यथा-बलिना च असुरेन्द्रेण,

खरस्कन्धेन च असुरेन्द्रेण, वेमचित्रिणा च असुरेन्द्रेण, राहुणा च असुरेन्द्रेण। चतुर्भिश्च गरुडेन्द्रैः सार्धं बहुगरुडकोटीशतसहस्रपरिवारैः। तद्यथा-महातेजसा च गरुडेन्द्रेण, महाकायेन च महापूर्णेन च महर्द्धिप्राप्तेन च गरुडेन्द्रेण। राज्ञा च अजातशत्रुणा मागधेन वैदेहीपुत्रेण सार्धम्॥

【羅馬譯音】

evaṁpramukhairaśītyā ca bodhisattvasahasraiḥ sārdham| śakreṇa ca devānāmindreṇa sārdhaṁ viṁśatidevaputrasahasraparivāreṇa | tadyathā-candreṇa ca devaputreṇa sūryeṇa ca devaputreṇa samantagandhena ca devaputreṇa ratnaprabheṇa ca devaputreṇa avabhāsaprabheṇa ca devaputreṇa| evaṁpramukhairviśatyā ca devaputrasahasraiḥ| caturbhiśca mahārājaiḥ sārdhaṁ triṁśaddevaputrasahasraparivāraiḥ| tadyathā-virūḍhakena ca mahārājena, virūpākṣeṇa ca mahārājena, dhṛtarāṣṭreṇa ca mahārājena, vaiśravaṇena ca mahārājena| īśvareṇa ca devaputreṇa ca maheśvareṇa ca devaputreṇa triṁśaddevaputrasahasraparivārābhyām| brahmaṇā ca sahāṁpatinā sārdhaṁ dvādaśabrahmakāyikadevaputrasahasraparivāreṇa| tadyathā-śikhinā ca brahmaṇā jyotiṣprabheṇa ca brahmaṇā| evaṁpramukhairdvādaśabhiśca brahmakāyikadevaputrasahasraiḥ| aṣṭābhiśca nāgarājaiḥ sārdhaṁ bahunāgakoṭīśatasahasraparivāraiḥ| tadyathā-nandena ca nāgarājena, upanandena ca nāgarājena, sāgareṇa ca vāsukinā ca takṣakeṇa ca manasvinā ca anavataptena ca utpalakena ca nāgarājena| caturbhiśca kinnararājaiḥ sārdhaṁ bahukinnarakoṭīśatasahasraparivāraiḥ| tadyathā-drumeṇa ca kinnararājena, mahādharmeṇa ca kinnararājena, sudharmeṇa ca kinnararājena, dharmadhareṇa ca kinnararājena| caturbhiśca gandharvakāyikadevaputraiḥ sārdhaṁ bahugandharvaśatasahasraparivāraiḥ| tadyathā-manojñena ca gandharveṇa manojñasvareṇa ca madhureṇa ca madhurasvareṇa ca gandharveṇa| caturbhiścāsurendraiḥ sārdhaṁ bahvasurakoṭīśatasahasraparivāraiḥ| tadyathā-balinā ca asurendreṇa, kharaskandhena ca asurendreṇa, vemacitriṇā ca asurendreṇa, rāhuṇā ca asurendreṇa| caturbhiśca garuḍendraiḥ sārdhaṁ bahugaruḍakoṭīśatasahasraparivāraiḥ| tadyathā-mahātejasā ca garuḍendreṇa, mahākāyena ca mahāpūrṇena ca maharddhiprāptena ca garuḍendreṇa| rājñā ca ajātaśatruṇā māgadhena vaidehīputreṇa sārdham||

【第一句】

evaṁ pramukhair aśītyā ca bodhisattva-sahasraiḥ sārdham|

【筆者試譯】：像這樣以八萬菩薩眾一起爲上首。

【什公漢譯】：如是等菩薩摩訶薩八萬人俱。

【英　譯　本】：besides eighty thousand Bodhisattvas, among whom the fore-mentioned were the chiefs;

【信譯研究】：非信譯。原文裡面提到了「pramukhair」，也就是爲「爲上首」，鳩摩羅什並未譯出。

【第二句】

Śakreṇa ca devānām indreṇa sārdhaṁ viṁśati-devaputra-sahasra-parivāreṇa |

【辭彙研究】

1. शक्रेण Śakreṇa　陽性名詞　帝釋

1.1 【詞尾變化】Śakreṇa 是 Śakra 的單數工具格，所以字典要查 Śakra。

1.2 【摩威梵英,p1045】

1.2.1 mf（$\bar{a}$）n. strong , powerful , mighty（applied to various gods , but esp. to Indra）RV. AV.;

1.2.2 m. N. of Indra MBh.; of an Āditya MBh. ; of the number , fourteen ;

1.3 【梵漢辭典,p1061】（形容詞）有力的，強壯的（Indra 神號）；（陽性名詞）因陀羅神；（經文）帝釋；天主。

2. देवानाम् devānām　陽性名詞　天神

2.1 【詞尾變化】devānām 是 deva 的複數屬格，所以字典要查 deva。

2.2 【摩威梵英,p492】

2.2.1 mf（i）n. heavenly , divine（also said of terrestrial things of high excellence）RV. AV.

2.2.2 m. a deity , god RV. ;（rarely applied to）evil demons AV.; N. of the number 33（see above）; N. of Indra as the god of the sky and giver of rain MBh. ; a cloud ;（with Jainas）the 22nd Arhat of the future Ut-sarpiṇī ; the image of a god , an idol Vishṇ. ; a god on earth or among men , either Brāhman , priest RV. AV. , or king , prince; a husband's brother; a fool ; a child ; a man following any partic. line or business; a spearman , lancer; emulation , wish to excel or overcome ; sport , play ; a sword Gal. ; N. of men ; of a disciple of Nāgārjuna ; dimin. for;（n. L.）an organ of sense;

2.3 【梵漢辭典,p358】（形容詞）神聖的，天的；（陽性名詞）天上之人，神性，神，神聖者〔有時指爲害者〕；祭官（人中之神），婆羅門，王，王侯；（經文）天；天神，天人。

3. इन्द्रेण indreṇa　陽性名詞　帝釋天

3.1 【詞尾變化】indreṇa 是 indra 的單數工具格，所以字典要查 indra。

3.2 【摩威梵英,p166】

3.2.1 m. the god of the atmosphere and sky ; the Indian Jupiter Pluvius or lord of rain（who in Vedic mythology reigns over the deities of the intermediate region or atmosphere ; he fights against and conquers with his thunder-bolt〔*vajra*〕 the demons of darkness , and is in general a symbol of generous heroism ; *indra* was not originally lord of the gods of the sky , but his deeds were most useful to mankind , and he was therefore addressed in prayers and hymns more than any other deity , and ultimately superseded the more lofty and spiritual Varuṇa ; in the later mythology *indra* is subordinated to the triad Brahman , Vishṇu , and Śiva , but remained the chief of all other deities in the popular mind）RV. MBh. ;（he is also regent of the east quarter , and considered one of the twelve Ādityas）; in the Vedānta he is identified with the supreme being ; a prince ; best , excellent , the first , the chief（of any class of objects）; the pupil of the right eye（that of the left being called Indrāṇī or Indra's wife）; the number fourteen ; N. of a grammarian ; of a physician ; the plant Wrightia Antidysenterica ; a vegetable poison ; the twenty-sixth Yoga or division of a circle on the plane of the ecliptic ; the Yoga star in the twenty-sixth Nakshatra , Pegasi ; the human soul , the portion of spirit residing in the body ; night ; one of the nine divisions of Jambu-dvīpa or the known continent;

3.2.2（*ā*）f. the wife of Indra; N. of a plant L. ;

3.2.3（*ī*）f. N. of an attendant of Devī.

3.3 【梵漢辭典,p505】（陽性名詞）因陀羅神〔Veda 主要神之一，帝釋天〕；最高位，主，～之王（經文）王；主，帝，，帝釋，天主。

4. विंशति viṁśati　陰性形容詞　數詞　二十

4.1 【詞尾變化】Śakreṇa 是 Śakra 的單數工具格，所以字典要查 Śakra。

4.2 【摩威梵英,p953】

4.2.1 f.（prob. for *dvi-daśati* , ` two decades'）twenty , a score（with a noun either in genitive or in apposition）RV. ; a partic. form of military array;

4.2.2 m. N. of a son of īkshvāku.

4.3 【梵漢辭典,p1436】（陰性）（數詞）兩個十〔(d）viṁ-（da）śa-ti〕。

5. देवपुत्र devaputra　陽性名詞　天子

5.1 【詞尾變化】沒有詞尾變化。

5.2 【摩威梵英,p495】

5.2.1 m. the son of a god; N. of Śiva Kāraṇḍ. ;

5.2.2（*-vā-*）mfn. having gods as children（said of heaven and earth）RV. ;

5.2.3 *-māra* m. N. of one of the four Māras Buddh.

5.3 【梵漢辭典,p360】（陽性名詞）神之子（經文）天子。

6. परिवारेण parivāreṇa 形容詞　圍繞的

6.1【詞尾變化】parivāreṇa 是 parivāra 的單數工具格，所以字典要查 parivāra。

6.2 【摩威梵英,p600】

6.2.1 m. a cover , covering MBh.; surroundings , train , suite , dependants , followers（ifc. 〔f. *ā* surrounded by）MBh.; a sheath , scabbard; a hedge round a village;

6.2.2 *-tā* f. subjection , dependance;

6.2.3 *-pāṭha* m. N. of a Buddh. work MWB.;

6.2.4 *-vat* mfn. having a great retinue MBh. ;

6.2.5 *-śobhin* mfn. beautified by a rñretinue ; *-rī-kṛ* , to use as a rñretinue , surround one's self with（acc.）

6.3. 【梵漢辭典,p866】（陽性名詞）車蓋；侍者，隨行者，隨從；（經文）眷屬，伴，隨行，助伴，圍繞。（形容詞）圍繞；（經文）眷屬圍繞。

【筆者試譯】：帝釋天神之主與隨行的兩萬天之子。

【什公漢譯】：爾時釋提桓因，與其眷屬二萬天子俱。

【英 譯 本】：further Sakra, the ruler of the celestials, with twenty thousand gods, his followers,

【信譯研究】：信譯。但這裡有一個單字值得注意，devaputra，意思是「天神之子」，但卻都翻譯成「天子」，致使誤會成「天王」。其實並非天王，只是都是一般天人。中國自古以來，天子只有一個意思，就是「帝王」之意。姚秦的君主，姚興十分尊重鳩摩羅什，沒有在這個詞彙的翻譯上修正，所以留到現在。

【第三句】

tadyathā-Candreṇa ca devaputreṇa Sūryeṇa ca devaputreṇa Samantagandhena ca devaputreṇa Ratnaprabheṇa ca devaputreṇa Avabhāsaprabheṇa ca devaputreṇa|

【辭彙研究】

1. चन्द्रेण Candreṇa 陽性名詞　月（天神名）

1.1 【詞尾變化】Candreṇa 是 Candra 的單數工具格變化。所以字典上要查 Candra。

1.2 【梵漢辭典,p310】（形容詞）發光，光亮；生動可愛的；（陽性名詞）月（太陰），月神；（經文）月（天神名），明月，月天。

2. सूर्यण Sūryeṇa 陽性名詞　日（天神名）

2.1 【詞尾變化】Sūryeṇa 是 Sūrya 的單數工具格變化。所以字典上要查 Sūrya。

2.2 【梵漢辭典,p1241】（陽性名詞）太陽神（經文）日（天神名）。

3. समन्तगन्धेन Samantagandhena 陽性名詞　普香（天神名）

3.1 【詞尾變化】Samantagandhena 是 Samantagandha 的單數工具格變化。

所以字典上要查 Samantagandha。

3.2 【梵漢辭典,p1076】（陽性名詞）（經文）普香（天神名）。

4. रत्नप्रभेण Ratnaprabheṇa 陽性名詞　寶光（天神名）

4.1 【詞尾變化】Ratnaprabheṇa 是 Ratnaprabha 的單數工具格變化。所以字典上要查 Ratnaprabha。

4.2 【梵漢辭典,p1023】（陽性名詞）（經文）寶光（天神名）。

5. अवभासप्रभेण Avabhāsaprabheṇa 陽性名詞　光耀（天神名）

5.1 【詞尾變化】Avabhāsaprabheṇa 是 Avabhāsaprabha 的單數工具格變化。所以字典上要查 Avabhāsaprabha。

5.2 【梵漢辭典,p205】（形容詞）（經文）照，光明，光明普照；（陽性名詞）（經文）光耀（天神名）。

【筆者試譯】：其中有月天子、日天子、普香天子、寶光天子與光耀天子。

【什公漢譯】：復有名月天子，普香天子，寶光天子。

【英 譯 本】：such as the god Kandra（the Moon）, the god Sûrya（the Sun）, the god Samantagandha（the Wind）, the god Ratnaprabha, the god Avabhâsaprabha, and others;

【信譯研究】：非信譯，缺譯兩位天子。

【第四句】

evaṁ pramukhair viśatyā ca devaputra-sahasraiḥ|

【筆者試譯】：如此以兩萬天子爲首。

【什公漢譯】：缺譯。

【英 譯 本】：缺譯。

【信譯研究】：非信譯。屬於兩萬天子的部份，在上一句已經提過，所以鳩摩羅什刪煩，連同英譯者也是略去不譯。

【第五句】

caturbhiś ca mahārājaiḥ sārdhaṁ triṁśad- devaputra-sahasra-parivāraiḥ|

【辭彙研究】

1. चतुर्भिश् caturbhiś 形容詞，數詞 四

1.1【詞尾變化】caturbhiś 根據連音規則是從 caturbhiḥ 變化過來，而 caturbhiḥ 則是從 catur 的複數工具格，所以字典要查 catur。

1.2 【摩威梵英,p384】

1.2.1 *-tvāras* m. pl. , *-tvāri* n. pl. , 4;

1.3 【梵漢辭典,p317】(數詞)(陽性)(中性)四;(經文)四。

2. महाराजैः mahārājaiḥ 陽性名詞 大王

2.1 【詞尾變化】mahārājaiḥ 是 mahārāja 的複數工具格，而 mahārāja 是由 mahā-rāja 所組成，mahā 已知為「大」，所以字典要查 rāja。

2.2 【摩威梵英,p872】m. = rājan , a king , sovereign , chief or best of its kind MBh.

2.3 【梵漢辭典,p1007】(陽性名詞)統治者，國王。

3. त्रिंशद् triṁśad 數詞，陰性形容詞 三十。

3.1 【詞尾變化】triṁśad 根據連音規則是從 triṁśat 變過來，所以字典要查 triṁśat。

3.2 【摩威梵英,p461】f. 30 RV.

3.3 【梵漢辭典,p1298】(陰性形容詞)〔tri-(da)ṁśat〕三十。

【筆者試譯】：四大(天)王與隨行的三萬天子一起。

【什公漢譯】：四大天王。與其眷屬萬天子俱。

【英 譯 本】：further, the four great rulers of the cardinal points with thirty thousand gods in their train,

【信譯研究】：信譯。

【第六句】

tadyathā-Virūḍhakena ca mahā-rājena, Virūpākṣeṇa ca mahā-rājena, Dhṛtarāṣṭreṇa ca mahā-rājena, Vaiśravaṇena ca mahā-rājena|

【辭彙研究】

1. विरूढकेन Virūḍhakena 陽性名詞　增長（天王名）

1.1 【詞尾變化】Virūḍhakena 是 Virūḍhaka 的單數工具格變化。所以字典上要查 Virūḍhaka。

1.2 【梵漢辭典,p1451】（陽性名詞）（經文）增長（天王名）。

2. विरूपाक्षेण Virūpākṣeṇa 陽性名詞　廣目（天王名）

2.1 【詞尾變化】Virūpākṣeṇa 是 Virūpākṣa 的單數工具格變化。所以字典上要查 Virūpākṣa。

2.2 【梵漢辭典,p1451】（陽性名詞）（經文）廣目（天神名）。

3. धृतराष्ट्रेण Dhṛtarāṣṭreṇa 陽性名詞　護國（天王名）

3.1 【詞尾變化】Dhṛtarāṣṭreṇa 是 Dhṛtarāṣṭra 的單數工具格變化。所以字典上要查 Dhṛtarāṣṭra。

3.2 【梵漢辭典,p382】（陽性名詞）（經文）持國；護國；提賴吒（天神名）。

4. वैश्रवणेन Vaiśravaṇena 陽性名詞　多聞（天王名）

4.1 【詞尾變化】Vaiśravaṇena 是 Vaiśravaṇa 的單數工具格變化。所以字典上要查 Vaiśravaṇa。

4.2 【梵漢辭典,p1376】（陽性名詞）（經文）毗沙門；多聞（天神名）。

【筆者試譯】：他們是增長天王、廣目天王、護國天王與多聞天王。

【什公漢譯】：缺譯。

【英 譯 本】：viz. the great ruler Virûdhaka, the great ruler Virûpâksha, the great ruler Dhritarâshtra, and the great ruler Vaisravana;

【信譯研究】：非信譯。因爲沒有譯出。

【第七句】

Īśvareṇa ca devaputreṇa ca Maheśvareṇa ca devaputreṇa triṁśad-devaputra-sahasra-parivārābhyām|

【辭彙研究】

1. ईश्वरेण Īśvareṇa 陽性名詞　自在天（天神名）

1.1 【詞尾變化】Īśvareṇa 是 Īśvara 的單數工具格變化。所以字典上要查 Īśvara。

1.2 【梵漢辭典,p511】(陽性名詞)Brahman 神;Śiva 神(經文)自在天(天神名)。

2. महेश्वरेण Maheśvareṇa 陽性名詞　大自在天(天神名)

2.1 【詞尾變化】Maheśvareṇa 是 Maheśvara 的單數工具格變化。所以字典上要查 Maheśvara。

2.2 【梵漢辭典,p689】(陽性名詞)(經文)大自在天;摩醯首羅(天神名)。

【筆者試譯】:自在天子與大自在天子各與三萬天子隨行。

【什公漢譯】:自在天子,大自在天子,與其眷屬三萬天子俱。

【英　譯　本】:Îsvara and the god Mahesvara, each followed by thirty thousand gods;

【信譯研究】:信譯。

【第八句】

Brahmaṇā ca sahāṁ-patinā sārdhaṁ dvādaśa-brahmakāyika-devaputra-sahasra-parivāreṇa|

【辭彙研究】

1. ब्रह्मणा Brahmaṇā 陽性名詞　梵天(天神名)

1.1 【詞尾變化】沒有詞尾變化。

1.2 【梵漢辭典,p293】(陽性名詞)(經文)梵天(天神名)。

2. सहां sahāṁ 陰性形容詞　能忍;娑婆

2.1 【詞尾變化】sahāṁ 是根據連音規則從 sahām 變過來,而 sahām 是 sahā 的單數對格,所以字典要查 sahā。

2.2 【摩威梵英,p1193】

2.2.1 mf(*ā*)n. powerful , mighty RV. ; overcoming , vanquishing MBh. ; bearing , enduring , withstanding , defying , equal to , a match for MBh.; causing , effecting , stimulating , exerting ; able to , capable;

2.2.2 m. the month Mārgaśīrsha; a partic; a species of plant AV. ; N. of a son of

Manu Hariv. ; of a son of Prāṇa and Ūsjasvati1 BhP. ; of a son of Dhṛitarāshīra MBh. ; of a son of Kṛishṇa and Mādrī BhP. ;

2.2.3（*ā*）f. the earth ;（with Buddhists）N. of a division of the world ; N. of various plants; Unguis Odoratus ;

2.2.4 n. = *bala* ; kind of salt.

2.3 【梵漢辭典,p1052】（陰性形容詞）（經文）堪忍，能忍，娑婆。

3. पतिना patinā　陽性名詞　主人；統治者

3.1 【詞尾變化】patinā 是 pati 的單數工具格，所以字典要查 pati。

3.2 【摩威梵英,p582】m. a master , owner , possessor , lord , ruler , sovereign RV; a husband;

3.3 【梵漢辭典,p880】（陽性名詞）主人，統治者。（經文）主，司。

4. ब्रह्मकायिक brahmakāyika 陽性名詞　梵眾天（天名）

4.1 【詞尾變化】沒有詞尾變化。

4.2 【梵漢辭典,p292】（陽性名詞）（經文）梵眾天；淨身天。

【筆者試譯】：娑婆世界教主，梵天和一萬兩千梵天天子眾一起隨行。

【什公漢譯】：娑婆世界主梵天王，尸棄大梵光明大梵等。與其眷屬萬二千天子俱。

【英 譯 本】：further, Brahma Sahâmpati and his twelve thousand followers,

【信譯研究】：信譯。不過鳩摩羅什將第九句梵文併入本句內一起翻譯。

【第九句】

tadyathā-Śikhinā ca brahmaṇā Jyotiṣprabheṇa ca brahmaṇā|

【辭彙研究】

1. शिखिना Śikhinā 陽性名詞　尸棄；持髻（天神名）

1.1 【詞尾變化】Śikhinā 是 Śikhin 的單數工具格，所以字典要查 Śikhin。

1.2 【梵漢辭典,p1170】（陽性名詞）（經文）孔雀，持髻，火頂，火，尸棄（天神名）。

2. ज्योतिष्प्रभेण Jyotiṣprabheṇa 陽性名詞　照耀光（天神名）

2.1 【詞尾變化】Jyotiṣprabheṇa 是 Jyotiṣprabha 的單數工具格，所以字典要查 Jyotiṣprabha。

2.2 【梵漢辭典,p293】（陽性名詞）（經文）照耀光（天神名）。

【筆者試譯】：他們有尸棄梵天王與照耀光梵天王。

【什公漢譯】：缺譯。

【英 譯 本】：the Brahmakâyika gods, amongst whom Brahma Sikhin and Brahma Gyotishprabha,

【信譯研究】：信譯。因已併入第八句譯文。

【第十句】

evaṁ pramukhair dvādaśabhiś ca brahmakāyika-devaputra-sahasraiḥ|

【筆者試譯】：如是與一萬兩千梵天的天子們爲上首。

【什公漢譯】：缺譯。

【英 譯 本】：with the other twelve thousand Brahmakâyika gods;

【信譯研究】：非信譯。本句缺譯，疑似將第八、九、十等三句梵文簡化成一句漢文來翻譯，但缺少本句成分。

【第十一句】

aṣṭābhiś ca nāga-rājaiḥ sārdhaṁ
bahu-nāga-koṭī-śata-sahasra-parivāraiḥ|

【辭彙研究】

1. नाग nāga 名詞 陽性名詞，龍／蛇

1.1 【詞尾變化】沒有詞尾變化。

1.2 【摩威梵英,p532】

1.2.1 m. a snake，（esp.）Coluber Naga MBh.；（f. ī Suparṇ.）a Nāga or serpent-demon（the race of Kadru or Su-rasā inhabiting the waters or the city Bhoga-vatī under the earth ; they are supposed to have a human face with serpent-like lower extremities ; their kings are Śesha , Vāsuki , and Takshaka; 7 or 8 of the Nāgas are particularly mentioned MBh. ; with Buddhists they are also represented as ordinary men MWB. 220）; N. of the numbers 7（Su1ryas.）or 8; a cruel man ; one of the 5 airs of the human body（which is expelled by eructation）Vedāntas. ; an elephant BhP; the best or most excellent of any kind; shark ; cloud ; N. of sev. plants（Mesua Roxburghii , Rottlera Tinctoria）; N. of a serpent-demon VP. ; of a Sādhya ; of a teacher Buddh. ; of a dynasty of 9 or 10 princes; of sev. authors; of sev. other men Rājat. ; of a mountain Pur. ; of a district; = *-danta*（below）;

1.2.2（*ā* and *ī*）f. N. of sev. women Rājat. ;

1.2.3（*ī*）f. N. of a metre Col.（cf. above）;

1.2.4 n.(m.)tin , lead; a kind of talc ; a kind of coitus; N. of the 3rd invariable ; of the effects of that period on anything happening during it; of a district of Bhārata-varsha ;

1.2.5 mf（*ā* , or *ī*）n. formed of snakes , relating to serpents or serpents-demons , snaky , serpentine , serpent-like MBh.; belonging to an elephant , elephantine.

1.3 【梵漢辭典,p756】（陽性名詞）蛇；龍（族）（人面蛇身）；大象。（經文）龍，象。

【筆者試譯】：有八位龍王與百千億眾多龍隨行。

【什公漢譯】：有八龍王。

【英 譯 本】：together with the eight Nâga kings and many hundred thousand myriads of kotis of Nâga in their train,

【信譯研究】：信譯。鳩摩羅什將此句尚未譯出的部份放在第十二句裡。這是以中文文法考量爲主。還有一個重要詞彙值得研究，那就是梵文的「nāga」被翻譯成「龍」。這個單字在【摩威梵英】當中卻未有龍的解釋，而是「蛇」。尤其是大王眼鏡蛇，那種蛇類。

【第十二句】

tadyathā-Nandena ca nāga-rājena, Upanandena ca nāga-rājena, Sāgareṇa ca Vāsukinā ca Takṣakeṇa ca Manasvinā ca Anavataptena ca Utpalakena ca nāga-rājena|

【辭彙研究】

1. नन्देन Nandena 陽性名詞　難陀（龍王名）

1.1 【詞尾變化】Nandena 是 Nanda 的單數工具格，所以字典要查 Nanda。

1.2 【梵漢辭典,p766】（陽性名詞）（經文）難陀；喜（龍王名）。

2. उपनन्देन Upanandena　陽性名詞　跋難陀（龍王名）

2.1 【詞尾變化】Upanandena 是 Upananda 的單數工具格，所以字典要查 Upananda。

2.2 【梵漢辭典,p1339】（陽性名詞）（經文）跋難陀（龍王名）。

3. सागरेण Sāgareṇa 陽性名詞　娑竭羅（龍王名）

3.1 【詞尾變化】Sāgareṇa 是 Sāgara 的單數工具格，所以字典要查 Sāgara。

3.2 【梵漢辭典,p1051】（陽性名詞）（經文）娑竭羅（龍王名）。

4. वासुकिना Vāsukinā 陽性名詞　如脩吉（龍王名）

4.1 【詞尾變化】Vāsukinā 是 Vāsuki 的單數工具格，所以字典要查 Vāsuki。

4.2 【梵漢辭典,p1401】（陽性名詞）（經文）如脩吉（龍王名）。

5. तक्षेण Takṣakeṇa 陽性名詞　德叉（龍王名）

5.1 【詞尾變化】Takṣakeṇa 是 Takṣaka 的單數工具格，所以字典要查 Takṣaka。

5.2 【梵漢辭典,p1269】（陽性名詞）（經文）德叉；德叉迦（龍王名）。

6. मनस्विना Manasvinā　陽性名詞　摩那斯（龍王名）

6.1 【詞尾變化】Manasvinā 是 Manasvin 的單數工具格，所以字典要查 Manasvin。

6.2 【梵漢辭典,699】（陽性名詞）（經文）摩那斯；聰慧；具威（龍王名）。

7. अनवतप्तेन Anavataptena　陽性名詞　阿耨達（龍王名）

7.1 【詞尾變化】Anavataptena 是 Anavatapta 的單數工具格，所以字典要查 Anavatapta。

7.2 【梵漢辭典,p93】（陽性名詞）（經文）阿耨達（龍王名）。

8. उत्पलकेन Utpalakena　陽性名詞　優缽羅（龍王名）

8.1 【詞尾變化】Utpalakena 是 Utpalaka 的單數工具格，所以字典要查 Utpalaka。

8.2 【梵漢辭典,p1356】（陽性名詞）（經文）優缽羅（龍王名）。

【筆者試譯】：有難陀龍王、跋難陀龍王、娑竭羅龍王、如脩吉龍王、德叉龍王、摩那斯龍王、阿耨達龍王、優缽羅龍王。

【什公漢譯】：難陀龍王、跋難陀龍王、娑伽羅龍王、和脩吉龍王、德叉迦龍王、阿那婆達多龍王、摩那斯龍王、優鉢羅龍王等，各與若干百千眷屬俱。

【英 譯 本】：viz. the Nâga King Nanda, the Nâga King Upananda, Sâgara, Vâsuki, Takshaka, Manasvin, Anavatapta, and Utpalaka;

【信譯研究】：信譯。

【第十三句】

caturbhiś ca kinnara rājaiḥ sārdhaṁ
bahu-kinnara-koṭī-śata-sahasra-parivāraiḥ|

1. किन्नर Kinnara（Kiṁnara）陽性名詞　緊那羅

1.1 【詞尾變化】沒有詞尾變化。

1.2 【摩威梵英,p283】

1.2.1 m. `what sort of man? ' a mythical being with a human figure and the head of a horse（or with a horse's body and the head of a man; originally perhaps a kind of monkey; in later times（like the Naras）reckoned among the Gandharvas or celestial choristers , and celebrated as musicians ; also attached to the service of Kubera ;（with Jains）one of the eight orders of the Vyantaras）MBh.; N. of a prince VP. ; of Nara（a son of Vibhīshaṇa）Rājat.; of the attendant of the fifteenth Arhat of the present Avasarpinī Jain. ; N. of a locality;

1.2.2（*ā*）f. a kind of musical instrument ;

1.2.3（*ī*）f. a female Kiṁnara ; a female Kimpurusha ; the lute of the Caṇḍālas;

1.2.4 -*kaṇṭha* mfn. singing like a Kiṁnara ;

1.2.5 -*nagara* n. a town of the Kiṁnaras ;

1.2.6 -*pati* m. \`the lord of the Kiṁnaras'N. of Kubera Ballar. ;

1.2.7 -*varṣa* m. a division of the earth（said to be north of the Himālaya mountains）;

1.2.8 *kiṁnarêśa* , -*śvara* m. \`the lord of the Kiṁnaras'N. of Kubera.

1.3 【梵漢辭典,p598】（陽性名詞）〔神話中的生物之名，半人半獸（人頭馬身或馬頭人身）服侍 Kubera 神〕;（經文）人非人；緊那羅；眞陀羅。

【筆者試譯】：有四位緊那羅王與百千億緊那羅隨行。

【什公漢譯】：有四緊那羅王。

【英 譯 本】：further, the four Kinnara kings with many hundred thousand myriads of kotis of followers,

【信譯研究】：信譯。情況與第十三句同。

【第十四句】

tadyathā-Drumeṇa ca kinnara-rājena, Mahādharmeṇa ca kinnara-rājena, Sudharmeṇa ca kinnara-rājena, Dharmadhareṇa ca kinnara-rājena|

【辭彙研究】

1. द्रुमेण Drumeṇa 陽性名詞　大樹（緊那羅王名）

 1.1 【詞尾變化】Drumeṇa 是 Druma 的單數工具格，所以字典要查 Druma。

 1.2 【梵漢辭典,p1356】（陽性名詞）（經文）大樹（緊那羅王名）。

2. महाधर्मेण Mahādharmeṇa 陽性名詞　大法（緊那羅王名）

 2.1 【詞尾變化】Mahādharmeṇa 是 Mahādharma 的單數工具格，所以字典要查 Mahādharma。

 2.2 【梵漢辭典,p678】（陽性名詞）（經文）大法（緊那羅王名）。

3. सधर्मण Sudharmeṇa 陽性名詞　妙法（緊那羅王名）

 3.1 【詞尾變化】Sudharmeṇa 是 Sudharma 的單數工具格，所以字典要查

Sudharma。

3.2 【梵漢辭典,p1223】（陽性名詞）（經文）妙法（緊那羅王名）。

4. धर्मधरेण Dharmadhareṇa 陽性名詞　持法（緊那羅王名）

4.1 【詞尾變化】Dharmadhareṇa 是 Dharmadhara 的單數工具格，所以字典要查 Dharmadhara。

4.2 【梵漢辭典,p371】（陽性名詞）（經文）持法（緊那羅王名）。

【筆者試譯】：有大樹緊那王、大法緊那羅王、妙法緊那羅王與持法緊那羅王。

【什公漢譯】：法緊那羅王、妙法緊那羅王、大法緊那羅王、持法緊那羅王，各與若干百千眷屬俱。

【英 譯 本】：viz. the Kinnara king Druma, the Kinnara king Mahâdharma, the Kinnara king Sudharma, and the Kinnara king Dharmadhara;

【信譯研究】：信譯。情況同第十二句。

【第十五句】

caturbhiś ca gandharva-kāyika-devaputraiḥ sārdhaṁ
bahu-gandharva-śata-sahasra-parivāraiḥ|

【辭彙研究】

1. गन्धर्व Gandharva 陽性名詞　乾闥婆

1.1 【詞尾變化】沒有詞尾變化。

1.2 【摩威梵英,p346】

1.2.1 m. a Gandharva 〔though in later times the Gandharvas are regarded as a class , yet in RV. rarely more than one is mentioned ; he is designated as the heavenly Gandharva, and is also called Viśvā-vasu and Vāyu-keṣa; his habitation is the sky , or the region of the air and the heavenly waters RV. ; his especial duty is to guard the heavenly Soma RV , which the gods obtain through his intervention RV. AV.; it is obtained for the human race by Indra , who conquers the Gandharva and takes it by force RV; the heavenly Gandharva is supposed to be a good physician , because the Soma is considered as the best medicine ; possibly , however , the word

Soma originally denoted not the beverage so called , but the moon , and the heavenly Gandharva may have been the genius or tutelary deity of the moon ; in one passage（RV）the heavenly Gandharva and the Soma are identified ; he is also regarded as one of the genii who regulate the course of the Sun's horses; he knows and makes known the secrets of heaven and divine truths generally; he is the parent of the first pair of human beings , Yama and Yami1（RV）, and has a peculiar mystical power over women and a right to possess them（RV）; for this reason he is invoked in marriage ceremonies（AV）; ecstatic states of mind and possession by evil spirits are supposed to be derived from the heavenly Gandharva; the Gandharvas as a class have the same characteristic features as the one Gandharva ; they live in the sky（RV. AV）, guard the Soma（RV.）, are governed by Varun2a（just as the Apsarasas are governed by Soma）, know the best medicines（AV.）, regulate the course of the asterisms（AV.）, follow after women and are desirous of intercourse with them（AV.）; as soon as a girl becomes marriageable , she belongs to Soma , the Gandharvas , and Agni; the wives of the Gandharvas are the Apsarasas, and like them the Gandharvas are invoked in gambling with dice（AV）; they are also feared as evil beings together with the Ra1kshasas , Kimīdins , , amulets being worn as a protection against them（AV.）; they are said to have revealed the Vedas to Vāc, and are called the preceptors of the R2ishis ; Purūravas is called among them ; in epic poetry the Gandharvas are the celestial musicians or heavenly singers who form the orchestra at the banquets of the gods , and they belong together with the Apsarasas to Indra's heaven , sharing also in his battles（MBh.）; in the more systematic mythology the Gandharvas constitute one of the classes into which the higher creation is divided ; divine and human Gandharvas are distinguished（MBh.）; another passage names 11 classes of Gandharvas; the chief or leader of the Gandharvas is named Citra-ratha; they are called the creatures of Praja1pati（Mn. i , 37）or of Brahmā or of Kaśyapaor of the Munis（MBh.）or of Prādhā（MBh.）

or of Arishṭā or of Vāc; with Jainas the Gandharvas constitute one of the eight classes of the Vyantaras ; N. of the attendant of the 17th Arhat of the present Avasarpiṇī; a singer BhP. ;a sage , pious man Mahīdh. on VS. ; a horse MBh. ; the musk deer（derived fr. *gandha*）; the soul after death and previous to its being born again（corresponding in some respects to the western notion of a ghost）. ; N. of the 14th Kalpa or period of the world ; of the 21st Muhūrta Su1ryapr. ; of a Svara or tone ;

1.2.2 m. pl. the Gandharvas（see above）; N. of a people（named together with the Gāndhāras）;

1.3 【梵漢辭典,p447】（陽性名詞）（經文）樂神；尋香；乾闥婆。

2. कायिक Kāyika 形容詞　眾

2.1 【詞尾變化】沒有詞尾變化。

2.2 【摩威梵英,p274】mf（ī）n. performed with the body, 8 MBh. ; belonging to an assemblage or multitude Buddh.

2.3 【梵漢辭典,p587】（形容詞）身體的；以身體形成的；（經文）身，種，屬深；眾。

【筆者試譯】：四個乾闥婆眾天子一起與百千眾多乾闥婆隨行。

【什公漢譯】：有四乾闥婆王。

【英 譯 本】：besides, the four divine beings（called）Gandharvakâyikas with many hundred thousand Gandharvas in their suite,

【信譯研究】：信譯。

【第十六句】

tadyathā-Manojñena ca gandharveṇa Manojñasvareṇa ca Madhureṇa ca Madhurasvareṇa ca gandharveṇa|

【辭彙研究】

1. मनोज्ञेन Manojñena 陽性名詞　樂（乾闥婆王名）

1.1 【詞尾變化】Manojñena 是 Manojña 的單數工具格，所以字典要查 Manojña。

1.2 【梵漢辭典,p707】（陽性名詞）（經文）樂（乾闥婆王名）。

2. मनोज्ञस्वरेण Manojñasvareṇa 陽性名詞　樂音（乾闥婆王名）

2.1 【詞尾變化】Manojñasvareṇa 是 Manojñasvara 的單數工具格，所以字典要查 Manojñasvara。

2.2 【梵漢辭典,p707】（陽性名詞）（經文）樂音（乾闥婆王名）。

3. मधुरेण Madhureṇa 陽性名詞　美（乾闥婆王名）

3.1 【詞尾變化】Madhureṇa 是 Madhura 的單數工具格，所以字典要查 Madhura。

3.2 【梵漢辭典,p672】（陽性名詞）（經文）美（乾闥婆王名）。

4. मधुरस्वरेण Madhurasvareṇa 陽性名詞　美音（乾闥婆王名）

4.1 【詞尾變化】Madhurasvareṇa 是 Madhurasvara 的單數工具格，所以字典要查 Madhurasvara。

4.2 【梵漢辭典,p672】（陽性名詞）（經文）美音（乾闥婆王名）。

【筆者試譯】：他們有樂乾闥婆王、樂音乾闥婆王、美乾闥婆王與美音乾闥婆王。

【什公漢譯】：樂乾闥婆王。樂音乾闥婆王。美乾闥婆王。美音乾闥婆王。各與若干百千眷屬俱。

【英 譯 本】：viz. the Gandharva Manogña, the Gandharva Manogñasvara, the Gandharva Madhura, and the Gandharva Madhurasvara;

【信譯研究】：信譯。

【第十七句】

caturbhiś cāsurendraiḥ sārdhaṁ bahv-asura-koṭī-śata-sahasra-parivāraiḥ|

【辭彙研究】

1. असुरेन्द्रैः asurendraiḥ 陽性名詞　阿修羅王

1.1 【詞尾變化】asurendraiḥ 是 asurendra 的複數工具格，所以字典要查 asurendra。

1.2 【摩威梵英,p121】lord of the Asuras.

1.3 【摩威梵英,p121,Asura】

1.3.1 mfn., spiritual , incorporeal , divine RV. AV. VS. ;

1.3.2 m. a spirit , good spirit , supreme spirit（said of Varuṇa）RV. VS. ; the chief of the evil spirits RV ; an evil spirit , demon , ghost , opponent of the gods RV 〔these Asuras are often regarded as the children of Diti by Kaśyapa see *daitya* ; as such they are demons of the first order in perpetual hostility with the gods , and must not be confounded with the Ra1kshasas or imps who animate dead bodies and disturb sacrifices〕 ; the sun; a cloud Naigh. ;

1.3.3（*ās*）m. pl.N. of a warrior-tribe; of a Vedic school ;

1.3.4（*ā*）f. night L. ; a zodiacal sign ;

1.3.5（*ī*）f. a female demon , the wife of an Asura; the plant Sinapis Ramosa Roxb.

1.4 【梵漢辭典,p371】（陽性名詞）（經文）Asura 阿修羅的王，阿修羅王。

【筆者試譯】：四位阿修羅王一起與百千億眾多阿修羅隨行。

【什公漢譯】：有四阿修羅王。

【英 譯 本】：further, the four chiefs of the demons followed by many hundred thousand myriads of kotis of demons,

【信譯研究】：信譯。情況同第十二句。

【第十八句】

tadyathā-Balinā ca asurendreṇa, Kharaskandhena ca asurendreṇa, Vemacitriṇā ca asurendreṇa, Rāhuṇā ca asurendreṇa|

【辭彙研究】

1. बलिना Balinā 陽性名詞　婆稚（阿修羅王名）

1.1 【詞尾變化】Balinā 是 Balin 的單數工具格，所以字典要查 Balin。

1.2 【梵漢辭典,p243】（陽性名詞）（經文）婆稚（阿修羅王名）。

2. खरस्कन्धेन Kharaskandhena 陽性名詞　佉羅騫馱（阿修羅王名）

2.1 【詞尾變化】Kharaskandhena 是 Kharaskandha 的單數工具格，所以字典要查 Kharaskandha。

2.2 【梵漢辭典,p593】(陽性名詞)(經文)大肩；佉羅騫馱(阿修羅王名)。

3. वेमचित्रिणा Vemacitriṇā 陽性名詞　毘摩質多羅（阿修羅王名）

3.1 【詞尾變化】Vemacitriṇā 是 Vemacitra 的單數工具格，所以字典要查 Vemacitra。

3.2 【梵漢辭典,p1407】(陽性名詞)(經文)毘摩質多羅(阿修羅王名)。

4. राहुणा Rāhuṇā 陽性名詞　羅睺（阿修羅王名）

4.1 【詞尾變化】Rāhuṇā 是 Rāhu 的單數工具格，所以字典要查 Rāhu。

4.2 【梵漢辭典,p1006】(陽性名詞)(經文)羅睺(阿修羅王名)。

【筆者試譯】：他們有婆稚阿修羅王、佉羅騫馱阿修羅王、毘摩質多羅阿修羅王與羅睺阿修羅王。

【什公漢譯】：婆稚阿修羅王、佉羅騫馱阿修羅王、毘摩質多羅阿修羅王、羅睺阿修羅王各與若干百千眷屬俱。

【英 譯 本】：viz. the chief of the demons Bali, Kharaskandha, Vemakitri, and Râhu;

【信譯研究】：信譯。

【第十九句】

caturbhiś ca garuḍendraiḥ sārdhaṁ
bahu-garuḍa-koṭī-śata-sahasra-parivāraiḥ|

【辭彙研究】

1. गरुडेन्द्रैः garuḍendraiḥ　陽性名詞　金翅鳥王

1.1 【詞尾變化】garuḍendraiḥ 是 garuḍendra 的複數工具格，但是 garuḍendra 是 garuḍa-indra 兩字組成，其中 indra 就是「王」之意，所以字典要查 garuḍa。

1.2 【摩威梵英,p283】m. N. of a mythical bird（chief of the feathered race , enemy of the serpent-race , vehicle of Viṣṇu, son of Kaśyapa and Vinatā ; shortly after his birth he frightened the gods by his brilliant lustre ; they supposed him to be Agni , and requested his protection ; when they discovered that he was Garuḍa , they praised him as the highest being , and called him fire and sun MBh.; Aruṇa , the charioteer of the sun or the personified dawn , is said to be the elder brother of Garuḍa ; Svāhā , the wife of Agni , takes the shape of a female Garuḍī MBh. ; a building shaped like Garuḍa ; N. of a peculiar military array ; N. of the attendant of the 16th Arhat of the present Avasarpiṇī; N. of the 14th Kalpa period ; N. of a son of Kṛishṇa ;

1.3 【梵漢辭典,p452, garuḍendra】（陽性名詞）（經文）金翅鳥王。

【筆者試譯】：有四位金翅鳥王一起與眾多千億金翅鳥隨行。

【什公漢譯】：有四迦樓羅王。

【英 譯 本】：along with the four Garuda chiefs followed by many hundred thousand myriads of kotis of Garudas,

【信譯研究】：信譯。情況同第十二句。

【第二十句】

tadyathā-Mahātejasā ca garuḍendreṇa, Mahākāyena ca Mahāpūrṇena ca Maharddhiprāptena ca garuḍendreṇa|

【辭彙研究】

1. महातेजसा Mahātejasā 陽性名詞　大威德（金翅鳥王名）
   1.1 【詞尾變化】Mahātejasā 是 Mahātejas 的單數工具格，所以字典要查 Mahātejas。
   1.2 【梵漢辭典,p686】（陽性名詞）（經文）大威德（金翅鳥王名）。
2. महाकायेन Mahākāyena 陽性名詞　大身（金翅鳥王名）
   2.1 【詞尾變化】Mahākāyena 是 Mahākāya 的單數工具格，所以字典要查 Mahākāya。
   2.2 【梵漢辭典,p680】（陽性名詞）（經文）大身（金翅鳥王名）。
3. महापूर्णेन Mahāpūrṇena 陽性名詞　大滿（金翅鳥王名）
   3.1 【詞尾變化】Mahāpūrṇena 是 Mahāpūrṇa 的單數工具格，所以字典要查 Mahāpūrṇa。

3.2 【梵漢辭典,p683】（陽性名詞）（經文）大滿（金翅鳥王名）。

4. महर्द्धिप्राप्तेन Maharddhiprāptena 陽性名詞　如意（金翅鳥王名）

4.1 【詞尾變化】Maharddhiprāptena 是 Maharddhiprāpta 的單數工具格，所以字典要查 Maharddhiprāpta。

4.2 【梵漢辭典,p684】（陽性名詞）（經文）如意（金翅鳥王名）。

【筆者試譯】：他們是大威德金翅鳥王。大身金翅鳥王。大滿金翅鳥王。如意金翅鳥王。

【什公漢譯】：大威德迦樓羅王。大身迦樓羅王。大滿迦樓羅王。如意迦樓羅王。各與若干百千眷屬俱。

【英 譯 本】：viz. the Garuda chiefs Mahâtegas, Mahâkâya, Mahâpûrna, and Maharddhiprâpta,

【信譯研究】：信譯。

【第廿一句】

rājñā ca Ajātaśatruṇā Māgadhena Vaidehīputreṇa sārdham||

【辭彙研究】

1. राज्ञा Rājñā 是 Rājan 的單數工具格。意思是「國王」。

2. अजातशत्रुणा Ajātaśatruṇā 陽性名詞　如意（國王名）

2.1 【詞尾變化】Ajātaśatruṇā 是 Ajātaśatru 的單數工具格，所以字典要查 Ajātaśatru。

2.2 【梵漢辭典,p54】（形容詞）無敵手的；無敵的（陽性名詞）（經文）阿闍世（國王名）。

3. मागधेन Māgadhena 陽性名詞　摩竭陀國的國王

3.1 【詞尾變化】Māgadhena 是 Māgadha 的單數工具格，所以字典要查 Māgadha。

3.2 【梵漢辭典,p675】（陽性名詞）摩竭陀的國王。

4. वैदेहीपुत्रेण Vaidehīputreṇa 陽性名詞　如意（金翅鳥王名）

4.1 【詞尾變化】Vaidehīputreṇa 是 Vaidehīputra 的單數工具格，所以字典要

查 Vaidehīputra。

4.2 【梵漢辭典,p371】（陽性名詞）（經文）韋提希皇后之子，也就是指阿闍世王。

【筆者試譯】：摩竭陀國的國王阿闍世，韋提希皇后之子，和大家一起。

【什公漢譯】：韋提希子阿闍世王，與若干百千眷屬俱。

【英 譯 本】： and with Agâtasatru, king of Magadha, the son of Vaidehî.

【信譯研究】：信譯。

【第廿二句】梵文本無此句。

【筆者試譯】：無此句。

【什公漢譯】：各禮佛足退坐一面。

【英 譯 本】：無此句。

【信譯研究】：無法比較，因爲梵本沒有這一句。

【小結】

本段廿二句裡面，有五句非信譯。鳩摩羅什翻譯絕大多數均屬信譯。不過，值得探討的問題是：有關佛菩薩的名號，與諸位護法神的名號，有些用音譯，有些用意譯。鳩摩羅什翻譯上似乎有層次的分別，那就是人間的眾生，大多使用音譯。天界的眾生，大多使用意譯，介於天與人之間的眾生，也多半以音譯爲主。另外梵本與漢譯的對照之下，亦有句子於梵本所無，並非故意的漏譯，估計可能是版本不同所致。

【第四段】

तेन खलु पुनः समयेन भगवांश्चतसृभिः पर्षद्भिः परिवृतः पुरस्कृतः सत्कृतो गुरुकृतो मानितः पूजितोऽर्चितोऽपचायितो महानिर्देशं नाम धर्मपर्यायं सूत्रान्तं महावैपुल्यं बोधिसत्त्वाववादं सर्वबुद्धपरिग्रहं भाषित्वा तस्मिन्नेव महाधर्मासने पर्यङ्कमाभुज्य अनन्तनिर्देशप्रतिष्ठानं नाम समाधिं समापन्नोऽभूदनिञ्जमानेन कायेन स्थितोऽनिञ्जप्राप्तेन च चित्तेन। समनन्तरसमापन्नस्य खलु पुनर्भगवतो

मान्दारवमहामान्दारवाणां मञ्जूषकमहामञ्जूषकाणां दिव्यानां पुष्पाणां महत्पुष्पवर्षमभिप्रावर्षत्, भगवन्तं ताश्च चतस्रः पर्षदोऽभ्यवाकिरन्। सर्वावच्च बुद्धक्षेत्रं षड्विकारं प्रकम्पितमभूच्चलितं संप्रचलितं वेधितं संप्रवेधितं क्षुभितं संप्रक्षुभितम्। तेन खलु पुनः समयेन तस्यां पर्षदि भिक्षुभिक्षुण्युपासकोपासिका देवनागयक्षगन्धर्वासुरगरुडकिन्नरमहोरगमनुष्यामनुष्याः संनिपतिता अभूवन् संनिषण्णाः, राजानश्च मण्डलिनो बलचक्रवर्तिनश्चतुर्द्वीपकचक्रवर्तिनश्च। ते सर्वे सपरिवारा भगवन्तं व्यवलोकयन्ति स्म आश्चर्यप्राप्ता अद्भुतप्राप्ता औद्बिल्यप्राप्ताः॥

【羅馬譯音】

tena khalu punaḥ samayena bhagavāṁścatasṛbhiḥ parṣadbhiḥ parivṛtaḥ puraskṛtaḥ satkṛto gurukṛto mānitaḥ pūjito'rcito'pacāyito mahānirdeśaṁ nāma dharmaparyāyaṁ sūtrāntaṁ mahāvaipulyaṁ bodhisattvāvavādaṁ sarvabuddhaparigrahaṁ bhāṣitvā tasminneva mahādharmāsane paryaṅkamābhujya anantanirdeśapratiṣṭhānaṁ nāma samādhiṁ samāpanno'bhūdaniñjamānena kāyena sthito'niñjaprāptena ca cittena| samanantarasamāpannasya khalu punarbhagavato māndāravamahāmāndāravāṇāṁ mañjūṣakamahāmañjūṣakāṇāṁ divyānāṁ puṣpāṇāṁ mahatpuṣpavarṣamabhiprāvarṣat, bhagavantaṁ tāśca catasraḥ parṣado'bhyavākiran| sarvāvacca buddhakṣetraṁ ṣaḍvikāraṁ prakampitamabhūccalitaṁ saṁpracalitaṁ vedhitaṁ saṁpravedhitaṁ kṣubhitaṁ saṁprakṣubhitam| tena khalu punaḥ samayena tasyāṁ parṣadi bhikṣubhikṣuṇyupāsakopāsikā devanāgayakṣagandharvāsuragaruḍakinnaramahoragamanuṣyāmanuṣyāḥ saṁnipatitā abhūvan saṁniṣaṇṇāḥ, rājānaśca maṇḍalino balacakravartinaścaturdvīpakacakravartinaśca| te sarve saparivārā bhagavantaṁ vyavalokayanti sma āścaryaprāptā adbhutaprāptā audbilyaprāptāḥ||

【第一句】

tena khalu punaḥ samayena bhagavāṁś catasṛbhiḥ parṣadbhiḥ

parivṛtaḥ puras-kṛtaḥ sat-kṛto guru-kṛto mānitaḥ
pūjito'rcito'pacāyito mahā-nirdeśaṁ nāma dharma-paryāyaṁ
sūtrāntaṁ mahā-vaipulyaṁ bodhisattvāvavādaṁ
sarva-buddha-parigrahaṁ bhāṣitvā tasminn eva mahā-dharmāsane
paryaṅkam ābhujya ananta-nirdeśa-pratiṣṭhānaṁ nāma samādhiṁ
samāpanno'bhūd aniñjamānena kāyena sthito'niñja-prāptena ca
cittena|

【辭彙研究】

1. तन tena 副詞　如是

1.1 【詞尾變化】tena 是 ta 的工具格。不過字典也可以查 tena。

1.2 【摩威梵英,p454】ind.（instr. of ta）in that direction , there; in that manner , thus; on that account , for that reason , therefore MBh. , therefore , now then.

1.3 【梵漢辭典,p1287】（副詞）在彼處；如此；因此〔與 yataḥ, yad, yasmāt, yena 關聯〕（經文）如是，是故。

2. खलु khalu 副詞·質詞　確實的

2.1 【詞尾變化】沒有詞尾變化。

2.2 【摩威梵英,p338】ind.（as a particle of asseveration）indeed , verily , certainly , truly;（as a continuative particle）now , now then , now further RV;（as a particle in syllogistic speech）but now ;〔khalu is only exceptionally found at the beginning of a phrase ; it is frequently combined with other particles , thus ātha kh- , u kh- , vaī kh- , kh- vaī , = now then , now further; in later Sanskṛit khalu frequently does little more than lay stress on the word by which it is preceded , and is sometimes merely expletive ; it is also a particle of prohibition（in which case it may be joined with the ind. p.〔khalu kṛtvā , `desist from doing that'〕; or of endearment , conciliation , and inquiry; na khalu , by no means , not at all , indeed not.

2.3 【梵漢辭典,p591】（質詞）（明顯地）；確實的，眞正的；雖然；而且〔常單獨用於加強〕。

3. पुनः punaḥ 副詞，然而

3.1 【詞尾變化】punaḥ 根據連音規則，原來是 punar 變化過來，所以字典要查 punar。

3.2 【摩威梵英,p633】ind. back , home , in an opposite direction RV. ; again and again , repeatedly; further , moreover , besides;however , still , nevertheless MBh.

3.3 【梵漢辭典,p985】（副詞）向後退，回家；再度，重新地，再次或更多，尙，還，一再地，其他；相反地，另一方面，然而，儘管。（經文）後時，復，亦復，再，還，更，又，復。復多；

4. पर्षद्भिः parṣadbhiḥ 名詞 徒眾

4.1 【詞尾變化】parṣadbhiḥ 是 parṣad 的複數工具格變化，所以字典要查 parṣad。

4.2 【摩威梵英,p609】f. = pari-ṣad , an assembly , audience , company , society.（4 kinds of society）.

4.3 【梵漢辭典,p869】（陰性名詞）會合；（經文）眾，大眾，在眾，會眾，大會，集會，眷屬。

5. परिवृतः parivṛtaḥ 形容詞 圍繞

5.1 【詞尾變化】parivṛtaḥ 是 parivṛta 的單數工具格變化，所以字典要查 parivṛta。

5.2 【摩威梵英,p601】

5.2.1（*pāri-*）mfn. id. Br. ; n. a covered place or shed enclosed with walls used as a place of sacrifice ;

5.2.2（*pārī.*）mfn. = prec. mfn. RV. AV. ; surrounding RV. ; filled by , full of（comp.）Cat.

5.3 【梵漢辭典,p868】（過去被動分詞）（形容詞）被～圍住的；（經文）圍繞。

6. पुरस्कृतः puraskṛtaḥ 形容詞 尊重

6.1 【詞尾變化】puraskṛtaḥ 是 puraskṛta 的單數主格變化，而 puraskṛta 是 puras-kṛta 所組成，以字典要查 puras-kṛta。

3.2 【摩威梵英,p634】

6.2.1 mfn. placed in front ; honoured , esteemed , attended , accompanied by , possessed of , occupied with（comp.）MBh.; attacked , assailed , accused;

6.2.2（*am*）ind. among , amidst , with（comp.）MBh. ;

6.2.3 -*madhyama-krama* mfn. taking or adopting a middle course.

6.3 【梵漢辭典,p989】（過去被動分詞）（形容詞）被列於前的，進到首長位置的，受尊敬的。（經文）首，先導，圍繞，尊重，恭敬。

7. सत्कृतो sat-kṛto 形容詞　受尊敬的

7.1 【詞尾變化】sat-kṛto 根據連音規則是 sat-kṛtaḥ 變化，而 sat-kṛtaḥ 則是 sat-kṛta 的單數主格變化，所以字典要查 sat-kṛta。

7.2 【摩威梵英,p1139】

7.2.1 mfn. done well ; adorned with（comp.）MBh. ; honoured , treated with respect or hospitality , entertained MBh. ; worshipped , adored;

7.2.2 m. N. of Śiva;

7.2.3 n. virtue ; respect ; honourable reception.

7.3 【梵漢辭典,p478】（形容詞）被尊敬的，被稱讚的；（經文）尊重，恭敬。

8. गुरुकृतो guru-kṛto 形容詞　受尊敬的

8.1 【詞尾變化】guru-kṛto 根據連音規則是 guru -kṛtaḥ 變化，而 guru -kṛtaḥ 則是 guru -kṛta 的單數主格變化，所以字典要查 guru -kṛta。

8.2 【摩威梵英,p359】mfn. highly prized or praised; worshipped.

8.3 【梵漢辭典,p869】（陰性名詞）會合；（經文）眾，大眾，在眾，會眾，大會，集會，眷屬。

9. मानितः mānitaḥ 形容詞　恭敬

9.1 【詞尾變化】mānitaḥ 是 mānita 的單數主格變化，所以字典要查 mānita。

9.2 【摩威梵英,p809】

9.2.1 mfn.（fr. Caus.）honoured , respected MBh.;

9.2.2 n. showing honour or respect.

9.3 【梵漢辭典,p705】（使役）（過去被動分詞）（形容詞）尊敬的象徵；（經文）恭敬；瞻禮供養；

10.पूजितोऽर्चितोऽपचायितो pūjito'rcito'pacāyito 形容詞　令人恭敬、讚嘆、供養、感謝

10.1 【詞尾變化】

10.1.1 pūjito'rcito'pacāyito= pūjite arcite apacāyito 是 mānita 的單數主格變化，所以字典要查 mānita。

10.1.2 pūjite 是 pūjita 的單數於格變化，所以字典要查 pūjita。

10.1.3 arcite 是 arcita 的單數於格變化，所以字典要查 arcita。

10.1.4 apacāyito 根據連音規則是從 apacāyitaḥ 變過來的，而 apacāyitaḥ 是 apacāyita 的單數主格。所以字典要查 apacāyita。

10.2 【摩威梵英,p809, mānita】

10.2.1 mfn.（fr. Caus.）honoured , respected MBh.;

10.2.2 n. showing honour or respect.

10.3 【摩威梵英,p641, pūjita】

10.3.1 mfn. honoured , received or treated respectfully , worshipped , adored MBh; honoured by or on account of MBh.; acknowledged , recommended MBh; frequented , inhabited MBh. ; consecrated ; supplied with MBh.;

10.3.2 m. a god;

10.3.3 n. N. of a place.

10.4 【摩威梵英,p48, apacāyita】mfn. honoured , respected.

10.5 【梵漢辭典,p984, pūjita】（過去被動分詞）（形容詞）（經文）恭敬供養，供養；所奉，所供養。

10.6 【梵漢辭典,p151, arcita】（過去被動分詞）（形容詞）（經文）讚嘆，恭敬，裝飾。

10.7 【梵漢辭典,p129, apacāyita】（過去被動分詞）（形容詞）令人尊敬的（經文）恭敬。

11. निर्देशं nirdeśaṁ 陽性名詞　演說

11.1 【詞尾變化】nirdeśaṁ 根據連音規則是從 nirdeśam 變化，而 nirdeśam 則是 nirdeśa 的單數對格變化，所以字典要查 nirdeśa。

11.2 【摩威梵英,p555】

11.2.1 m. pointing out , indicating , directing , order , command , instruction; description , specification , special mention , details or particulars ; vicinity , proximity ; certainty , ascertainment; a partic. number Buddh. ;

11.2.2 *-kārin* mfn. executing orders , obedient BhP. ;

11.2.3 *-pālana* n. obeying a command.

11.3 【梵漢辭典,p793】（陽性名詞）命令，指示，技術，表明；詳述，詳細，明記；（經文）所說，說，演說，說法，宣說，教。

12. नाम nāma 名詞　名號

12.1 【詞尾變化】nāma 是 nāman 的單數主格變化，所以字典要查 nāman。

12.2 【摩威梵英,p536】

12.2.1 n. a characteristic mark or sign , form , nature , kind , manner RV. VS. AV. ; name , appellation RV. ; personal name,; merely the name, a noun; substance , essence ; a good or great name , renown , fame ; water;

12.2. *nāmnā* ind. by name; to mention or address by name RV; with, to bear or have a name ib. ; to give a name call.

12.3 【梵漢辭典,p764】（中性形容詞）標誌，形式，樣態，名稱，明浩；唯名，明生，性質；（經文）名，名字，名號，名相；

13. पर्यायं paryāyaṁ 名詞　門

13.1 【詞尾變化】paryāyaṁ 根據連音規則是從 paryāyam 變化，而 paryāyam 則是 paryāya 的單數對格變化，所以字典要查 paryāya。

13.2 【摩威梵英,p605】

13.2.1 m. going or turning or winding round , revolving , revolution; course , lapse , expiration of time MBh. ; regular recurrence , repetition , succession , turn ; a convertible term , synonym; way , manner , method of proceeding SaddhP. ; probability;（in rhet.）a partic. figure of speech Kpr. Sa1h. ;（with Jainas）the regular development of a thing and the end of this dñdevelopment; opportunity , occasion ; formation , creation; point of contact ;

13.2.2 -*krama* m. order of succession , regular rotation or turn ;

13.2.3 -*cyuta* mfn. one who has lost his turn , superseded , supplanted;

13.2.4 -*vacana* n. a convertible term , synonym ;

13.2.5 -*vākya* n. similar words ;

13.2.6 -*vācaka* mfn. expressing a corresponding notion ;

13.2.7（with *śabda*）m. a synonym MBh. ;

13.2.8 -*vṛtti* f. alternate course or action ;

13.2.9 -śabda m. a synonym Tattvas. ;

13.2.10 -*śayana* n. alternate sleeping and watching ;

13.2.11 -śas ind. by phrases or sentences; periodically; in succession , by turns

MBh. ;

13.2.12 -*śastra*（!）n. pl. N. of wk. ;

13.2.13 -sūkta n. a hymn with regularly recurring phrases or sentences AV. ;

13.2.14 -*sevā* f. service by rotation Kum.:

13.2.15 -*yātman* m. the finite nature , finiteness ;

13.2.16 -*yānna* n. food intended for another;

13.2.17 -*yārṇava* m. `ocean of synonyms' N. of a lexicon ;

13.2.17 -*yokta* n.（in rhet.）a partic. figure of speech（in which the fact to be intimated is expressed by a turn of speech or periphrasis）;

13.3 【梵漢辭典,p873】（陽性名詞）文章；失節；可交換的語詞，同義語（經文）門，異門，名門，句，章，別義；

14. सूत्रान्तं sūtrāntaṁ 名詞　經典；教義

14.1 【詞尾變化】sūtrāntaṁ 根據連音規則是從 sūtrāntam 變化，而 sūtrāntam 則是 sūtrānta 的單數對格變化，所以字典要查 sūtrānta。

14.2 【摩威梵英,p1242】m.（formed like *vedānta* , *siddhānta* &c.）a Buddhist Sūtra or the doctrines contained in it SaddhP.

14.3 【梵漢辭典,p1246】（陽性名詞）（經文）教，經；

15. वैपुल्यं vaipulyaṁ 名詞　方廣

15.1【詞尾變化】vaipulyaṁ 根據連音規則是從 vaipulyam 變化，而 vaipulyam 則是 vaipulya 的單數對格變化，所以字典要查 vaipulya。

15.2 【摩威梵英,p1023】

15.2.1 n.（fr. *vi-pula*）largeness , spaciousness , breadth , thickness; a Sūtra of great extension Buddh.;

15.2.2 m. N. of a mountain.

15.3【梵漢辭典,p1374】（中性名詞）廣大，寬廣，寬度，厚度（經文）廣，大，廣大，方廣，大方廣；

16. बोधिसत्त्वाववादं bodhisattvāvavādaṁ 名詞　菩薩教法

16.1【詞尾變化】bodhisattvāvavādaṁ 根據連音規則是從 bodhisattvāvavādam 變化，而 bodhisattvāvavādam 則是 bodhisattvāvavāda 的單數對格變化，但這個字是由 bodhisattva-avavāda 所組合，而 bodhisattva 是菩薩，前面已知，字典要查 avavāda。

16.2【摩威梵英,p104】m. speaking ill of , evil report ; a command , order ; trust , confidence ; instruction , teaching Buddh.;

16.3 【梵漢辭典,p216】(陽性名詞)命令，教示(經文)宣說，教授，教誨；

17. परिग्रहं parigrahaṁ 名詞　護念；攝受

17.1 【詞尾變化】parigrahaṁ 根據連音規則是從 parigraham 變化，而 parigraham 則是 parigraha 的單數對格變化，所以字典要查 parigraha。

17.2 【摩威梵英,p593】

17.2.1 m. laying hold of on all sides , surrounding , enclosing , fencing round (esp. the Vedi or sacrificial altar by means of three lines or furrows) ; wrapping round , putting on (a dress &c.) , assuming (a form &c.) ; comprehending , summing up , sum , totality; taking , accepting , receiving or anything received , 2 gift or present MBh.; getting , attaining , acquisition , possession , property ; household , family , attendants , retinue , the seraglio of a prince ib. ; a house , abode Hariv. ; root , origin , foundation MBh. ; admittance (into one's house) , hospitable reception MBh.; taking (a wife) , marrying , marriage MBh ; a wife (also collect.) MBh.; choice , selection ib. ; understanding , conception ; undertaking , beginning , commission or performance of , occupation with ; homage , reverence , grace , favour , help , assistance MBh. ; dominion , control; force , constraint , punishment; claim on , relation to , concern with (loc.) MBh.; (in Ved. gram.) the double mention of a word both before and after *iti* ; the form which precedes *iti* ; a curse , imprecation , oath ; an eclipse of the sun ; the rear or reserve of an army;

17.2.2 *-tva* n. state of a wife , marriage ;

17.2.3 *-dvitīya* mfn. accompanied by one's wife or family MW. ;

17.2.4 *-bahu-tva* n. multitude of wives;

17.2.5 *-maya* mf (*ī*) n. consisting of a family Prab. ;

17.2.6 *-vat* , or *-hin* mfn. possessed of , wealth , having property MBh.;

17.2.7 *-hārthīya* mfn. having the sense of comprehension, generalization.

17.3 【梵漢辭典,p853】(陽性名詞) 擁抱；包含；(身體) 穿戴的；打扮；取得；把握，那受，領受；取出；收容(經文)攝，攝受，攝取，護持，護念；

18. भाषित्वा bhāṣitvā 動名詞　宣說

18.1 【詞尾變化】bhāṣitvā 是√bhāṣ+i+tvā 的動名詞結構，〔註 22〕所以字典要查 bhāṣ。

18.2 【摩威梵英,p755】

18.2.1 1 cl. r. A1.（Dha1tup. xvi , 11）*bhāṣate* , to speak , talk , say , tell（with acc , of thing or person , sometimes also with acc. of thing and person）Br. &c. &c. ; to speak of or about or on（acc.）; to announce , declare Gobh. ; to call , name , describe as（with two acc.）; to use or employ in speaking Nir. Sus3r. ; Pass. *bhāṣyate*（aor. *abhāṣi*）, to be spoken , be addressed or spoken to MBh.: Caus. *bhāṣayati* , *-te*（aor. *ababhāṣat* or *abībhaṣat*）, to cause to speak or talk ; to cause to speak i.e. to think , agitate , disquiet ; to say , speak MBh.:

18.2.2 【梵漢辭典,p259】（動詞）（形容詞）說話，談話，告訴；向～（對格）告訴或談及（對格）；談論有關～的事情，論述，告知（經文）說，作言，宣說；

19. तस्मिन्न tasminn 代名詞　那個

19.1 【詞尾變化】tasminn 根據連音規則是從 tasmin 變化過來，而 tasmin 則是 tad 的於數主格變化，所以字典要查 tad。

19.2 【摩威梵英,p434】

19.2.1 m. he f. she n. it , that , this RV.;

19.2.2（*tad*）n. this world R. ; = Brahma see *tat-tva* ;

19.2.3（*tād*）ind. there , in that place , thither , to that spot AV; then , at that time , in that case RV AV. ; thus , in this manner , with regard to that; on that account , for that reason , therefore , consequently MBh.; now（clause-connecting particle）AV; so also , equally , and AV.

19.3 【梵漢辭典,p1266】（代名詞）〔ta 的中性，主格，對格，單數〕;〔或作爲詞根的〕（副詞）在其處；在彼方；這樣地，如此地，在其時，關於～；是故，因此（經文）此，其，彼，爾，此事。

〔註 22〕關於這個動名詞字尾說明，請見羅世芳編《梵語課本》，北京市：商務印書館，1996 年 5 月二刷，頁 282。

20. महाधर्मासने mahādharmāsane 名詞　法座

20.1 【詞尾變化】mahādharmāsane 是從 mahā-dharmāsane 兩個字組成，mahā 前面已經知道，「大的」。而 dharmāsane 則是 dharmāsana 的單數於格變化，所以字典要查 dharmāsana。

20.2 【摩威梵英,p512】

20.2.1 n. the throne of justice , judgment-seat MBh. ;

20.2.2 *-gata* mfn. seated on it.

20.3 【梵漢辭典,p375】（中性名詞）（經文）法座，（高座）說法之所，講法之處；

21. पर्यण्कम् paryaṅkam 名詞　盤腿的坐法

21.1 【詞尾變化】paryaṅkam 是 paryaṅka 的單數對格變化，所以字典要查 paryaṅka。

21.2 【摩威梵英,p607】m. a bed, couch, sofa, litter, palanquin MBh.; a partic. Mode of sitting on the ground（a squatting position assumed by ascetics and Buddhists in meditation）, Buddh.; a cloth wound round the back and loins and knees while so sitting; N. of a mountain（son of Vindhya）.

21.3 【梵漢辭典,p872】（陽性名詞）臥鋪，床鋪；盤腿的坐法；（經文）床，大床，座，高座；結跏趺坐。

22. आभुज्य ābhujya 動名詞　結（跏趺坐）

22.1 【詞尾變化】ābhujya 是由 ā-bhuj-ya 組成，其中 ā-bhuj 是動詞，ya 則是動名詞詞尾，〔註 23〕所以字典要查 ā-bhuj。

22.2 【摩威梵英,p145】1. P. *-bhujati* , to bend in , bend down ,（*paryaṇkam ā-bhujya* , bending down in the Paryaṇka（q.v.）posture.）

22.3 【梵漢辭典,p279】（第六類動詞）彎曲；（經文）結；審觀；結跏趺坐。

23. अनन्त ananta 形容詞　無量

23.1 【詞尾變化】沒有詞尾變化。

23.2 【摩威梵英,p25】

23.2.1 mf（*ā*）n. endless , boundless , eternal , infinite ;

23.2.2 m. N. of Vishṇu ; of Śesha（the snake-god）; of Śesha's brother Vāsuki ;

〔註 23〕同註 1。

of Krishṇa ; of his brother Baladeva ; of Śiva ; of Rudra ; of one of the Viśva-devas ; of the 14th Arhat; the plant Sinduvāra; Talc ; the 23rd lunar asterism , Śravaṇa ; a silken cord（tied round the right arm at a particular festival）; the letter *ā* ; a periodic decimal fraction?

23.2.3（*ā*）f. the earth ; the number one ; N. of Pārvatī and of various females , the plant Śārivā ; Periploca Indica or Asclepias Pseudosarsa or Asthmatica（the root of which supplies a valuable medicine）;

23.2.4（*am*）n. the sky , atmosphere.

23.3 【梵漢辭典,p86】（形容詞）無終，無極限；（經文）無量，無數，普遍，無窮，無窮盡，無有涯。

24. निर्देश nirdeśa 名詞　說法

24.1 【詞尾變化】沒有詞尾變化。

24.2 【摩威梵英,p555】

24.2.1 m. pointing out , indicating , directing , order , command , instruction; description , specification , special mention , details or particulars ; vicinity , proximity ; certainty , ascertainment ; a partic. number Buddh. ;

24.2.2 -*kārin* mfn. executing orders , obedient BhP. ;

24.2.3 -*pāana* n. obeying a command.

24.3 【梵漢辭典,p793】（陽性名詞）命令，指示；記述，表明；（經文）說法，宣說。

25. प्रतिष्ठानं pratiṣṭhānaṁ 形容詞　安住

25.1 【詞尾變化】pratiṣṭhānaṁ 根據連音規則是由 pratiṣṭhānam 變化，而 pratiṣṭhānam 是 pratiṣṭhāna 的對格，所以字典要查 pratiṣṭhāna。

25.2 【摩威梵英,p671】

25.2.1 n. a firm standing-place , ground , foundation MBh.; a pedestā , foot MBh.; the foundation（others `consecration'）of a city SkandaP. ; N. of a town at the confluence of the Gaṇgā and Yamunā MBh. ;

25.2.2 m. N. of a locality on the Go-dāvari Kathās. ;（du.）of the constellation Proshṭha-pada.

25.3 【梵漢辭典,p954】（中性形容詞）堅固的立場，基礎；台；（經文）住，安住，善住，善安住，依住。

26. समाधिं samādhiṁ 名詞　三昧

26.1【詞尾變化】samādhiṁ 根據連音規則是由 samādhim 變化，而 samādhim 是 samādhi 的對格，所以字典要查 samādhi。

26.2【摩威梵英,p1159】

26.2.1 m. putting together , joining or combining with（instr.）; a joint or a partic. position of the neck; union , a whole , aggregate , set ; completion , accomplishment , conclusion ; setting to rights , adjustment , settlement MBh. ; justification of a statement , proof; bringing into harmony , agreement , assent ; intense application or fixing the mind on , intentness , attention MBh.; concentration of the thoughts , profound or abstract meditation , intense contemplation of any particular object（so as to identify the contemplator with the object meditated upon ; this is the eighth and last stage of Yoga; with Buddhists Samādhi is the fourth and last stage of Dhyāna or intense abstract meditation; in the Kāraṇḍa-vyūha several Samādhi are enumerated）Buddh. MBh.; intense absorption or a kind of trance MBh.; a sanctuary or tomb of a saint;（in rhet.）N. of various figures of speech; N. of the 17th Kalpa（q.v.）, of the 17th Arhat of the future; of a Vaiśya Cat.;

26.2.2 -*garbha* m. N. of a Bodhi-sattva Buddh. ;

26.2.3 -*tva* n. the state of profound meditation or devotion Sarvad. ;

26.2.4 -*niṣṭha* mfn. devoted to meditation;

26.2.5 -*parihāṇi* f. diminution of meditation Dharmas.;

26.2.6 -*prakaraṇa* n. N. of wk. ;

26.2.7 -*bala* n. the force of meditation Dharmas;

26.2.8 -*bhaṇga* m. the disturbing or interruption of meditation ;

26.2.9 -*bhṛt* mfn. absorbed in meditation;

26.2.10 -*bheda* m.（=-*bhaṇga*）Kum. ;

26.2.11 -*bhedin* mfn. one who interrupts meditation ;

26.2.12 -*mat* mfn. absorbed in meditation; attentive; making a promise or assent or permission ;

26.2.13 -*matikā* f. N. of a woman;

26.2.14 -*yoga* m. employment of meditation , the efficacy of contemplation;

26.2.15-*yoga-rddhi-tapo-vidyāvirakti-mat* mfn. possessing or accompanied with meditation and self-abstraction and supernatural power and mortification and knowledge and indifference BhP. ;

26.2.16 -*rāja* m. N. of wk. ;

26.2.17 -*vigraha* m. embodiment of meditation ;

26.2.17 -*vidhi* m. N. of wk. ;

26.2.18 -*samānatā* f. N. of a Samādhi Buddh. ;

26.2.19 -*stha* mfn. absorbed in meditation ;

26.2.20 -*sthala* n. N. of a place in Brahmā's world.

26.3 【梵漢辭典,p1070】(陽性名詞)令與～(具格)結合或組合的;(頸部)關節;結合,組合,連結;實行;調整;決定,解決,論證,深邃冥想,專注;(經文)定;三昧,三摩地,禪定,正定。

27. समापन्नोऽभूद् samāpanno'bhūd 形容詞+動詞　進入成爲

27.1 【詞尾變化】samāpanno'bhūd 根據連音規則,是由 samāpanne abhūd 組成,其中 samāpanne 是 samāpanna 的單數於格變化,所以字典要查 samāpanna。而 abhūd 則是從動詞過去式 abhūt 變過來,其結構是 a-√bhū+t,因爲連音規則的關係,後面的 t 變成了 d,所以才形成 abhūd。所以字典要查√bhū。

27.2 【摩威梵英,p1161, samāpanna】

27.2.1 mfn. fallen into (acc.) MBh. ; meeting with (?) ; having ; one who has undertaken (instr.) ; arrived , come , happened , occurred. ; furnished or endowed with (comp.) MBh.; perfect , proficient (in any science) ; accomplished , concluded , done ; distressed , afflicted; killed; n. death.

27.3 【摩威梵英,p760, bhū】

27.3.1 1 cl. 1. P, to become , be , arise , come into being , exist , be found , live , stay , abide , happen , occur RV (often used with participles and other verbal nouns to make periphrastical verbal forms ; with a fut. p. = to be going or about to; to fall to the share or become the property of , belong to RV.; to be on the side of , assist(with gen. or -*tas*)MBh.; to serve for , tend or conduce to RV. ; to be occupied with or engaged in , devote one's self to（with loc.）MBh.; to thrive or prosper in（instr.）, turn out well , succeed RV.; to be of consequence or useful ; to fall , or get into , attain to , obtain MBh. ; to obtain it sometimes used impers, by whom it will be existed; to cause to be or become , call into existence or life , originate , produce , cause , create ; to cherish , foster , animate , enliven , refresh , encourage , promote , further MBh. ; to addict or devote one's self to , practise（acc.）MBh. ; to subdue , control R. ; to obtain Jaim. Sch. ; to manifest , exhibit , show , betray MBh. ; to purify BhP. ; to present to the mind , think about , consider , know , recognize as or take for（two acc.）MBh.; to mingle , mix , saturate , soak , perfume.; to want to get on , strive to prosper or succeed MBh. ; to want to have , care for , strive after , esteem , honour MBh. ; to want to take revenge BhP.: Intens , to be frequently , to be in the habit of BhP. ; to be transformed into（acc.）RV. AV. ; to keep anything（instr.）secret ;

27.4 【梵漢辭典,p1078, samāpanna】(過去被動分詞)(經文)入，生，得，住。

27.5 【梵漢辭典,p277, bhū】(動詞第一類)成爲；發生，引發；存在，生成。(經文)成，作，爲，有，出，現。

28. अनिञ्जमानेन aniñjamānena 形容詞　不動的

28.1 【詞尾變化】aniñjamānena 是由 aniñjamāna 的單數工具格，所以字典要查 aniñjamāna。

28.2 【摩威梵英】沒有這個字。

28.3 【艾格混梵,p24, añjana】adj.（see iñjana; Pali id. Only as noun, immoblity, CPD）, immovable: of the 4th Dhyāna.〔註 24〕

28.4 【梵漢辭典,p98】(現在分詞)(形容詞)(經文)不動，不動搖。

〔註 24〕這個字不是標準梵文，是屬於佛教混合梵文（Buddhist Hybrid Sanskrit, BHS），是佛教從俗語與民間用語轉寫成梵文的過程裡面，引用原典，轉寫過來。不是標準梵文，所以摩威梵英辭典找不到。必須以艾格頓（Franklin Edgerton）的《Buddhist Hybrid Sanskrit Grammar and Dictionary》書中去找。在該書的 24 頁只有找到 añjana 這個字，但在該字項下指示當中，另外查閱 iñjana（p.113），裡面就有說明，與 aniñjamāna 相關，只是拼寫方式不同。可能是從巴利文轉寫過來。請見 Franklin Edgerton《Buddhist Hybrid Sanskrt Grammar and Dictionary · II》, printed by Motilal Banarsidass Co. Ltd. Delhi, India, Reprint:1993, p.24 & 113。

29. स्थितोऽनिञ्ज sthito'niñja 形容詞　安住不動的

29.1 【詞尾變化】sthito'niñja 是由 sthite aniñja 組成，其中 aniñja 是形容詞，「不動」的意思，而 sthite 則是 sthita 的這裡字典要查 sthita。

29.2 【摩威梵英,p145】

29.2.1 mfn. standing MBh. ; standing firm ; standing , staying , situated , resting or abiding or remaining in MBh. ; engaged in , occupied with , intent upon , engrossed by , devoted or addicted to（loc. or comp.）, performing , protecting MBh.; abiding by , conforming to , following（loc.）; being in office or charge; adhering to or keeping with（loc.）; lasting; firm , constant , invariable ; settled , ascertained , decreed , established , generally accepted; fixed upon , determined; firmly convinced or persuaded MBh. ; firmly resolved to（inf. or loc.）MBh.; faithful to a promise or agreement : upright , virtuous ; prepared for or to（dat.）; being there , existing , present , close at hand , ready, MBh. ; belonging to（gen.）; turned or directed to , fixed upon（loc. or comp.）; resting or depending on（loc.）MBh. ; leading or conducive to（dat.）; one who has desisted or ceased; left over L. ;（in Vedic gram.）not accompanied by *iti* , standing alone;

29.2.2（*am*）n. standing still , stopping; staying , remaining , abiding; manner of standing; perseverance on the right path.

29.3 【梵漢辭典,p1213】（過去被動分詞）（形容詞）站立的，站著的，固守的，停留於，位於，處在，從事，熱衷，沉迷（經文）有，在，住，常住，安住。

【筆者試譯】：而就在那個時候，佛陀世尊被四（種）眾（生）圍繞著，（大家）當他是尊貴的人，當他是大善士，當他是備受尊重的老師那樣地尊重，那樣地恭敬，稱讚，給予供養與感謝。（而）他要爲（大家）談廣泛地涉及有關名詞義理（解釋）、法門、經典教理（修行道理）、廣而深的菩薩修行的道理，談論了一切佛陀共同支持贊同的道理。在此之際，（佛陀）在大法座上盤腿作「跏趺坐」姿勢，進入了一種（名爲）「專注於說無量法名義」的三昧，身心安住不動，（樣子）非常專注。

【什公漢譯】：爾時世尊，四眾圍遶，供養恭敬，尊重讚歎，爲諸菩薩說大乘經，名無量義教菩薩法，佛所護念。佛說此經已，結加趺坐，入於無量義處三昧，身心不動。

【英 譯 本】: Now at that time it was that the Lord surrounded, attended, honoured, revered, venerated, worshipped by the four classes of hearers, after expounding the Dharmaparyâya called 'the Great Exposition,' a text of great development, serving to instruct Bodhisattvas and proper to all Buddhas, sat cross-legged on the seat of the law and entered upon the meditation termed 'the station of the exposition of Infinity;' his body was motionless and his mind had reached perfect tranquillity. And as soon as the Lord had entered uopn his meditation,

【信譯研究】: 非信譯。原因是梵本對於眾生對世尊的尊重讚嘆，寫得比較詳細：「當他是尊貴的人，當他是大善士，當他是備受尊重的老師那樣地尊重」但是鳩摩羅什簡單地就翻譯成「尊重讚嘆」四個字帶過，這裡也可作爲一個鳩摩羅什「刪煩」的例子。另外針對本句中梵文單字「sūtrāntaṁ」，這個字的原形是「sūtrānta」，是指教法內容，而非一本「實體的書」。傳統上中國人對於「經」的理解是「一冊書」，但由於佛陀時代，對於教法都還是口傳爲主。這個地方致使讓人誤解，是「一本經書」，事實上只是口頭上的「教法」。英譯本的譯者翻成「text」恐怕也是錯的。

【第二句】

samanantara-samāpannasya khalu punar bhagavato
māndārava-mahā-mandāravāṇāṁ mañjūṣaka-mahā-mañjūṣakāṇāṁ
divyānāṁ puṣpāṇāṁ mahat puṣpa-varṣam abhiprāvarṣat,
bhagavantaṁ tāś ca catasraḥ parṣado 'bhyavākiran|

【辭彙研究】

1. समनन्तर samanantara 形容詞　緊臨
   1.1 【詞尾變化】沒有詞尾變化。
   1.2 【摩威梵英,p1155】
      1.2.1 mf（*ā*）n. immediately contiguous to or following BhP. ;
      1.2.2（*am*）ind. immediately behind or after MBh.
   1.3 【梵漢辭典】沒有這個字。

2. मान्दारव māndārava 名詞　曼陀羅花

2.1 【詞尾變化】沒有詞尾變化。

2.2 【摩威梵英,p810】m. a partic. mystical flower Buddh.

2.3 【梵漢辭典,702】（陽性名詞）〔=māndāra〕;（經文）微妙音花;曼陀羅花。

3. मान्दारवाणां māndāravāṇāṁ 即 māndārava 的複數屬格。

4. मञ्जूषक mañjūṣaka 名詞　曼殊沙花

4.1 【詞尾變化】沒有詞尾變化。

4.2 【摩威梵英,p810】m. a partic. mystical flower Buddh.

4.3 【梵漢辭典,706】（陽性名詞）〔天上花卉的一種〕;（經文）曼殊顏花，曼殊沙花。

5. मञ्जूषकाणां mañjūṣakāṇāṁ 即 mañjūṣaka 的複數屬格。

6. दिव्यानां divyānāṁ 形容詞　天上的

6.1 【詞尾變化】divyānāṁ 根據連音規則是由 divyānām 變化，而 divyānām 是 divya 的複數屬格，所以字典要查 divya。

6.2 【摩威梵英,p479】

6.2.1 mfn. divine , heavenly , celestial, RV. AV. MBh.; supernatural , wonderful , magical; charming , beautiful , agreeable;

6.2.2 m. a kind of animal（= *dhanvana*）;

6.2.3（*ā*）f. N. of plants; a kind of perfume ; N. of a Buddh. deity; of an Apsaras;

6.2.4 n. the divine world or anything dñdivine ;

6.2.5 pl. the celestial regions , the sky , heaven RV. ; an ordeal; oath , solemn promise; a sort of sandal;

6.3 【梵漢辭典,395】（形容詞）天上的，神聖的，超自然的；天界的，壯大的；（經文）天，天上；妙，上妙，最上。

7. पुष्पाणां puṣpāṇāṁ 名詞　花

7.1 【詞尾變化】puṣpāṇāṁ 根據連音規則是由 puṣpāṇām 變化，而 puṣpāṇām 是 puṣpa 的複數屬格，所以字典要查 puṣpa。

7.2 【摩威梵英,p639】

7.2.1 n. a flower , blossom, in names of plants oftener AV; the menstrual flux; a partic. disease of the eye , albugo; a spot on the nails and teeth ;（in dram.）gallantry , politeness , declaration of love ; N. of a Sāman ; of a book; a kind of perfume ; the vehicle of Kubera ; blooming , expanding ;

7.2.2 m. a topaz ; N. of a serpent-demon MBh. ; of a son of Śliṣṭi;of a Bodhi-sattva（?）; of a mountain ; of a book;

7.2.3（ā）f. N. of the town Campā.

7.3 【梵漢辭典,998】（中性名詞）花（經文）花；華。

8. वर्षं varṣam 形容詞　雨

8.1 【詞尾變化】varṣam 是 varṣam 的單數對格，所以字典要查 varṣa。

8.2 【摩威梵英,p927】

8.2.1 mf（ā）n. raining BhP. ;

8.2.2 m. and(older)n. rain , raining , a shower RV.;(pl.)the rains AV. ; a cloud ; a year（commonly applied to age）; a day; a division of the earth as separated off by certain mountain ranges MBh.;

8.2.3 m. N. of a grammarian;

8.3 【梵漢辭典,1393】（形容詞）下～之雨；雨（經文）雨。

9. अभिप्रावर्षत् abhiprāvarṣat 動詞　普雨

9.1 【詞尾變化】abhiprāvarṣat 是由 abhi-pra-√vṛṣ 的第三人稱過去式變化，所以字典要查√vṛṣ。

9.2 【摩威梵英,p1013】

9.2.1 cl. 1.to rain RV. ; to rain down , shower down , pour forth , effuse , shed; to strike , hurt , vex , harass, to cause to rain or to fall down as rain RV. MBh. ;（without acc.）to cause or produce rain; to rain upon（= overwhelm）with（a shower of arrows instr.）MBh. ; to have manly power , have generative vigour.

9.3 【梵漢辭典,1476】（動詞）注在～之上；使下雨（經文）雨；普雨。

10. ताश्च tāś ca 代名詞　彼等

10.1 【詞尾變化】tāś ca 根據連音規則是由 tāḥ ca 變化過來，這裡 taḥ 是 ta 的複數主格，所以字典要查 ta。

10.2 【摩威梵英,p431】pronom. base see *tad.*

10.3 【梵漢辭典,1266】（代名詞）他；她，彼，彼等；她的，此等的（經文）此，如是。

11. पर्षदोऽभ्यवाकिरन् parṣado 'bhyavākiran 形容詞　覆蓋大眾的

11.1 【詞尾變化】parṣado 'bhyavākiran 根據連音規則是由 parṣadaḥ abhyavākiran 變化過來，parṣadaḥ 是 parṣad 的單數從格，已知意義「大眾」，而 abhyavākiran 是由 abhy-ava-√kṝ 組成變化，是其現在主動分詞形，所以字典要查 abhy-ava-√kṝ。

11.2 【摩威梵英,p431】1 cl. 6. P. to pour out , scatter , throw , cast , disperse RV. MBh.; to throw up in a heap , heap up, to throw off from one's self RV: P. to strew , pour over , fill with , cover with MBh. R. ;

11.3 【梵漢辭典,606】(形容詞) 灌注；擴散，使分散，覆蓋 (經文) 散，遍散。

【筆者試譯】：緊接著下來，天上的曼陀羅花與大曼陀羅花、曼殊沙花與大曼殊沙花，天上的花，像下雨一樣，(很多很多) 花朵 (紛紛) 普遍地落下著，向著佛陀與 (現場的) 四眾們散落下來。

【什公漢譯】：是時天雨曼陀羅華、摩訶曼陀羅華、曼殊沙華、摩訶曼殊沙華，而散佛上及諸大眾。

【英 譯 本】：there fell a great rain of divine flowers, Mandâravas and great Mandâravas, Mañgûshakas and great Mañgûshakas, covering theLord and the four classes of hearers,

【信譯研究】：信譯。

【第三句】

sarvāvac ca Buddha-kṣetraṁ ṣaḍ-vikāraṁ prakampitam abhūc calitaṁ saṁpracalitaṁ vedhitaṁ saṁpravedhitaṁ kṣubhitaṁ saṁprakṣubhitam|

【辭彙研究】

1. सर्वावच् sarvāvac 形容詞　接近一切

1.1 【詞尾變化】sarvāvac 根據連音規則是由 sarva-āvac 組成變化而成，sarva 已知爲「一切」。但 āvac 根據連音規則，是從 āvat 變化過來，所以字典要查 āvat。

1.2 【摩威梵英,p68】f. proximity AV.（opposed to parā-vat）.

1.3 【梵漢辭典,p215】（陰性形容詞）接近。

2. बुद्धक्षेत्रं Buddha-kṣetraṁ 名詞 佛國刹土

2.1 【詞尾變化】Buddha 已知爲「佛」。所以字典要查 kṣetraṁ，但 kṣetraṁ 根據連音規則是 kṣetram 的變化，而 kṣetram 是 kṣetra 的單數對格變化，所以字典要查 kṣetra。

2.2 【摩威梵英,p332】n. landed property , land , soil ; `soil of merit' , a Buddha or any holy person; a field RV. ; place , region , country RV. AV.; a house ; a town; department , sphere of action MBh. ; place of origin , place where anything is found BhP.; a sacred spot or district , place of pilgrimage ; an enclosed plot of ground , portion of space , superficies;（in geom.）a plane figure enclosed by lines , any figure considered as having geometrical dimensions; a diagram; a planetary orbit ; a zodiacal sign Su1ryas. ; an astrological mansion ;（in chiromancy）certain portions marked out on the palm ; `fertile soil' , the fertile womb , wife MBh.; the body（considered as the field of the indwelling soul）;

2.3 【梵漢辭典,p625】（中性名詞）領地；土地；耕地，場所，地點；（經文）領土；國土；刹土。

3. विकारं vikāraṁ 名詞 變異

3.1 【詞尾變化】vikāraṁ 根據連音規則是 vikāram 的變化，而 vikāram 是 vikāra 的單數對格變化，所以字典要查 vikāra。

3.2 【摩威梵英,p954】

3.2..1 m. change of form or nature , alteration or deviation from any natural state , transformation , modification , change（esp. for the worse）of bodily or mental condition , disease , sickness , hurt , injury ,（or）perturbation , emotion , agitation , passion MBh. ; an apparition , spectre ; extravagance; a product Gaut. ; a production or derivative from Prakṛiti; the derivative of a word; contortion of the face , grimace Kathās. ; change of sentiment , hostility , defection MBh. ;

3.2.2 *-tas* ind. from or through change;

3.2.3 *-tva* n. the state of change , transformation Vedāntas. ;

3.2.4 -*maya* mf（*ī*）n. consisting of derivatives（from Prakṛiti）;

3.2.5 –*vat* mfn. undergoing changes;

3.2.6 -*hetu* m. `cause of perturbation' , temptation , seduction.

3.3 【梵漢辭典,p1428】（陽性名詞）變換，變更，變化，變形，不同；（經文）變異，變，異，轉。

4. प्रकम्पितम् prakampitam 形容詞　震動

4.1 【詞尾變化】prakampitam 是 prakampita 的單數對格變化，所以字典要查 prakampita。

4.2 【摩威梵英,p652】

4.2.1 mfn. trembling , quaking Suparn ;（fr. Caus.）made to tremble , shaken;

4.2.2 n. trembling or violent motion Var.

4.3 【梵漢辭典,p1428】（中性形容詞）（過去被動分詞）震動；（經文）動，震動，遍動。

5. अभूच् abhūc 動詞　發生

5.1 【詞尾變化】abhūc 根據連音規則是由 abhūt 變化而成，abhūt 是從√bhū 的不定過去式（Aorist）變化過來，所以字典要查 bhū。

5.2 【摩威梵英,p760】1 cl. 1. P. arise , come into being , exist , be found , live , stay , abide , happen , occur RV.; to fall to the share or become the property of , belong to MBh. ; to serve for , tend or conduce to RV. ; to be occupied with or engaged in , devote one's self to（with loc.）MBh. ; to thrive or prosper in（instr.）, turn out well , succeed RV. ; to be of consequence or useful; to fall , or get into , attain to , obtain MBh. ; to obtain it , to cause to be or become , call into existence or life , originate , produce , cause , create; to cherish , foster , animate , enliven , refresh , encourage , promote , further MBh. ; to addict or devote one's self to , practise（acc.）MBh. ; to subdue , control ; to obtain Jaim.; to manifest , exhibit , show , betray MBh.; to purify BhP. ; to present to the mind , think about , consider , know , recognize as or take for（two acc.）MBh. ; to mingle , mix , saturate , soak , perfume Kaus3. Sus3r. , to wish to cause to be , to strive to be quickly possessed MBh. ; to want to get on , strive to prosper or succeed MBh. ; to want to have , care for , strive after , esteem , honour MBh. ; to want to take revenge BhP., to be frequently , to be in the habit of BhP.; to be transformed into（acc.）RV. AV. ;

5.3 【梵漢辭典,p277】（動詞）成爲，發生，產生，引發；（經文）成，做，爲，有，出，現。

6. चलितं calitaṁ 形容詞　震動（六種震動之一）

6.1 【詞尾變化】calitaṁ 根據連音規則是由 calitam 變化而來，而 calitam 則是 calita 的單數對格變化，所以字典要查 calita。

6.2 【摩威梵英,p391】

6.2.1 mfn. shaking , tremulous , unfixed MBh. ; one who has moved on MBh. ; gone , departed; walked; being on the march（an army）; moved from one's usual course , disturbed , disordered（the mind , senses , fortune , &c.）; caused to deviate , turned off from（abl.）

6.2.2 ; n. unsteady motion（of eyes）.

6.3 【梵漢辭典,p1428】（過去被動分詞）（經文）震，動；起；踊。

7. संप्रचलितं saṁpracalitaṁ 形容詞　震動（六種震動之一）

7.1 【詞尾變化】saṁpracalitaṁ 根據連音規則是由 saṁpracalitam 變化而來，而 saṁpracalitam 則是 saṁpracalita 的單數對格變化，而 saṁpracalita 是 saṁ-pracalita 所組成，所以字典要查 saṁ-pracalita。

7.2 【摩威梵英,p1152, saṁ=sam】2 ind. with , together with , along with , together , altogether.

7.3 【摩威梵英,p391, pracalita】

7.3.1 mfn. set in motion , moved , shaken , tremulous , rolling（as the eye）MBh.; one who has set out , proceeded , departed; confused , bewildered , perplexed MBh. BhP. ; current , customary , circulating ; prevailing , recognized , received（as authority or law）ib. ;

7.3.2 n. going away , departure BhP.

7.4 【梵漢辭典,p1104】（過去被動分詞）（經文）普動，普遍起。

8. वेधितं vedhitaṁ 形容詞　震動（六種震動之一）

8.1 【詞尾變化】vedhitaṁ 根據連音規則是由 vedhitam 變化而來，而 vedhitam 則是 vedhita 的單數對格變化，所以字典要查 vedhita。

8.2 【摩威梵英,p1018】mfn. , pierced , perforated , penetrated ; shaken , trembling（applied to the earth）.

8.3 【梵漢辭典,p1406】（Vyadh 的過去分詞）。

8.4 【梵漢辭典,p1482, Vyadh】（第四類動詞）穿刺，穿孔，打擊，傷害，壓倒。

9. संप्रवेधितं saṁpravedhitaṁ 形容詞　普遍震動（六種震動之一）（說明如同上面第 7 個單字）。

10. क्षुभितं kṣubhitaṁ 形容詞　震動（六種震動之一）

10.1 【詞尾變化】kṣubhitaṁ 根據連音規則是由 kṣubhitam 變化而來，而 kṣubhitam 則是 kṣubhita 的單數對格變化，所以字典要查 kṣubhita。

10.2 【摩威梵英,p331】mfn. agitated , shaken , tossed , set in motion MBh.; agitated（mentally）, disturbed , frightened , alarmed , afraid（mostly in comp.）; angry , enraged.

10.3 【梵漢辭典,p629】（過去被動分詞）（經文）震，擊；動亂。

11. संप्रक्षुभितं saṁprakṣubhitam 形容詞　一起震動（六種震動之一）（說明如同上面第 7 個單字）。

【筆者試譯】：緊鄰一切諸佛的國土發生了六種不同的震動，（這六種震動的名稱是）：calita 方式震動、saṁpracalita 方式的振動、vedhita 方式的振動、saṁpravedhita 方式的振動、kṣubhita 方式的振動以及 saṁprakṣubhita 方式的震動。

【什公漢譯】：普佛世界六種震動。

【英 譯 本】：while the whole Buddha field shook in six ways: it moved, removed, trembled, trembled from one end to the other, tossed, tossed along.

【信譯研究】：非信譯。因爲梵本內明白顯示震動的方式。什公漢譯未出。

【第四句】

tena khalu punaḥ samayena tasyāṁ parṣadi bhikṣu-bhikṣuṇy-upāsakopāsikā-deva-nāga-yakṣa-gandharvāsura-garuḍa-kinnara-mahoraga-manuṣyāmanuṣyāḥ saṁnipatitā abhūvan saṁniṣaṇṇāḥ, rājānaś ca maṇḍalino bala-cakra-vartinaś catur-dvīpaka-cakra-vartinaś ca|

【辭彙研究】

1. पर्षदि parṣadi 名詞　大眾

1.1 【詞尾變化】parṣadi 是由 parṣad 的單數於格變化，所以字典要查 parṣad。

1.2 parṣad 爲「大眾」、「徒眾」之意，本段第一句第 4 個單字已有說明。

2. उपासकोपासिका upāsakopāsikā 形容詞　優婆塞與優婆夷的（在家男女眾）

2.1 【詞尾變化】upāsakopāsikā 根據連音規則是由 upāsaka upāsikā 組合變化而來，而 upāsikā 則是 upāsaka 的陰性名詞，所以字典要查 upāsaka。

2.2 【摩威梵英,p215】

2.2.1 mfn. serving , a servant; worshipping , a worshipper , follower; intent on , engaged or occupied with ; a Buddhist lay worshipper（as distinguished from the Bhikṣu）;

2.2.2（*ikā*）f. a lay female votary of Buddha（as distinguished from a Bhikṣuṇī）

2.3 【梵漢辭典,p1343】（形容詞）（陰性爲- ikā）服侍，（陽性名詞）僕人；，侍從，崇拜者，信徒（尤其是指佛陀的）；（經文）近事男，居士，近善男，在家，優婆塞。

3. मनुष्यामनुष्याः manuṣyāmanuṣyāḥ 形容詞　集會的

3.1 【詞尾變化】manuṣyāmanuṣyāḥ 是 manuṣyāmanuṣya 的複數主格，又 manuṣyāmanuṣya 是由 manuṣya-amanuṣya 兩個字所組成。所以字典要查 manuṣya。

3.2 【摩威梵英,p784, manuṣya】

3.2.1 mf（ā）n. human , manly , useful or , friendly to man RV. AV.;

3.2.2 m. a man , human being RV ; a man（as opp. to woman）; a husband; a class of deceased ancestors（those who receive the Piṇḍa offering）.

3.3 【摩威梵英,p80, amanuṣya】m. no man , any other being but a man ; a demon.

3.4 【梵漢辭典,p711】（陽性名詞複數）人類與非人類；（經文）人非人。

4. संनिपतिता saṁnipatitā 形容詞　集會的

4.1 【詞尾變化】saṁnipatitā 根據連音規則是由 saṁnipatita 變化而來，所以字典要查 saṁnipatita。

4.2 【摩威梵英,p1146】mfn. flown or fallen down , descended; met together , assembled; appeared , arrived MBh.

4.3 【梵漢辭典,p1102】（形容詞）（過去被動分詞）飛下，降落，召集，聚集，集合，出現，到達（陽性名詞）僕人；，侍從，崇拜者，信徒（尤其是指佛陀的）；（經文）來，集，來會，俱來，雲集。

5. अभूवन् abhūvan 動詞　發生

5.1 【詞尾變化】abhūvan 是√bhū 的第三人稱不定過去式變化，有關√bhū 的說明如本段第三句第 5 個單字。

6. संनिषण्णाः saṁniṣaṇṇāḥ, 形容詞　集會的

6.1 【詞尾變化】saṁniṣaṇṇāḥ 是由 saṁniṣaṇṇa 的主格複數變化而來，所以字典要查 saṁniṣaṇṇa。

6.2 【摩威梵英,p1147】settled down , seated; halted , stationary.

6.3 【梵漢辭典,p1102】（形容詞）（經文）坐，居。

7. मण्डलिनो maṇḍalino 名詞　小國王

7.1 【詞尾變化】maṇḍalino 根據連音規則是由 maṇḍalinaḥ 變化過來，而 maṇḍalinaḥ 則是 maṇḍalin 的主格複數變化而來，所以字典要查 maṇḍalin。

7.2 【摩威梵英,p390】

7.2.1 mfn. forming a circle or ring , surrounding , enclosing; a whirlwind ; marked with round spots（as a snake）; possessing or ruling a country ;

7.2.2 m. the ruler of a province; the sun ; a snake or a partic. species of snake（cf. above）MBh.; a chameleon ; a cat ; a polecat ; a dog ; the Indian fig-tree L. ;

7.3 【梵漢辭典,p701】（形容詞）形成圓圈或圓環壯的；統治一國的；旋風（經文）輪，具輪；（陽性名詞）一國的統治者；（經文）小王。

8. बल bala 名詞　力

8.1 【詞尾變化】沒有詞尾變化。

8.2 【摩威梵英,p359】

8.2.1 n. power , strength , might , vigour , force , validity RV. MBh. ; Force personified as one of the Visve Deva1h2 MBh. ; power of , expertness in (loc.) ; stoutness , bulkiness ; military force , troops , an army Mn. MBh. ;

8.2.2 m. a crow MBh. ; half-ripe barley ; N. of a demon conquered by Indra RV. ; of an elder brother of Kṛishṇa MBh.; (with Jainas) a white Bala or elder brother of Vāsudeva; N. of a son of Varuṇa and brother of Surā MBh. ; of an attendant on Skanda ; of a son of Aṅgiras ; of a son of Parikshit; of a son of Parijātra BhP. ; of a son of Kṛishṇa ; of a lexicographer Naish. ; of a horse of the Moon ;

8.2.3 (*ā*) f. Sida Cordifolia; N. of a partic. charm; the youngest sister in a drama ; N. of a daughter of Daksha ; of a daughter of Raudrāśva; of a female divinity who executes the orders of the 17th Arhat of the present Avasarpiṇī ; of a peasant girl ;

8.3 【梵漢辭典,p240】(名詞)能力，體力，活力(經文)力，友力，勢力，諸力，大力。

9. वर्तिनश्चतुर् vartinaś catur 名詞　停留四

9.1 【詞尾變化】vartinaś catur 根據連音規則是由 vartinaḥ catur 變化過來，catur 已知道爲「四」，而 vartinaḥ 則是 vartin 的主格複數變化而來，所以字典要查 vartin。

9.2 【摩威梵英,p476】

9.2.1 mfn. abiding , staying , resting , living or situated in (mostly comp.) ; being in any position or condition , engaged in , practising , performing MBh. ; obeying , executing ; conducting one's self , behaving , acting MBh.; behaving properly towards ib.; turning , moving , going MW. ;

9.2.2 m. the meaning of an affix.

9.3 【梵漢辭典,p1394】(形容詞)逗留於，停留在，棲息於，存在於，處在，實行，從事，進行(經文)轉，起。

10. द्वीपक dvīpaka 名詞　洲

10.1 【詞尾變化】dvīpaka 並非梵文，而是屬於佛教混合梵文轉寫過來。其與梵文的 dvīpa 相同意思。〔註 25〕故字典查 dvīpa。

10.2 【摩威梵英,p245】m. n. an island , peninsula , sandbank RV MBh. ; a

〔註 25〕請見 Franklin Edgerton《Buddhist Hybrid Sanskrt Grammar and Dictionary · II》, printed by Motilal Banarsidass Co. Ltd. Delhi, India, Reprint:1993, p.275。

division of the terrestrial world.

10.3 【梵漢辭典,p423】（陽性名詞）河中的沙洲；島；同一中心的大陸（經文）洲，洲渚；洲城。

【筆者試譯】：而在此刻，前來集會的大眾，有比丘，比丘尼，在家居士的男女，還有天人、龍（蛇）、夜叉、乾闥婆、阿修羅、金翅鳥、緊那羅、摩睺羅、人類與非人類，還有國王們，包含了統治小國的國王，與統治四（大部）洲的轉輪聖王。

【什公漢譯】：爾時會中比丘、比丘尼、優婆塞、優婆夷、天龍、夜叉、乾闥婆、阿修羅、迦樓羅、緊那羅、摩睺羅伽、人、非人，及諸小王轉輪聖王。

【英 譯 本】：Then did those who were assembled and sitting together in that congregation, monks, nuns, male and female lay devotees, gods, Nâgaas, goblins, Gandharvas, demos, Garudas, Kinnaras, great serpents, men, and beings not human, as well as governors of a region, rulers of armies and rulers of four continents, all of them with their followers,

【信譯研究】：信譯。不過英譯本把梵文的「nāga」，翻譯成「serpents」（蛇），這是該字在梵文上的意義。而中國佛教時常翻譯成「龍」。中間的差異需要進一步討論。

【第五句】

te sarve saparivārā bhagavantaṁ vyavalokayanti sma āścarya-prāptā adbhuta-prāptā audbilya-prāptāḥ||

【辭彙研究】

1. ते te 副詞　在那時；此刻

1.1 【詞尾變化】te 是 tad 的複數主格，故字典查 tad。

1.2 【摩威梵英,p434】

1.2.1 m. he f. she n. it , that , this RV. &c. ;

1.2.2（*tad*）n. this world ;

1.2.3 ind. there , in that place , thither , to that spot AV.; then , at that time , in that case RV. AV.. ; thus , in this manner , with regard to that;on that account , for that reason , therefore , consequently MBh.; now （clause-connecting particle）AV. ; so also , equally , and AV.

1.3 【梵漢辭典,p1267】（副詞）在其處，在彼方，這樣地，如此地，在其時，關於～；如那樣，在那時，是故，因此，（經文）其，此，是，彼，爾，此是。

2. सपरिवारा saparivārā 名詞　隨從

2.1 【詞尾變化】saparivārā 根據連音規則是由 saparivārāḥ 變化過來，而 saparivārāḥ 是 saparivāra 的複數主格。故字典查 saparivāra。

2.2 資料前面已有說明。

3. व्यवलोकयन्ति vyavalokayanti 動詞　凝視，觀看

3.1 【詞尾變化】vyavalokayanti 是由 vyava-lokayanti 所組成，而 lokayanti 是√lok 的第三人稱複數使役法過去式變化，配合前綴形成了 vyava-√lok。故字典查 vyava-√lok。

3.2 【摩威梵英,p906】cl. 1. A1. to see , behold , perceive: ; to know , recognize.

3.3 【梵漢辭典,p661】（第一類動詞）注視，凝視，觀看，認識；（經文）觀，觀察，視，看。

4. आश्चर्यप्राप्ता āścaryaprāptā 形容詞　感到好奇

4.1 【詞尾變化】āścaryaprāptā 是由 āścarya-prāptā 所組成，而 prāptā 根據連音規則是 prāpta 所變化，故字典查 āścarya-prāpta。

4.2 【摩威梵英,p158, āścarya】

4.2.1 mfn. , appearing rarely , curious , marvellous , astonishing , wonderful , extraordinary ;

4.2.2（*am*）ind. rarely , wonderfully;

4.2.3（*am*）n. strange appearance ; a wonder , miracle , marvel , prodigy ; wonder , surprise , astonishment.

4.3 【摩威梵英,p707, prāpta】

4.3.1 mfn. attained to , reached , arrived at , met with , found , incurred , got , acquired , gained MBh. ; one who has attained to or reached AV. ; come to （acc.）, arrived , present MBh. ; accomplished , complete , mature , full-grown; indicated , serving the purpose ; obtained or following from a rule , valid ; fixed , placed ; proper , right ;

4.3.2 m. pl. N. of a people.

4.4 【梵漢辭典,p173, āścarya】（形容詞）奇異的，不思議的；（經文）稀奇，甚奇，甚希有，希有奇特，甚爲可怪。

4.5 【梵漢辭典,p928, prāpta】（過去被動分詞）所得，所獲，贏得，到達；（經文）得，所得，已得，獲得，逮得。

5. अद्भुतप्राप्ता adbhuta 形容詞　希有的

5.1 【詞尾變化】沒有詞尾變化。

5.2 【摩威梵英,p19】

5.2.1 mfn., supernatural , wonderful , marvellous.

5.2.2 m. the marvellous（in style）, surprise ; N. of the Indra of the ninth Manvantara ,

5.2.3（*am*）n. a marvel , a wonder , a prodigy.

5.3 【梵漢辭典,p28】（形容詞）稀有的，不可思議的；（經文）甚奇，奇特，稀奇，希有，未曾有。

6. औद्बिल्यप्राप्ताः audbilya 形容詞　非常歡喜

6.1 【詞尾變化】沒有詞尾變化。

6.2 【摩威梵英,p238】n. excessive joy Buddh.

6.3 【梵漢辭典,p203】（中性形容詞）大呼險，自滿，得意，氣宇軒昂；（經文）歡喜，歡悅，踴躍。

【筆者試譯】：此刻所有（參與大會的）隨行者們凝視著佛陀，（心中）感到好奇，覺得美妙，也感到非常歡喜。

【什公漢譯】：是諸大眾得未曾有，歡喜合掌，一心觀佛。

【英 譯 本】：gaze on the Lord in astonishment, in amazement, in ecstasy.

【信譯研究】：信譯。什公漢譯扣緊主題，但於「歡喜」點出之外，增加了「合掌」，是梵本所無，可能是什公本人的意識所致，蓋「合掌」爲虔信之佛教徒自然動作，屬於動態對等，所以算是信譯。

【小結】

鳩摩羅什作品在此段，有兩句是非信譯。但什公漢譯大體上忠實原文，唯獨幾個地方，大概是梵文敘述詳盡，而予以刪煩，精練其譯文所致。

【第五段】

अथ खलु तस्यां वेलायां भगवतो भ्रूविवरान्तरादूर्णाकोशादेका रश्मिर्निश्चरिता। सा पूर्वस्यां दिशि अष्टादशबुद्धक्षेत्रसहस्राणि प्रसृता। तानि च सर्वाणि बुद्धक्षेत्राणि तस्या रश्मेः प्रभया सुपरिस्फुटानि संदृश्यन्ते स्म यावदवीचिर्महानिरयो यावच्च भवाग्रम्। ये च तेषु बुद्धक्षेत्रेषु षट्सु गतिषु सत्त्वाः संविद्यन्ते स्म, ते सर्वेऽशेषेण संदृश्यन्ते स्म। ये च तेषु बुद्धक्षेत्रेषु बुद्धा भगवन्तस्तिष्ठन्ति ध्रियन्ते यापयन्ति च, तेऽपि सर्वे संदृश्यन्ते स्म। यं च ते बुद्धा भगवन्तो धर्मं देशयन्ति, स च सर्वो निखिलेन श्रूयते स्म। ये च तेषु बुद्धक्षेत्रेषु भिक्षुभिक्षुण्युपासकोपासिका योगिनो योगाचाराः प्राप्तफलाश्चाप्राप्तफलाश्च, तेऽपि सर्वे संदृश्यन्ते स्म। ये च तेषु बुद्धक्षेत्रेषु बोधिसत्त्वा महासत्त्वा अनेकविविधश्रवणारम्बणाधिमुक्तिहेतुकारणैरुपायकौशल्यैर्बोधिसत्त्वचर्यां चरन्ति, तेऽपि सर्वे संदृश्यन्ते स्म। ये च तेषु बुद्धक्षेत्रेषु बुद्धा भगवन्तः परिनिर्वृताः, तेऽपि सर्वे संदृश्यन्ते स्म। ये च तेषु बुद्धक्षेत्रेषु परिनिर्वृतानां बुद्धानां भगवतां धातुस्तूपा रत्नमयाः तेऽपि सर्वे संदृश्यन्ते स्म॥

【羅馬譯音】

atha khalu tasyāṁ velāyāṁ bhagavato bhrūvivarāntarādūrṇākośādekā raśmirniścaritā| sā pūrvasyāṁ diśi aṣṭādaśabuddhakṣetrasahasrāṇi prasṛtā| tāni ca sarvāṇi buddhakṣetrāṇi tasyā raśmeḥ prabhayā suparisphuṭāni saṁdṛśyante sma yāvadavīcirmahānirayo yāvacca bhavāgram| ye ca teṣu buddhakṣetreṣu ṣaṭsu gatiṣu sattvāḥ saṁvidyante sma, te sarve'śeṣeṇa saṁdṛśyante sma| ye ca teṣu buddhakṣetreṣu buddhā bhagavantastiṣṭhanti dhriyante yāpayanti ca, te'pi sarve saṁdṛśyante sma| yaṁ ca te buddhā bhagavanto dharmaṁ deśayanti, sa ca sarvo nikhilena śrūyate sma| ye ca teṣu buddhakṣetreṣu bhikṣubhikṣuṇyupāsakopāsikā yogino yogācārāḥ prāptaphalāścāprāptaphalāśca, te'pi sarve saṁdṛśyante sma| ye ca teṣu buddhakṣetreṣu bodhisattvā mahāsattvā anekavividhaśravaṇārambaṇādhimuktihetukāraṇairupāyakauśalyairbodhisattvacaryā ṁ caranti, te'pi sarve saṁdṛśyante sma| ye ca teṣu buddhakṣetreṣu buddhā bhagavantaḥ parinirvṛtāḥ, te'pi sarve saṁdṛśyante sma| ye ca teṣu buddhakṣetreṣu parinirvṛtānāṁ buddhānāṁ bhagavatāṁ dhātustūpā ratnamayāḥ te'pi sarve saṁdṛśyante sma||

【第一句】

atha khalu tasyāṁ velāyāṁ bhagavato bhrū-vivarāntarād ūrṇā-kośād-ekā raśmir niścaritā|

【辭彙研究】

1. तस्यां tasyāṁ 副詞　在此

1.1 【詞尾變化】tasyāṁ 根據連音規則是 tasyām 變過來，而 tasyām 是 tad 的陰性單數於格變化。所以字典要查 tad。

1.2 有關 tad 在第四段第五句第 1 個單字已有說明。

2. वलायां velāyāṁ 名詞　時候

2.1 【詞尾變化】velāyāṁ 根據連音規則是 velāyām 變過來，而 velāyām 是 velā 的陰性單數於格變化。所以字典要查 velā。

2.2 【摩威梵英,p1018】f. limit , boundary , end; distance ; boundary of sea and land, coast , shore MBh.; limit of time , period , season , time of day , hour; opportunity , occasion , interval , leisure MBh.; meal-time , meal; the last hour , hour of death BhP. ; easy or painless death; tide , flow, stream , current MBh.;the gums ; speech ; N. of the wife of Buddha ; of a princess found on the seashore.

2.3 【梵漢辭典,p1407】

2.3.1（陰性名詞）末端，近頭，分界線，邊界，海岸，海濱；時間的界線，期間，日中的時間，時間，機會，時候，潮水；

2.3.2（經文）時、候、分、限、岸、期限。

3. भरू bhrū 名詞　眉毛

3.1 【詞尾變化】沒有詞尾變化。

3.2 【摩威梵英,p770】f. an eyebrow , the brow RV.

3.3 【梵漢辭典,p276】（陰性名詞）眉，眉毛；（經文）眉，眉毛，兩目。

4. विवरान्तराद vivarāntarād 形容詞　置～中間

4.1 【詞尾變化】vivarāntarād 是由 vivara-antarād 組成。而 antarād 是由 antara+ad（動詞詞尾）組成，所以字典查 vivara-antara。

4.2 【摩威梵英,p988,vivara】

4.2.1 m. n. a fissure , hole , chasm , slit , cleft , hollow , vacuity RV.; intermediate space , interstice MBh.; difference; a breach , fault , flaw , vulnerable or weak point MBh.; harm , injury; expansion , opening , widening BhP. ; N. of the number , nine ; a partic. high number Buddh. ;

4.2.2 *-darśaka* mfn. showing one's weak points MBh. ;

4.2.3 *-nālika* f. a fife , flute ;

4.2.4 *-rānuga* mfn. seeking after（another's）weak points MBh. ;

4.2.5 *-re-sad* mfn. abiding in intermediate space , an inhabitant of the sky.

4.3 【摩威梵英,p43, antara】

4.3.1 mf（*ā*）n. being in the interior , interior ; near , proximate , related , intimate ; lying adjacent to ; distant ; different from ; exterior ;

4.3.2（*am*）n. the interior ; a hole , opening ; the interior part of a thing , the contents ; soul , heart , supreme soul ; interval , intermediate space or time ; period ; term ; opportunity , occasion ; place ; distance , absence ; difference , remainder ; property , peculiarity ; weakness , weak side ; representation ; surety , guaranty ; respect , regard ; different , other , another, another country ;

4.3.3（*am*）, or *-tās* ind. in the interior , within.

4.4 【梵漢辭典,p1468, vivarāntara】（中性形容詞）（經文）中間，深險處。

5. उर्णा ūrṇā 名詞　眉間旋毛

5.1 【詞尾變化】沒有詞尾變化。

5.2 【摩威梵英,p221】（less correctly spelt urṇā）f. wool , a woollen thread , thread RV.; cobweb BhP. ; a circle of hair between the eyebrows; N. of several women ;

5.3 【梵漢辭典,p1351】（陰性名詞）羊毛，毛絲，線；（眉間）旋毛；（經文）羊毛；毫，（白）毫，眉間（白毫），毫相，毫光，白毫相。

6. कोशाद् kośād 動詞　藏

6.1 【詞尾變化】kośād 是由 kośa+ad（動詞詞尾）組成，所以字典查 kośa。

6.2 【摩威梵英,p314】

6.2.1 m. a cask , vessel for holding liquids ,(metaphorically) cloud RV.; a pail , bucket; a drinking-vessel , cup ; a box , cupboard , drawer , trunk RV. ; the interior or inner part of a carriage RV. MBh.; a sheath , scabbard , MBh.; a case , covering , cover AV. BhP. ; store-room , store , provisions MBh.; a treasury , apartment where money or plate is kept , treasure , accumulated wealth ; (in surg.) a kind of bandage; a dictionary , lexicon or vocabulary ; a poetical collection , collection of sentences; a bud , flower-cup , seed-vessel BhP.; the sheath or integument of a plant , pod , nut-shell ; a nutmeg ; the inner part of the fruit of Artocarpus integrifolia and of similar fruits L. ; the cocoon of a silk-worm; the membrane covering an egg (in the womb) ; the vulva ; a testicle or the scrotum; the penis ; an egg ; (in Vedānta phil.) a term for the three sheaths or succession of cases which make up the various frames of the body enveloping the soul; a ball or globe ; the water used at an ordeal or judicial trial (the defendant drinks thrice of it after some idol has been washed in it) ; an oath; a cup used in the ratification of a treaty of peace; N. of a conjunction of planets; of the 2nd astrological mansion , Var Yogay. ; (with Buddh.) of a collection of Gāthā verses ;

6.2.2 (*ā*) f. N. of a river MBh.; of a courtesan;

6.2.3 (*ī*) f. `a bud' ; a seedvessel ; the beard of corn ; a shoe , sandal ; a kind of perfume ; an iron ploughshare ;

6.4 【梵漢辭典,p603】(陽性名詞)大酒桶，水桶，提桶，寶庫，倉庫，儲藏；(經文)庫，藏，庫藏。

7. रश्मिर् raśmir 名詞　光明

7.1 【詞尾變化】raśmir 根據連音規則是 raśmiḥ 變過來，而 raśmiḥ 是 raśmi 的陽性單數主格變化。所以字典查 raśmi。

7.2 【摩威梵英,p869】m. a string , rope , cord , trace , rein , bridle , leash , goad , whip RV. ; a measuring cord RV. ; a ray of light , beam , splendour RV.; = anna , food ;

7.3 【梵漢辭典,p1019】(陽性名詞)線，繩，索，皮帶，光線，光澤，光輝；

（經文）光，光明，大光明，光耀，日光。

8. निश्चरिता niścaritā 動詞　放（在禪定中放射光明）

8.1 【詞尾變化】niścaritā 是由 niś-caritā 組成，其中 caritā 是√car 的陰性過去被動分詞。所以字典要查 niś-√car。

8.2 【摩威梵英,p389,car】cl. 1. to move one's self , go , walk , move , stir , roam about , wander RV. AV. ; to spread , be diffused（as fire）; to move or travel through , pervade , go along , followMBh. ; to behave , conduct one's self , act , live , treat（with instr. or loc.）RV. AV.; to be engaged in , occupied or busy with RV. AV.;（with a p. or adj. or ind. p. or adv.）to continue performing or being RV. AV. ;（in astron.）to be in any asterism or conjunction; to undertake , set about , under go , observe , practise , do or act in general , effect , make RV. AV ; to consume , eat（with acc.）, graze BhP.; to make or render; to pasture MBh. BhP.; to send , direct , turn , move MBh.; to cause any one（acc.）to walk through（acc.）MBh. ; to drive away from（abl.）MBh. ; to cause any one（acc.）to practise or perform（with acc.）; to cause（any animal acc.）to eat ; to cause to copulate ; to ascertain（as through a spy instr.）MBh., to try to go ; to wish to act or conduct one's self ; to try to have intercourse with（instr.）,; p. once P. %{-cUryat} Hariv. 3602）to move quickly or repeatedly , walk about , roam about（in loc.）MBh.; to act wantonly or coquettishly ;

8.3 【摩威梵英,p389, niś】

8.3.1 1 bcfore;

8.3.2 2 cl. 1. P., to meditate upon , be absorbed in meditation;

8.3.3 3 f. night MBh.; every night.

8.4 【梵漢辭典,p804, niścarita】（過去被動分詞）（經文）放（設）。

【筆者試譯】：就在此時，（在禪定狀況下）從世尊的兩眉旋毛中間放射一道光束來。

【什公漢譯】：爾時佛放眉間白毫相光。

【英 譯 本】：And at that moment there issued a ray from within the circle of hair between the eyebrows of the Lord.

【信譯研究】：信譯。

【第二句】

sā pūrvasyāṁ diśi aṣṭādaśa-buddha-kṣetra-sahasrāṇi prasṛtā|

【辭彙研究】

1. सा sā 代名詞　那個

1.1 【詞尾變化】sā 是 sa 的陰性變化。故字典查 sa。

1.2 【摩威梵英,p1111】the actual base for the nom. case of the 3rd pers. pron. RV.

1.3 【梵漢辭典,p1041】（代名詞）那（個），其；常爲第三人稱代名詞。

2. पूर्वस्यां pūrvasyāṁ 名詞　東方

2.1 【詞尾變化】pūrvasyāṁ 根據連音規則是由 pūrvasyām 變化過來，pūrvasyām 則是 pūrvā 的單數於格變化，所以字典查 pūrvā。

2.2 【摩威梵英,p634】

2.2.1 mf（*ā*）n.（connected with purā , puras , pra , and declined like a pron. when implying relative position whether in place or time , but not necessarily in abl. loc. sg. m. n. and nom. pl. m.）being before or in front fore , first RV. ; eastern , to the east of; former , prior , preceding , previous to , earlier than ; ancient , old , customary , traditional RV.; first（in a series）, initial , lowest Mn.;（with *vayas*）`first age' , youth MBh. ; foregoing , aforesaid , mentioned before MBh.;

2.2.2 m. an ancestor , forefather（pl. the ancients , ancestors）RV. ; an elder brother ; N. of a prince BhP. ;

2.2.3（*ā*）f. the east MBh. R. ; N. of a country to the east of Madhya-deśa ; of the Nakshatras Pūrva-phāgunt,

2.2.4 ; n. the fore part; a partic. high number（applied to a period of years）Buddh. ; N. of the most ancient of Jaina writings（of which 14 are enumerated）; N. of a Tantra Cat. ; an ancient tradition ;

2.2.5（*am*）ind. before（also as a prep）, formerly , hitherto , previously（sometimes with pres.）RV.

2.2.6 ind. in front , before ; eastward , to the east of;（with tataḥ）`to the east of that' MBh.

2.3 【梵漢辭典,p994】（陰性名詞）東方，東。

3. दिशि diśi 陰性名詞 一切地方。

3.1 【詞尾變化】diśi 是由 diś-i 構成，是 diś 的陰性變化，所以字典查 diś-i。

3.2 【摩威梵英,p227】

3.2.1 *diśi*, in all directions , everywhere ; from every quarter BhP.; hither and thither; looking into the quarter of the sky, from the extremities of the world; country , esp. foreign country , abroad; space; the numeral; a hint , reference , instance , example; precept , order , manner RV.; N. of a river MBh..

3.3 【梵漢辭典,p392】（陰性名詞）一切處，所有方向；（經文）（四）方，周遍方處，處處。

4. प्रसृता prasṛtā 動詞

4.1 【詞尾變化】prasṛtā 是由 pra-sṛtā 所組成，而 sṛtā 是√sṛ 的過去分詞陰性第三人稱單數的變化，意思等於 prasṛta。所以字典查 prasṛta。

4.2 【摩威梵英,p348】

4.2.1 mfn. come forth , issued from（abl. or comp.）MBh. ; displaced（as the humours of the body）; resounding（as tones）; held or stretched out ; wide-spreading ; extending over or to（loc.）; intent upon , devoted to ; prevailing , ordinary; intense , mighty , strong; set out , departed , fled ; humble , modest , quiet MBh. ;

4.2.2 m. the palm of the hand stretched out and hollowed as if to hold liquids ; a handful（as a measure = 2 Palas）;

4.2.3 pl. N. of a class of deities under the 6th Manu;

4.2.4（*ā*）f. the leg ;

4.2.5 n. what has sprung up or sprouted , grass , plants , vegetables MBh. ; agriculture ;

4.2.6 *-ja* m. N. of a partic. class of sons MBh. ;

4.2.7 *-mātra* n. see above ;

4.2.8 *-tāgra-pradāyin* mfn. offering the best of all that has grown MBh. ;

4.2.9 *-tāgra-bhuj* mfn. eating the best.

4.3 【梵漢辭典,p935】(過去被動分詞)(經文)生，所生，從～生，起；所流，馳散；隨順；充滿；周遍。

【筆者試譯】: 那(佛光)照明了東方(或是「前方」)一萬八千個佛國淨土。

【什公漢譯】: 照東方萬八千世界。

【英 譯 本】: It extended over eighteen hundred thousand Buddha-fields in the eastern quarter,

【信譯研究】: 信譯。

【第三句】

tāni ca sarvāṇi buddha-kṣetrāṇi tasyā raśmeḥ prabhayā suparisphuṭāni saṁdṛśyante sma yāvad avīcir mahā-nirayo yāvac ca bhavāgram|

【辭彙研究】

1. ये tāni 代名詞　彼
   1.1 【詞尾變化】tāni 是 tad 的中性對格複數的變化。所以字典查 tad。
   1.2 資料前面已有。
2. प्रभया prabhayā 名詞　光明
   2.1 【詞尾變化】prabhayā 是 prabhā 的單數工具格變化。所以字典查 prabhā。
   2.2 【摩威梵英,p683】f. light , splendour , radiance , beautiful appearance MBh. ; the shadow of the gnomon on a sun-dial ; light variously personified; of an Apsaras MBh. ; of a daughter of Svar-bhānu and mother of Nahusha; of the city of Kubera ; of a kind of metre; of sev.
   2.3 【梵漢辭典,p899】(陰性名詞)(發出光芒的)，壯麗，光輝，光，燦爛。(經文)光，明，光明，光罩，放光，焰明。
4. सुपरिस्फुटानि suparisphuṭāni 動詞　周遍
   4.1 【詞尾變化】supari-sphuṭāni 是 supari-√sphuṭ 的祈使法，意思與 supari-sphuṭa 相同，所以字典查 supari-sphuṭa。
   4.2 【摩威梵英,p1227, supari】g. saṁkāśādi.
   4.3 【摩威梵英,p1270, sphuṭa】

4.3.1 mfn. open , opened BhP. ; expanded , blossomed , blown MBh. ; plain , distinct , manifest , evident , clear MBh.;（in astron.）apparent , real , true , correct Su1ryas. ; spread , diffused , extensive , wide , broad Kum. ; extraordinary , strange ; full of , filled with , possessed by（instr. or comp.）; white ;

4.3.2 m. the expanded hood of a serpent;

4.3.3（*am*）ind. distinctly , evidently , certainly.

4.4 【梵漢辭典,p1236】（動詞）周遍。

5. संदृश्यन्ते saṁdṛśyante 動詞　顯現

5.1 【詞尾變化】saṁdṛśyante 是 saṁ-√dṛś 第三人稱複數現在式，意思同 saṁdṛśyate，字典查 saṁdṛśyate。

5.2 【摩威梵英,p1111, saṁ】ind. with , together with , along with , together , altogether RV.

5.3 【摩威梵英,p491, dṛś】

5.3.1 m. seeing , viewing , looking at ; knowing , discerning MBh.;

5.3.2 f. sight , view; look , appearance; the eye; theory , doctrine;（astrol.）the aspect of a planet or the observed spot.

5.4 【梵漢辭典,p401】（動詞）隨～（具格）出現；可觀察，顯現，（經文）出現，現，等顯現。

6. यावद् yāvad（代名詞＋動詞）顯示諸～

6.1 【詞尾變化】yāvad 是 ya-āvad 的變化而來。所以字典查 ya-āvad。

6.2 【摩威梵英,p838, ya】the actual base of the relative pronoun in declension.

6.3 【摩威梵英,p154, āvad】P. -vadati , to speak to , address ; to shout out ; to invoke , celebrate RV. AV.

6.4 【梵漢辭典,p218,ya】（代名詞）作爲～，身爲～的；常常當關係代名詞。（經文）諸。

6.5 【梵漢辭典,p1366, āvad】（動詞）把～（對格）說成；宣佈，指示，顯示，（經文）說，作說，言。

7. अवीचिर् avīcir 名詞　阿鼻地獄

7.1 【詞尾變化】avīcir 根據連音規則是 avīciḥ 的變化而來。而 avīciḥ 是 avīci 的單數主格的變化，所以字典查 avīci。

7.2 【摩威梵英,p110】

7.2.1 mfn. waveless ;

7.2.2（*is*）m. a particular hell Buddh.

7.3 【梵漢辭典,p218】（形容詞）無浪，無波動；不間斷；（陽性名詞）「地獄名稱」。（經文）地獄名：無間地獄，阿鼻地獄。

8. महानिरयो mahā-nirayo 名詞　大地獄

8.1 【詞尾變化】nirayo 根據連音規則，是由 nirayaḥ 變化過來，nirayaḥ 則是 niraya 的主格單數變化，所以字典查 niraya。

8.2 【摩威梵英,p553】m.（either fr. nis + i = egression , sc. from earthly life , or fr. nir + aya `without happiness'）Niraya or Hell（personified as a child of fear and death BhP.）MBh.

8.3 【梵漢辭典,p792】（陽性名詞）地獄；（經文）地獄；無可樂，無有卑下。

9. भवाग्रम् bhavāgram 代名詞　世界最遠的頂端

9.1 【詞尾變化】bhavāgram 是 bhavāgra 的單數主格變化，所以字典查 bhavāgra。

9.2 【摩威梵英,p749】n. the farthest end of the world Buddh.

9.3 【梵漢辭典,p263】（中性名詞）世界的最上部；（經文）有頂；第一有；極天；阿迦尼吒天。

【筆者試譯】：那佛的光明照亮了所有的佛國淨土，也把上自世界最頂的阿迦尼吒天，下至阿鼻地獄和大地獄都顯現了。

【什公漢譯】：靡不周遍，下至阿鼻地獄，上至阿迦尼吒天。

【英 譯 本】：so that all those Buddha-fields appeared wholly illuminated by its radiance, down to the great hell Avîki and up to the limit of existence.

【信譯研究】：信譯。

【第四句】

ye ca teṣu buddha-kṣetreṣu ṣaṭsu gatiṣu sattvāḥ saṁvidyante sma,
te sarve 'śeṣeṇa saṁdṛśyante sma|

【辭彙研究】

1. तेषु teṣu 代名詞　在他們

1.1 【詞尾變化】teṣu 是 tad 的於格複數形，所以字典查 tad。

1.2 Tad 相關資料前面已有說明。

2. षट्सु ṣaṭsu 數詞　六

2.1 【詞尾變化】ṣaṭsu 是 ṣaṣ 的於格複數變化。所以字典查 ṣaṣ。

2.2 相關資料前面已有說明。

3. गतिषु gatiṣu 形容詞　去，離開

3.1 【詞尾變化】gatiṣu 是 gata 的複數於格形，所以字典查 gati。

3.2 【摩威梵英,p347】

3.2.1 f. going , moving , gait , deportment , motion in general RV. ; manner or power of going ; going away; procession , march , passage , procedure , progress , movement MBh.; acting accordingly , obeisance towards; path , way , course; a certain division of the moon's path and the position of the planet in it（the diurnal motion of a planet in its orbit?）; issue; running wound or sore; place of issue , origin , reason; possibility , expedient , means ; a means of success ; way or art , method of acting , stratagem; refuge , resource;the position（of a child at birth）; state , condition , situation , proportion , mode of existence; a happy issue ; happiness MBh. ; the course of the soul through numerous forms of life , metempsychosis , condition of a person undergoing this migration MBh.; manner ; the being understood or meant Pat. ;（in gram.）a term for prepositions and some other adverbial prefixes when immediately connected with the tenses of a verb or with verbal derivatives ; a kind of rhetorical figure ; a particular high number Buddh. ; `Motion'（personified as a daughter of Kardama and wife of Pulaha）BhP. ;

3.2.2 m. N. of a son of Anala.

3.3 【梵漢辭典,p453】（陰性）去，離開，前進，輪迴；（經文）行，行止，至，到，往，所趣。

4. सत्त्वाः sattvāḥ 名詞　有情生命

4.1 【詞尾變化】sattvāḥ 是 sattva 的複數主格形，所以字典查 sattva。

4.2 相關資料前面已有說明。

5. संविद्यन्ते saṁvidyante 動詞　發現

5.1 【詞尾變化】saṁvidyante 是 saṁ-vidyante 組合，vidyante 則是√vid 的使役法變化。所以這裡字典查√vid。

5.2 【摩威梵英,p963】

5.2.1 1 cl. 2. P., to know , understand , perceive , learn , become or be acquainted with , be conscious of , have a correct notion of RV. ;to know or regard or consider as , take for , declare to be , call MBh. ; to mind , notice , observe , remember RV. AV. ; to experience , feel（acc. or gen.）RV.; to wish to know , inquire about （acc.） MBh.; to make known , announce , report , tell; to teach , explain ; to recognize or regard as , take for MBh. ; to feel , experience, to wish to know or learn , inquire about.

5.3 【梵漢辭典,p1415】（動詞）知道，理解，了解（經文）知，覺，覺知，了，了知。

5.4 綜合起來，意思就是「發現、存在」（經文）有，得，具有，具足得知，顯現。

6. सर्वेऽशेषेण sarve 'śeṣeṇa 形容詞　一切沒有剩下

1.1 【詞尾變化】sarve 'śeṣeṇa 根據連音規則是 sarve-aśeṣeṇa 兩個字的組成。aśeṣeṇa 是 aśeṣa 的工具格單數，這裡字典查 aśeṣa。

1.2 【摩威梵英,p113】

1.2.1 mf（*ā*）n. without remainder , entire , perfect , all ;

1.2.2 m. non-remainder ;

1.2.3（*am*）ind. entirely , wholly ;

1.3 【梵漢辭典,p174】（陽性）無殘餘，（形容詞）全部的，完全的；（經文）悉，盡，無餘，無有餘。

【筆者試譯】：並在各佛國淨土中毫不保留地，完全顯現了六道的眾生。

【什公漢譯】：於此世界，盡見彼土六趣眾生。

【英 譯 本】：And the beings in any of the six states of existence became visible, all without exception.

【信譯研究】：信譯。

【第五句】

ye ca teṣu buddha-kṣetreṣu buddhā bhagavantas tiṣṭhanti dhriyante yāpayanti ca, te 'pi sarve saṁdṛśyante sma|

【辭彙研究】

1. तिष्ठन्ति tiṣṭhanti 動詞　住

1.1 【詞尾變化】tiṣṭhanti 是√ sṭhā 的現在主動分詞，所以字典查√ sthā。

1.2 【摩威梵英,p1262】

1.2.1 1 cl. 1. P. to stand , stand firmly , station one's self stand upon , get upon , take up a position on RV.; to stay , remain , continue in any condition or action AV.; to remain occupied or engaged in , be intent upon , make a practice of , keep on , persevere in any act AV. MBh.; to continue to be or exist（as opp. to `perish'）, endure , last MBh.; to be , exist , be present , be obtainable or at hand AV.; to be with or at the disposal of , belong to（dat. gen. , or loc.）MBh. ; to stand by , abide by , be near to , be on the side of , adhere or submit to , acquiesce in , serve , obey(loc. or dat.)RV.; to stand still , stay quiet , remain stationary , stop , halt , wait , tarry , linger , hesitate RV. ; to behave or conduct one's self; to be directed to or fixed on(loc.); to be founded or rest or depend on , be contained in(loc.) RV. AV. MBh. ; to rely on , confide in; to stay at , resort to(acc.); to arise from（abl. or gen.）RV.; to desist or cease from; to remain unnoticed（as of no importance）, be left alone, to be stood;

1.2.2 ind. p. and , to cause to stand , place , locate , set , lay , fix , station , establish , found , institute AV.; to set up , erect , raise , build MBh. ; to cause to continue , make durable , strengthen , confirm MBh.; to prop up , support , maintain MBh. ; to affirm , assent ; to appoint（to any office loc.）MBh. ; to cause to be , constitute , make , appoint or employ as MBh.; to fix , settle , determine , resolve MBh.; to fix in or on , lead or being into , direct or turn towards AV. ; to introduce or initiate into , instruct in MBh. ; to make over or deliver up to ; to give in marriage MBh. ; to cause to stand still , stop , arrest , check , hold , keep in , restrain; to place aside , keep , save , preserve MBh., to wish to stand.

1.3 【梵漢辭典,p1207】（動詞）站在；使靜止；留住；停留；逗留；留住。（經文）止，立，住。

2. ध्रियन्ते dhriyante 動詞　擔任；承擔

2.1 【詞尾變化】dhriyante 是√dhṛ 的陰性現在式第三人稱複數，所以字典查√dhṛ。

2.2 【摩威梵英,p519】

2.2.1 cl. 1. P. Ā. to hold , bear（also bring forth）, carry , maintain , preserve , keep , possess , have , use , employ , practise , undergo RV.; to preserve soul or body , continue living , survive MBh. ; to hold back , keep down , stop , restrain , suppress , resist MBh.: to place or fix in , bestow or confer on（loc.）RV. AV.; destine for RV. ; present to（gen.）; to direct or turn（attention , mind）towards , fix or resolve upon（loc. or dat.）MBh. ; to be ready or prepared for;

2.2.2 P. A1. to owe anything（acc.）to（dat. or gen.）MBh. ; to prolong（in pronunciation）; to quote , cite ; to conceive , be pregnant MBh. ; to inflict punishment on（loc.）MBh. BhP.; to let the hair or beard grow MBh. ; to draw the reins tight ; to fulfil a duty ; to observe or keep a vow RV.; to practise self-control ; to perform penance BhP. ; to bear on the head , honour highly ; to hold in a balance , weigh , measure MBh.; to bear in mind , recollect , remember ib. ; to hold to an agreement , cause to make a compact ;so be firm , keep steady RV. ; continue living , exist , remain MBh.; to begin , resolve upon , undertake（dat. ; acc. or inf.）AV.

2.3 【梵漢辭典,p381】（動詞）把持，支撐，承擔；（經文）受持，任持，護持。

3. यापयन्ति yāpayanti 動詞（現在主動分詞）得到成就

3.1 【詞尾變化】yāpayanti 是由 ya-āpayanti 組成，也就是 ya-√āp 組成。āpayanti 是√āp 的現在主動分詞。ya 的部份之前已有說明。所以字典要查√āp。

3.2 【摩威梵英,p142】cl. 5. to reach , overtake , meet with , fall upon RV. AV.; to obtain , gain , take possession of RV. AV. MBh. ; to undergo , suffer ; to fall , come to any one ; to enter , pervade , occupy ; to equal: Pass. to be reached or found or met with or obtained ; to arrive at one's aim or end , become filled, to cause to reach or obtain or gain.; to cause any one to suffer ; to hit ,to strive to reach or obtain AV. MBh., to strive to reach S3Br. ;

3.3 【梵漢辭典,p127】（動詞）（經文）至，成，得，成就，到達，令成就。

4. तेऽपि te 'pi 代名詞+副詞　他們也

4.1 【詞尾變化】te 'pi 根據連音規則是由 te-api 組成，te 的部份之前已有說明。所以字典要查 api。

4.2 【摩威梵英,p55】is often used to express emphasis , in the sense of even , also , very ; also another , something more ; this very day , even now ; even thus , notwithstanding ; even if , although ; although , nevertheless ; never at any time: sometimes in the sense of but , only , at least , only a moment.

4.3 【梵漢辭典,p139】（介係詞）於～之內，（副詞）亦，同樣地，雖然，可是，上有，恐怕，也許（經文）亦，又，復，等，但，然而，雖，雖有。

【筆者試譯】：那時在佛國淨土裡面，也出現了現在擔任（教主）的佛陀世尊們。

【什公漢譯】：又見彼土現在諸佛。

【英 譯 本】：Likewise the Lords Buddhas stayinig, living, and existing in those Buddha-fields became all visible,

【信譯研究】：信譯。

【第六句】

yaṁ ca te buddhā bhagavanto dharmaṁ deśayanti, sa ca sarvo nikhilena śrūyate sma|

【辭彙研究】

1. निखिलेन nikhilena 形容詞　一切

1.1【詞尾變化】nikhilena是nikhila的單數工具格變化，所以字典要查nikhila。

1.2 【摩威梵英,p545】

1.2.1 mf（*ā*）n. complete , all , whole , entire MBh.;

1.2.2（*ena*）ind. completely , totally MBh.

1.3 【梵漢辭典,p784】（形容詞）完整的，一切的，全部的，所有的；（經文）一切，盡，無餘，無有餘。

【筆者試譯】：又顯現了所有的大眾在聽聞（學習）佛世尊們說法。

【什公漢譯】：及聞諸佛所說經法。

【英 譯 本】：and the law preached by them could be entirely heard by all beings.

【信譯研究】：信譯。

【第七句】

ye ca teṣu buddha-kṣetreṣu bhikṣu-bhikṣuṇy-upāsakopāsikā yogino yogācārāḥ prāpta-phalāś cāprāpta-phalāś ca, te 'pi sarve saṁdṛśyante sma|

【辭彙研究】

1. योगिनो yogino 名詞 修行者

1.1 【詞尾變化】根據連音規則 yogino 是從 yoginaḥ，yoginaḥ 是 yogin 的複數主格，所以字典查 yogin。

1.2 【摩威梵英,p858】

1.2.1 mfn. joined or connected with , relating to , accompanied by , possessed of（comp.）MBh. ; being in conjunction with ; possessed of superhuman powers ;

1.2.2 m. a follower of the Yoga system , a Yogin（usually called Yogī）or contemplative saint , devotee , ascetic; a magician , conjurer; a partic. mixed caste; an orange tree ; natron , ākali ;of a Buddha ;

1.2.3（*inī*）f. see next.

1.3 【梵漢辭典,p1518】（形容詞）結合的，帶有～的；聯合的；實行瑜珈的

（經文）行者，修行者，修行人。

2. योगाचाराः yogācārāḥ 名詞 實修者

2.1 【詞尾變化】yogācārāḥ 是 yogācāra 的複數主格，所以字典查 yogācāra。

2.2 【摩威梵英,p857】

2.2.1 m. the observance of the YñYoga; a partic.; N. of wk. ; = *yogin*; a follower of a partic. Buddhist sect or school ;

2.2.2 pl. the disciples of that school Buddh.; -bhūmi-śāstra

2.2.3 n.（for *yogācārya-bh-*）N. of wk.

2.3 【梵漢辭典,p1517】（陽性名詞）瑜珈的實修或奉行（經文）修行，修行相，修習行，相應行。

3. प्राप्तफलाश् prāpta-phalāś 獲得正果

3.1 【詞尾變化】prāpta-phalāś 與後面連接的 ca 根據連音規則，是從 prāpta-phalāḥ-ca 變化過來。又 prāpta 與 ca 前面已有說明，phalāḥ 是 phala 的複數主格，所以字典查 phala。

3.2 【摩威梵英,p716】

3.2.1 n.（f. *ā* or *ī*）fruit（esp. of trees）RV. ; the kernel or seed of a fruit ; a nutmeg ; the 3 myrobalans（tri-phalā）; the menstrual discharge ; fruit , consequence , effect , result , retribution（good or bad）, gain or loss , reward or punishment , advantage or disadvantage MBh. ; benefit , enjoyment ; compensation ;（in rhet.）the issue or end of an action ;（in math.）the result of a calculation , product or quotient; corrective equation i ; area or superficial contents of a figure; interest on capital ; the third term in a rule of three sum; a gift , donation; a gaming board MBh. ; a blade（of a sword or knife）MBh.; the point of an arrow; a shield ; a ploughshare（= phāla）; a point or spot on a die MBh. ;

3.2.2 m. Wrightia Antidysenterica ;

3.2.3（*ā*）f. a species of plant ;

3.2.4（*ī*）f. Aglaia Odorata L. ; a kind of fish（=phali）.

3.3 【梵漢辭典,p887】（中性名詞）果實；結果；報酬；代價（經文）果，能裹，果報，果實，報。

4. चाप्राप्त cāprāpta 連接詞+形容詞 未獲得的

4.1【詞尾變化】cāprāpta 根據連音規則是由 ca-aprāpta，aprāpta 意思與 prāpta 相同。相關資料前面已有說明。

【筆者試譯】：而在佛國淨土那裡，也出現了他們一切比丘、比丘尼、男女居士，這些實修的行者們，與後來修得一切正果的行者們。

【什公漢譯】：并見彼諸比丘、比丘尼、優婆塞、優婆夷、諸修行得道者。

【英 譯 本】：And the monks, nuns, lay devotees male and female, Yogins and students of Yoga, those who had obtained the fruition（of the Paths of sanctification）and those who had not, they, too, became visible.

【信譯研究】：信譯。

【第八句】

ye ca teṣu buddha-kṣetreṣu bodhisattvā mahāsattvā
aneka-vividha-śravaṇārambaṇādhimukti-hetu-kāraṇair
upāya-kauśalyair bodhisattva-caryāṁ caranti, te'pi sarve
saṁdṛśyante sma|

【辭彙研究】

1. अनेक aneka 形容詞 諸

   1.1 【詞尾變化】沒有詞尾變化。

   1.2 【摩威梵英,p42】mfn. not one , many , much ; separated.

   1.3 【梵漢辭典,p95】（形容詞）一個以上的，各種的；（複數）多的，許多的；（經文）非一；多，眾，眾多，諸，種種，多體；無量。

2. विविध vividha 形容詞 各種的

   2.1 【詞尾變化】沒有詞尾變化。

   2.2 【摩威梵英,p988】

   2.2.1 mf（ā）n. of various sorts , manifold , divers MBh.;

   2.2.2 m. a partic. ;

   2.2.3 n. variety of action or gesture;

   2.2.4（*am*）ind. variously ;

   2.2.5 *-citra* mfn. coloured variously , changing from one colour into another ;

2.2.6 -*bhaṇgīka* mfn. = *vi-vidha* above;

2.2.7 -*rūpa-dhṛt* mfn. having various forms ;

2.2.8 -*vidhi-prayoga-saṁgraha* m. N. of wk. ;

2.2.9 -śāstragośthī f. discourse about various sciences ;

2.2.10 -*dhāgama* mfn. comprising various sacred（or traditional）works ;

2.2.11 -*dhôpala-bhūśita* mfn. decorated with various jewels;

2.3 【梵漢辭典,p1469】（形容詞）多種類的，形形色色的，各式各樣的（經文）諸，種種，普，無量。

3. श्रवणारम्बणाधिमुक्ति śravaṇārambaṇādhimukti 形容詞 聽聞信受的因緣的

3.1【詞尾變化】śravaṇārambaṇādhimukti 根據連音規則，是 śravaṇa-ārambaṇa-adhimukti 所組成，所以字典查 śravaṇa-ārambaṇa-adhimukti。

3.2 【摩威梵英,p1096, śravaṇa】

3.2.1 n. the act of hearingMBh. ; acquiring knowledge by hearing , learning , study; the determining by means of the six signs the true doctrine of the Vedānta（in regard to the only really existing Being）; fame , reputation ; wealth;

3.2.2 m.（rarely n.）the ear MBh. ;

3.2.3 m.（= śramaṇa）a Buddhist or Jain monk; the hypotenuse of a triangle or the diagonal of a tetragon;

3.2.4（*ā*）f. a female monk or nun or ascetic.

3.3 【摩威梵英,p150, ārambaṇa】（for ā-lambana）n. support.

3.4 【摩威梵英,p21, adhimukti】 f. propensity ; confidence.

3.5 【梵漢辭典,p1197, śravaṇa】（中性形容詞）聽聞；學習（經文）聞，聽，聽聞。

3.6 【梵漢辭典,p149, ārambaṇa】（中性形容詞）支持，依處（經文）因，所因，所緣，因緣。

3.7 【梵漢辭典,p32, adhimukti】（陰性形容詞）傾向，嗜好，信賴，確信（經文）信，信解，信受，信心，深信，明解。

4. हेतु hetu 名詞 因

4.1 【詞尾變化】沒有詞尾變化。

4.2 【摩威梵英,p1303】m. \`impulse' , motive , cause , cause of , reason for RV. ;

a logical reason or dedaction or argument , the reason for an inference （esp. applied to the second member or Avayava of the five-membered syllogism）; logic（in general）;（in gram.）the agent of the causal verb ;（with Buddhists）primary cause; that which causes the bondage of the soul i.e. the external world and the senses ib. ; a means MBh. ; mode , manner ; price , cost; condition MBh.

4.3 【梵漢辭典,p490】（陽性名詞）原因，動機，理由，爭論，論證，手段（經文）因，因力，因相。

5. कारणैर् kāraṇair 形容詞　原因

5.1 【詞尾變化】kāraṇair 根據連音規則是由 kāraṇaiḥ 變化過來，是 kāraṇa 的工具格複數。因此字典查 kāraṇa。

5.2 【摩威梵英,p274】

5.2.1 n. cause , reason , the cause of anything（gen. , also often loc.）MBh. Mn. ; instrument , means ; motive origin , principle ; a cause; an element , elementary matter ; the origin or plot of a play or poem ; that on which an opinion or judgment is founded（a sign , mark ; a proof ; a legal instrument , document）MBh. ; an organ of sense ; an action MBh.; agency , instrumentality , condition ; `the cause of being' , a father ; `cause of creation' , a deity ; the body ; a kind of musical instrument ; a sort of song ; a number of scribes or;

5.2.2（*ā*）f. pain , agony; an astronomical period, from some cause or reason ;

5.3 【梵漢辭典,p567】（形容詞）作爲，發起，產生（經文）爲；因，作因；生因，作，能作。

6. उपाय upāya 名詞　方便

6.1 【詞尾變化】沒有詞尾變化。

6.2 【摩威梵英,p215】

6.2.1 m. coming near , approach , arrival ; that by which one reaches one's aim , a means or expedient（of any kind）, way , stratagem , craft , artifice MBh.;（esp.）a means of success against an enemy（four are usually enumerated , sowing dissension , negotiation , bribery , and open assault）; joining in or accompanying（in singing）.

6.3 【梵漢辭典,p1348】(陽性名詞)接近，到達，手段，權宜，方法，辦法，策略，技巧(經文)方便，方計，巧便，權，權方便，如法，因緣，因緣方便。

7. कौशल्यैर् kauśalyair 形容詞　善巧

7.1 【詞尾變化】kauśalyair 根據連音規則是由 kauśalyaiḥ 變過來，而 kauśalyaiḥ 是 kauśalya 的工具格複數，所以字典查 kauśalya。

7.2 【摩威梵英,p317】

7.2.1 n. well-being , welfare , good fortune , prosperity MBh.BhP. ; skilfulness , cleverness , experience (with loc. or ifc.) ;

7.2.2 (ī) f. friendly inquiry , greeting , salutation ; a respectful present。

7.3 【梵漢辭典,p584】(中性形容詞)=kauśala；(經文)善，善巧，善能，巧，巧便，妙巧，巧方便。

8. चरन्ति caranti 動詞　行動；移走

8.1 【詞尾變化】caranti 是√car 的第三人稱複數形，所以字典查 car。

8.2 【摩威梵英,p389】

8.2.1 cl. 1. ind. p. to move one's self , go , walk , move , stir , roam about , wander (said of men , animals , water , ships , stars , &c.) RV. AV. ; to spread , be diffused (as fire) ; to move or travel through , pervade , go along , follow MBh; to behave , conduct one's self , act , live , treat (with instr. or loc.) RV. AV. ; to be engaged in , occupied or busy with RV. AV. ; to have intercourse with , have to do with (instr.) ; (with a p. or adj. or ind. p. or adv.) to continue performing or being RV. AV. ; (in astron.) to be in any asterism or conjunction; to undertake , set about , under go , observe , practise , do or act in general , effect , make RV. AV; to consume , eat (with acc.) , graze ; to make or render; to eat ; to cause to copulate ; to ascertain (as through a spy instr.) MBh.; to doubt, to try to go; to wish to act or conduct one's self ; to try to have intercourse with (instr.), to move quickly or repeatedly , walk about , roam about (in loc.) AV. MBh.; to act wantonly or coquettishly ;

8.3 【梵漢辭典,p313】(動詞)移動，行走，徘徊，(經文)行，修，爲。

【筆者試譯】：又見到佛陀淨土裡面，所有大菩薩們種種不同的學習與信仰佛法的原因理由，與實踐各種善巧方便的菩薩道。

【什公漢譯】：復見諸菩薩摩訶，薩種種因緣，種種信解，種種相貌，行菩薩道。

【英 譯 本】：And the Bodhisattvas Mahâsattvas in those Buddha-fields who plied the Bodhisattva-course with ability, due to their earnest belif in numerous and various lessons and the fundametal ideas, they, too, became all visible.

【信譯研究】：信譯。

【第九句】

ye ca teṣu buddha-kṣetreṣu buddhā bhagavantaḥ parinirvṛtāḥ, te 'pi sarve saṁdṛśyante sma|

【辭彙研究】

1. परिनिर्वृताः parinirvṛtāḥ 形容詞 畢竟解脫的
   - 1.1 【詞尾變化】parinirvṛtāḥ 是 parinirvṛta 的複數主格形，所以字典查 parinirvṛta。
   - 1.2 【摩威梵英,p596】mfn.（$\sqrt{}$ 1. vṛ）completely extinguished , finally liberated.
   - 1.3 【梵漢辭典,p859】（過去被動分詞）已完全消滅的，畢竟解脫的，（經文）滅度，入滅，入滅的。已成佛。

【筆者試譯】：也顯現了佛國淨土裡，佛世尊們畢竟解脫的樣子。

【什公漢譯】：復見諸佛般涅槃者。

【英 譯 本】：Likewise the Lords Buddhas in those Buddha-fields who had reached final Nirvâna became visible, all of them.

【信譯研究】：信譯。

【第十句】

ye ca teṣu buddha-kṣetreṣu parinirvṛtānāṁ buddhānāṁ bhagavatāṁ dhātu-stūpā ratna-mayāḥ te 'pi sarve saṁdṛśyante sma||

【辭彙研究】

1. धातु dhātu 名詞，身體的要素，這裡指的是佛陀舍利子。

2. सतूपा stūpā 名詞 佛塔

2.1 【詞尾變化】沒有詞尾變化。

2.2 【摩威梵英,p1260】m. a knot or tuft of hair , the upper part of the head , crest , top , summit RV.; a heap or pile of earth or bricks,（esp.）a Buddhist monument , dagoba（generally of a pyramidal or dome-like form and erected over sacred relics of the great Buddha or on spots consecrated as the scenes of his acts）; any relic-shrine or relic-casket（made of various materials , such as terra cotta , clay , elaborately formed brick or carved stone ; often very small and portable , and enclosing a fragment of bone or a hair &c. of some saint or deceased relative , or inscribed with a sacred formula ; these are carried long distances and deposited in hallowed spots such as Buddha-Gayā）; any heap , pile , mound , tope Hcat. ; the main beam（of a house）.

2.3 【梵漢辭典,p1216】（陽性名詞）髮髻，頭頂；佛塔；（經文）塔，廟。

3. रत्नमया: ratna 名詞 珍寶

3.1 【詞尾變化】沒有詞尾變化。

3.2 【摩威梵英,p864】

3.2.1 n.（√ 1. rā）a gift , present , goods , wealth , riches RV. AV. ; a jewel , gem , treasure , precious stone（the nine jñjewel arc pearl , ruby , topaz , diamond , emerald , lapis lazuli , coral , sapphire , Gomeda ; hence *ratna* is a N. for the number 9 ; but accord. to some 14）MBh.; anything valuable or best of its kind; a magnet , loadstone ; water ;

3.2.2 m.（with *bhaṭṭa*）N. of a man.

3.3 【梵漢辭典,p1022】（中性名詞）金銀財寶，寶石，寶珠，（經文）珍寶，寶貝，如意寶，希貴。

4. मया: mayāḥ 形容詞 所造

4.1 【詞尾變化】mayāḥ 是 maya 的複數主格形，所以字典查 maya。

4.2 【摩威梵英,p1291】mf（%{I}）n. consisting or made of orpiment.

4.3 【梵漢辭典,p724】（形容詞）所形成，被造成，自～構成的；（經文）所承，合成，所合成，造，造作。

【筆者試譯】：然後也看到在佛國淨土裡面，（眾人）在佛陀世尊們涅槃後用各種寶物來建佛的舍利塔。

【什公漢譯】：復見諸佛般涅槃後，以佛舍利起七寶塔。

【英 譯 本】：And the Stûpas made of jewls and containing the relics of the extinct Buddhas became all visible in those Buddha-fields.

【信譯研究】：信譯。

【小結】

什公漢譯在此全段都是信譯。以其簡鍊的筆法，是相當優秀的譯作。

【第六段】

अथ खलु मैत्रेयस्य बोधिसत्त्वस्य महासत्त्वस्यैतदभूत्-महानिमित्तं प्रातिहार्यं बतेदं तथागतेन कृतम्। को न्वत्र हेतुर्भविष्यति किं कारणं यद्भगवता इदमेवंरूपं महानिमित्तं प्रातिहार्यं कृतम्? भगवांश्च समाधिं समापन्नः। इमानि चैवंरूपाणि महाश्चर्याद्भुताचिन्त्यानि महर्द्धिप्रातिहार्याणि संदृश्यन्ते स्म। किं नु खल्वहमेतमर्थं परिप्रष्टव्यं परिपृच्छेयम्? को न्वत्र समर्थः स्यादेतमर्थं विसर्जयितुम्? तस्यैतदभूत्-अयं मञ्जुश्रीः कुमारभूतः पूर्वजिनकृताधिकारोऽवरोपितकुशलमूलो बहुबुद्धपर्युपासितः। दृष्टपूर्वाणि च अनेन मञ्जुश्रिया कुमारभूतेन पूर्वकाणां तथागतानामर्हतां सम्यक्संबुद्धानामेवंरूपाणि निमित्तानि भविष्यन्ति, अनुभूतपूर्वाणि च महाधर्मसांकथ्यानि। यन्न्वहं मञ्जुश्रियं कुमारभूतमेतमर्थं परिपृच्छेयम्॥

【羅馬譯音】

atha khalu maitreyasya bodhisattvasya mahāsattvasyaitadabhūt-mahānimittaṁ prātihāryaṁ batedaṁ tathāgatena kṛtam| ko nvatra heturbhaviṣyati kiṁ kāraṇaṁ yadbhagavatā idamevaṁrūpaṁ mahānimittaṁ prātihāryaṁ kṛtam? bhagavāṁśca samādhiṁ samāpannaḥ| imāni caivaṁrūpāṇi mahāścaryādbhutācintyāni maharddhiprātihāryāṇi saṁdṛśyante sma| kiṁ nu khalvahametamarthaṁ paripraṣṭavyaṁ paripṛccheyam? ko nvatra samarthaḥ syādetamarthaṁ visarjayitum? tasyaitadabhūt-ayaṁ mañjuśrīḥ kumārabhūtaḥ pūrvajinakṛtādhikāro'varopitakuśalamūlo bahubuddhaparyupāsitaḥ| dṛṣṭapūrvāṇi ca anena mañjuśriyā kumārabhūtena pūrvakāṇāṁ tathāgatānāmarhatāṁ samyaksaṁbuddhānāmevaṁrūpāṇi nimittāni bhaviṣyanti, anubhūtapūrvāṇi ca mahādharmasāṁkathyāni| yannvahaṁ mañjuśriyaṁ kumārabhūtametamarthaṁ paripṛccheyam||

【第一句】

atha khalu Maitreyasya bodhisattvasya mahāsattvasyaitad abhūt-mahā-nimittaṁ prātihāryaṁ batedaṁ tathāgatena kṛtam|

【辭彙研究】

1. अभूत् abhūt　動詞　產生

  1.1 【詞尾變化】abhūt 是√bhū 的第三人稱單數的不定過去式（Aorist）的變化。所以字典查 bhū。

  1.2 資料前面已有說明。

2. निमित्तं nimittaṁ　名詞　動機

  1.1 【詞尾變化】nimittaṁ 根據連音規則是由 nimittam 變化過來，nimittam 則是 nimitta 的主格單數變化。所以字典查 nimitta。

  1.2 【摩威梵英,p551】n.（possibly connected with ni-mā above）a butt , mark , target MBh. ; sign , omen MBh.; cause , motive , ground , reason MBh.（in all oblique cases = because of , on account of cf.; mfn. caused or occasioned by）;（in phil.）instrumental or efficient cause.

  1.3 【梵漢辭典,p786】（中性名詞）靶子，目的，目標，預兆，原因，理由，動機；（經文）相；瑞相；狀相；標相；相貌；觀相；兆；事；像；義；因，因相，緣，由。

2. प्रातिहार्यं prātihāryaṁ　名詞　神蹟

  2.1 【詞尾變化】prātihāryaṁ 根據連音規則是由 prātihāryam 變化過來，

prātihāryam 則是 prātihārya 的主格單數變化。所以字典查 prātihārya。

2.2 【摩威梵英,p706】

2.2.1 n.（fr. -*hāra*）the office of a door-keeper; jugglery , working miracles , a miracle ;

2.2.2 -*saṁdarśana* m. a partic.

2.3 【梵漢辭典,p943】（中性形容詞／名詞）門衛的職務，奇術，顯神通的；奇蹟；（經文）變，變化，變現，變通，神變，神變相，神通，神通變化事，神力，神力變化，示現，瑞。

3. बतेदं batedaṁ（感歎詞+代名詞）這個令人驚奇的

3.1 【詞尾變化】batedaṁ 根據連音規則是由 batedam 變化過來，batedam 則根據連音規則是 bata-idam 變化而來，idam 前面已有說明。所以字典查 bata。

3.2 【摩威梵英,p719】ind. an interjection expressing astonishment or regret , generally = ah! oh! alas!（originally placed immediately after the leading word at the beginning of a sentence , or only separated from it by iva ; rarely itself in the first place; in later language often in the middle of a sentence）RV.

3.3 【梵漢辭典,p248】（感歎詞）表示驚愕或遺憾：啊！，表示憐憫：唉！〔文章中表示情緒用途〕,（經文）嗚呼！長嘆，嘆。

4. कृतं kṛtam 形容詞　已做的

4.1 【詞尾變化】kṛtam 是 kṛta 的單數對格變化，所以字典查 kṛta。

4.2 【摩威梵英,p301】

4.2.1 mfn. done , made , accomplished , performed RV. AV.; prepared , made ready ib. ; obtained , gained , acquired , placed at hand AV. ; well done , proper , good ; cultivated; appointed（as a duty）; relating or referring to ;

4.2.2 m. N. of one of the Viśve Devās MBh. ; of a son of Vasu-deva; of a son of Saṁnati and pupil of Hiraṇya-nābha; of a son of Kṛita-ratha and father of Vibudha VP. ; of a son of Jaya and father of Haryavana; of a son of Cyavana and father of Upari-cara;

4.2.3（*am*）n. `done with' , away with , enough of , no need of ; the past tense;

4.2.4（*ām*）n. deed , work , action RV. AV; service done , kind action , benefit

MBh. ; magic , sorcery ; consequence , result ; aim ; stake at a game RV. AV. ; prize or booty gained in battle ; N. of the die or of the side of a die marked with four points or dots（this is the lucky or winning die）;（hence）the number `four'; N. of the first of the four ages of the world（also called *satya* or `the golden age' , comprehending together with the morning and evening dawn 4800 years of men 〔MBh.〕 or according to the later conception 4800 years of the gods or 1 , 728 , 000 years of men）;

4.2.5（*e*）loc. ind. on account of , for the sake of , MBh. ;

4.3 【梵漢辭典,p615】（過去被動分詞）（形容詞）所做，已作，已實行，被完成的。（經文）造，作，已作，所承，成熟，造作，所做。

【筆者試譯】：於是彌勒大菩薩因爲佛陀所展現這個令人驚奇的神蹟，而起了一個重要的想法。

【什公漢譯】：爾時彌勒菩薩作是念。

【英 譯 本】：Then rose in the mind of the Bodhisattva Mahâsattva Maitreya this thought:

【信譯研究】：信譯。雖然什公漢譯對於原文裡的「因爲佛陀所展現這個令人驚奇的神蹟」梵本對此標示的是「重要的動機」（mahā-nimittaṁ）。應該是刪煩的關係，並未譯出，但以文言文流暢爲考量，作句對句的對等。

【第二句】

ko nvatra hetur bhaviṣyati kiṁ kāraṇaṁ yad bhagavatā idam evaṁ rūpaṁ mahā-nimittaṁ prātihāryaṁ kṛtam? bhagavāṁś ca samādhiṁ samāpannaḥ|

【辭彙研究】

1. कोन्वत्र ko nvatra 代名詞+副詞+副詞　多麼奇妙，現在，此時

1.1 【詞尾變化】ko nvatra 根據連音規則是由 ko nu-atra 變化，所以字典查 ko nu-atra。

1.2 【摩威梵英,p312, ko】ind. Oh no!（?）; a prefix in ko-jāgara, ko-mala , ko-vida , , related to 1. ku（cf. the prefixes ka , kava , kā , kim , ku.）

1.3 【摩威梵英,p285, ku】......ku signified `how(strange!)' ; as a separate word ku occurs only in the lengthened form kū.

1.4 【摩威梵英,p576, nu】 ind. now , still , just , at once ; so now , now then RV. AV.; indeed , certainly , surely RV;at once , forthwith.

1.5 【摩威梵英,p17, atra】(or Ved. á-trā) ind.(fr. pronominal base a ; often used in sense of loc. case asmin) , in this matter , in this respect ; in this place , here at this time , there , then.

1.6 【梵漢辭典,p602, ko】(代名詞)(接頭)(=kas 主格)什麼，如何地=奇妙的，無利害關係的，幾分的，容易地。

1.7 【梵漢辭典,p816, nu】(不變格)(副詞)今，尚，連……，已經，因此，所以；決不，實際地，(經文)今。

1.8 【梵漢辭典,p199, atra】(副詞)〔idam 的位格〕此處，彼處，此(彼)時，關於此(彼)詩句，就此點，就此生，這時，當時；(經文)於中，此中，此處，今。

2. हेतुर् hetur 名詞 原因

2.1 【詞尾變化】hetur 根據連音規則是 hetuḥ 變化，也就是 hetu 的主格。所以字典查 hetu。

2.2 資料前面已有說明。

3. भविश्यति bhaviṣyati 動詞 產生

3.1 【詞尾變化】bhaviṣyati 是√bhū 的未來式第三人稱單數變化。所以字典查 bhū。

3.2 資料前面已有說明。

4. किं kiṁ 代名詞 什麼；爲何

4.1 【詞尾變化】kiṁ 根據連音規則是 kim 變化，所以字典查 kim。

4.2 【摩威梵英,p282】is much used as a particle of interrogation like the Lat. num , an , sometimes translatable by `whether? ' but oftener serving only like a note of interrogation to mark a question. To this sense may be referred the kim expressing inferiority , deficiency , at the beginning of compounds; also the kim prefixed to verbs with a similar meaning.

4.3 【梵漢辭典,p597】(代名詞)〔ka 的中性主格與對格〕何，爲何，(經文)何，有何，云何；何者，誰。

5. कारणं kāraṇaṁ 形容詞 產生

5.1 【詞尾變化】kāraṇaṁ 根據連音規則是 kāraṇam 變化，也就是 kāraṇa 的單數對格。所以字典查 kāraṇa。

5.2 資料前面已有說明。

6. रूपं rūpaṁ 名詞 樣貌

6.1 【詞尾變化】rūpaṁ 根據連音規則是 rūpam 變化，也就是 rūpa 的主格。所以字典查 rūpa。

6.2 【摩威梵英,p886】

6.2.1 n. any outward appearance or phenomenon or colour（often pl.）, form , shape , figure RV.; dreamy or phantom shapes（pl.）; handsome form , loveliness , grace , beauty , splendour RV. ; nature , character , peculiarity , feature , mark , sign , symptom ; likeness , image , reflection; circumstances ; sort , kind; mode , manner , way Kap. ; trace of. R. ; a single specimen or exemplar; a partic. coin; a show , play , drama ; the arithmetical unit ;（pl.）integer number ; known or absolute number , a known quantity as having specific form;（in gram.）any form of a noun or verb;（in phil.）the quality of colour;（with Buddhists）material form i.e. the organized body（as one of the 5 constituent elements or Skandhas）Dharmas.;（in dram.）a reflection or remark made under partic. circumstances when the action is at its height;（only L.）cattle ; a beast ; a sound , word ; rereading a book;

6.2.2 m. a word of unknown meaning AV. ;

6.2.3（pl.）N. of a people MBh. ;

6.2.4 m. or n. N. of a place ;

6.2.5（*ā*）f. N. of a river VP.

6.3 【梵漢辭典,p1038】（中性名詞）外觀，顏色，型態，形狀，像。（經文）色，色相，色法，色像，容色，相，形，形貌。

【筆者試譯】: 多麼奇妙！此刻所產生的（一切），那麼，世尊入了三昧禪定，與展現像這樣神蹟的「重要的動機」是什麼呢？

【什公漢譯】: 今者世尊現神變相。以何因緣而有此瑞。

【英 譯 本】：O how great a wonder dose the Tathâgata display! What may be the cause, what the reson of the Lord producing so great a wonder as this?

【信譯研究】：信譯。ko nvatra hetur bhaviṣyati「多麼奇妙！此刻所產生的（一切）」這句話的什公譯本沒有出現，但以漢地語文考量緣故，略去不譯。

【第三句】

imāni caivaṁ-rūpāṇi mahāścaryādbhutācintyāni maha-rddhi-prātihāryāṇi saṁdṛśyante sma|

【辭彙研究】

1. इमानि imāni 代名詞 這個

 1.1 【詞尾變化】imāni 是 idam 複數主格變化，所以字典要查 idam。

 1.2 資料前面已有說明。

2. चैवं caivaṁ 連接詞+副詞 恰如

 2.1 【詞尾變化】caivaṁ 根據連音規則是 caivam 變化，但 caivam 是由 ca-ivam 兩個字組成，ca 已知爲「與」，而 ivam 是 iva 的對格單數，所以字典查 iva。

 2.2 【摩威梵英,p168】ind. like , in the same manner as（in this sense = yathā , and used correlatively to tathā）; as it were , as if ; nearly , almost , about ; so , just so , just , exactly , indeed , very. iva is connected vaguely , and somewhat pleonastically , with an interrogative pronoun or adverb. In the Pada texts of the Ṛg , Yajur , and Atharva-veda , and by native grammarians , iva is considered to be enclitic , and therefore compounded with the word after which it stands RV. AV.

 2.3 【梵漢辭典,p513】（副詞）如～；恰似，正好，大致，幾乎，大約，確實地，（經文）如，猶如，喻如。

3. रूपाणि rūpāṇi 名詞 樣貌

 3.1 【詞尾變化】rūpāṇi 是 rūpa 的複數主格變化。

 3.2 資料前面已有說明。

4. महाश्चर्याद्भुताचिन्त्यानि mahāścaryādbhutācintyāni 複合句 稀有的、不可思議

的大修行

4.1 【詞尾變化】mahāścaryādbhutācintyāni 根據連音規則可分解爲 mahāḥ-carya-adbhuta-acintyāni，其中 mahāḥ 是 maha 的複數主格變化，而 acintyāni 則是 a-√cint 的未來被動分詞的複數主格的變化。其中除了 caryā 與√cint 以外，其餘資料前面皆有說明。這裡字典查√cint。

4.2 【摩威梵英,p398, cint】cl. 10. to think , have a thought or idea , reflect , consider MBh.; to think about , reflect upon , direct the thoughts towards , care for MBh. ; to find out ; to take into consideration , treat of; to consider as or that , tax.

4.3 【摩威梵英,p390, caryā】

4.3.1 mfn. to be practised or performed ;

4.3.2 m. the small shell Cypraea moneta ;

4.3.3 n. driving（in a carriage）MBh.;

4.3.4（*ā*）f. going about , wandering , walking or roaming about , visiting , driving MBh.; proceeding , behaviour , conduct; due observance of all rites and customs; a religious mendicant's life ; practising , performing , occupation with , engaging in MBh. ; deportment , usage ;（in music）a kind of composition ; N. of Durgā.

4.4 【梵漢辭典,p316, caryā】（陰性名詞）徘徊，處置，行爲；（儀式的）執行；（經文）行，所行，所行道，所行之道，遊行，業，事。

4.5 【梵漢辭典,p328, cint】（動詞）思考，深思熟慮，考慮。留意，（經文）思，思惟，思議，審論。

4.6 前面銜接一個「a」就成爲「不可思議」。

5. महर्द्धि maharddhi 形容詞+名詞　大神通力

5.1 【詞尾變化】maharddhi 根據連音規則，可分解成 maha-ṛddhi，maha 前面已有說明，故字典查 ṛddhi。

5.2 【摩威梵英,p226】f. increase , growth , prosperity , success , good fortune , wealth , abundance (personified as Kuvera's wife MBh.) ; accomplishment , perfection , supernatural power BhP. ; magic ; a kind of medicinal plant ; N. of Pārvatī ; of Lakshmī.

5.3 【梵漢辭典,p1026】（陰性名詞）繁榮，安寧，好運，富有，完美，超自然的力量。（經文）德，福德，威德；如意，通，神通，妙神通力，大神通力。

6. प्रातिहार्याणि prātihāryāṇi 名詞　神蹟

6.1 【詞尾變化】prātihāryāṇi 是 prātihārya 的主格複數變化。

6.2 資料前面已有說明。

【筆者試譯】：如同這樣的現象，也就是顯現出稀有的、不可思議的大修行，也是大神通力的神蹟。

【什公漢譯】：今佛世尊入于三昧，是不可思議現希有事。

【英 譯 本】：And such astonishing, prodigioius, inconceivable, powerful miracles now appear, although the Lord is absorbed in meditation!

【信譯研究】：信譯。梵本這句話並未說明如鳩摩羅什譯出的「佛世尊入於三昧」。不過「佛世尊入於三昧」是在上一句，這是鳩摩羅什翻譯上的重新組合。此句翻譯也是採用簡略風格的譯筆，所以也算是信譯。

【第四句】

kiṁ nu khalv aham etam arthaṁ paripraṣṭavyaṁ paripṛccheyam? ko nvatra samarthaḥ syād etam arthaṁ visarjayitum? Tasyaitad abhūta-yaṁ Mañjuśrīḥ kumāra-bhūtaḥ pūrvajina-kṛtādhikāro 'varopita-kuśala-mūlo bahu-buddha-paryupāsitaḥ|

【辭彙研究】

1. अर्थ arthaṁ 名詞　利益

1.1 【詞尾變化】arthaṁ 根據連音規則是 artham 變化，但 artham 是 artha 的對格單數，所以字典查 artha。

1.2 【摩威梵英,p90】

1.2.1 *as* , *am* m. n. aim , purpose ; cause , motive , reason ; advantage , use , utility; thing , object; object of the senses;（hence）the number , five; substance , wealth , property , opulence , money ;（hence in astron.）N. of the second mansion , the mansion of wealth ; personified as the son of Dharma arid Buddhi BhP. ; affair , concern;（in law）lawsuit , action ;

having to do with（instr.）, wanting , needing anything（instr.）; meaning , notion; manner , kind, prohibition , prevention ; price;

1.2.2（*āt*）abl. ind. see s.v. below ;

1.3 【梵漢辭典,p156】（陽性名詞）工作；目的；原因，動機，意味，利益，使用，利用，有用，得利（經文）義，要義，事義，妙義，義理，利益，饒益，財物；珍財。

2. परिप्रष्टव्यं paripraṣṭavyaṁ 形容詞　應該問

2.1 【詞尾變化】paripraṣṭavyaṁ 根據連音規則是由 paripraṣṭavyam 變化過來的。而 paripraṣṭavyam 則是 pari-praṣṭavya 的單數對格形。字典查 paripraṣṭavya。

2.2 【摩威梵英,p591, pari】

2.2.1 ind. round , around , about , round about ; fully , abundantly , richly RV.; as a prep.（with acc.）about（in space and time）RV. AV. ; against , opposite to , in the direction of , towards , to ib. ; beyond , more than AV. ; to the share of ; successively , severally;（with abl.）from , away from , out of RV. AV. ; outside of , except; after the lapse of MBh.; in consequence or on account or for the sake of RV. AV. ; according to RV.

2.3 【摩威梵英,p696, praṣṭavya】

2.3.1 mfn. to be asked or questioned about MBh. ; to be consulted about（loc.）, MBh. ; to be inquired into;

2.3.2 n.（impers.）one should ask or inquire about.

2.4 【梵漢辭典,p861, pari-praṣṭavya】（未來被動分詞）（經文）問，當問，曾問，所請問，應請問，應請決所疑。

3. परिपृच्छेयम् paripṛccheyam 動詞　請問；問訊

3.1 【詞尾變化】paripṛccheyam 是由 pari-√prach 所構成，pṛccheyam 是√prach 的願望法。pari 前面已有說明，所以字典查√prach。〔註 26〕

3.2 【摩威梵英,p658】cl.6. to ask , question , interrogate（acc.）; to ask after inquire about（acc.）; to ask or interrogate any one（acc.）about anything RV.;（in astrol.）to consult the future Var. ; to inquire about one's（gen.）

〔註 26〕這種變化是屬於第六類動詞不規則形。見附篇第七節動詞第 6 點。

mother's name S3ak. ;（with na）not to trouble one's self with ; to seek , wish , long for ; to ask , demand , beg , entreat（acc.）RV.

3.3 【梵漢辭典,p903】（動詞）詢問，探問，請教，打聽，就～問，尋求（經文）問，問訊，請問，啓白，白言。

4. समर्थः samarthaḥ 形容詞　有資格的

4.1 【詞尾變化】samarthaḥ 是 samartha 的單數主格變化，所以字典查 samartha。

4.2 【摩威梵英,p1157】

4.2.1 mf（*ā*）n. having a similar or suitable aim or object , having proper aim or force , very forcible or adequate , well answering or corresponding to , suitable or fit for（gen. or comp.）MBh. ; very strong or powerful , competent , capable of. able to , a match for MBh.; having the same sense or meaning; connected in sense , having the same grammatical construction ;

4.2.2 m. a word which has force or meaning , significant word; the construction or coherence of words in a significant sentence;

4.2.3 n. ability , competence; conception , intelligibility;

4.2.4 *-tara* mfn. more（or most）competent , capable;

4.2.5 *-tā* f. *-tva* n. ability , capability , competence, with gen.; sameness of meaning , force or signification（of words）;

4.2.6 *-pada-vidhi* m. N. of a gram. ;

4.2.7 *-yukta* mfn. adequate to or qualified for（loc.）.

4.3 【梵漢辭典,p1080】（形容詞）適當的，合適的或適宜的，有相同意義的；有能力的，有資格的，是任的，會做的（經文）能，功能，有能，能用，堪能，能至，便可。

5. स्याद् syād 動詞　有

5.1 【詞尾變化】syād 根據連音規則是從 syāt 變化過來，是第三人稱單數願望法，所以字典查 syāt。

5.2 【摩威梵英,p1273】ind. it may be , perhaps , perchance.

5.3 【梵漢辭典,p1267】（動詞）可能，或許，大概（經文）名，應，有，至，則，是，得，謂，（應）有。

6. एतम् etam 代名詞 此

6.1 【詞尾變化】etam 是 etad 的單數對格變化，所以字典查 etad。

6.2 【摩威梵英,p231】

6.2.1 mfn. this , this here , here; sometimes used to give emphasis to the personal pronouns or with omission of those pronouns; as the subject of a sentence it agrees in gender and number with the predicate without reference to the noun to be supplied; but sometimes the neuter sing. remains ; *etad* generally refers to what precedes , esp. when connected with *idam* , the latter then referring to what follows; it refers also to that which follows , esp. when connected with a relative clause;

6.2.2 ind. in this manner , thus , so , here , at this time , now,AV.

6.3 【梵漢辭典,p435】（代名詞）此，此處，今；（經文）此，之，斯，是。

7. विसर्जयितुम् visarjayitum 動詞 生出

7.1 【詞尾變化】visarjayitum 是由 vi-sarjayitum 所構成，也就是 vi-√sṛj 的不定詞型。〔註 27〕因此字典查 vi-√sṛj。

7.2 【摩威梵英,p949, vi】ind. apart , asunder , in different directions , to and fro , about , away , away from , off , without RV. In RV. it appears also as a prep. with acc. denoting `through' or `between'（with ellipse of the verb.）It is esp. used as a prefix to verbs or nouns and other parts of speech derived from verbs , to express ` division' , `distinction' , ` distribution ' , ` arrangement ' , ` order' , ` opposition' , or `deliberation' ; sometimes it gives a mcaning opposite to the idca contained in the simple root, or it intensifies that idea. The above 3. vī may also be used in forming compounds not immediately referable to verbs , in which cases it may express ` difference' , ` change' or `variety' , ` intensity', ` manifoldness' , ` contrariety' , `deviation from right' , ` negation' or ` privatlon ' ; it is also used to form proper names out of other proper names. To save space such words are here mostly collected under one article ; but words having several subordinate compounds will be found.

7.3 【摩威梵英,p1245, sṛj】cl. 6. P. to let go or fly , discharge , throw , cast , hurl

〔註 27〕梵文的不定詞是用來表示目的的。詞型就是詞尾加上「tum」前面再插入一個「i」。

at(acc. or dat.)RV. ; to cast or let go(a measuring line)RV. ; to emit , pour forth , shed , cause to flow(rain , streams &c.); to utter(a sound); to turn or direct（glances）; to let loose , cause（horses）to go quickly ; Ā. `to speed , run , hasten' RV. ; to release , set free i; to open（a door）; to publish , proclaim; to draw out and twist(a thread), twist , wind , spin AV.;（in older language only Ā.）to emit from one's self RV. ; to procure , grant , bestow MBh.; to use , employ; to get , acquire , obtain , take（interest on money lent）; to hang on , fasten to（loc.）MBh. , to be let loose or emitted or created RV., to cause to let loose , let go , create, to wish to send forth or hurl or throw ;(Ā.)to wish to produce or create BhP.

7.4 【梵漢辭典,p1409, vi】（副詞）（與動詞結合做爲前置詞，與名詞連用）作爲，分離，缺少，作爲（介係詞）通過，在～之間。

7.5 【梵漢辭典,p, sṛj】（動詞）向～投擲，抛出或發射（飛鏢）；排出，倒出，發生，派遣，抛，投向，創造，生產，授予，編織；斷念，放棄，（經文）生，造。

8. तस्यैतद् tasyaitad 代名詞+代名詞　他們的此時

8.1 【詞尾變化】tasyaitad 根據連音規則，由 tasya-etad 所變化。tasya 則是 tad 的單數屬格變化形。

8.2 資料前面已有說明。

9. पूर्वजिन pūrvajina 名詞　過去佛

9.1 【詞尾變化】沒有詞尾變化。

9.2 【摩威梵英,p643】m. `ancient sage'，N. of Mañju-śrī.

9.3 【梵漢辭典,p995】（陽性名詞）先佛，過去佛。

10. कृताधिकारोऽवरोपित kṛtādhikāro 'varopita 複合詞　種下所做的供養

10.1 【詞尾變化】kṛtādhikāro 'varopita 根據連音規則，由 kṛta-adhikāraḥ-avaropita 所變化。adhikāraḥ 則是 adhikāra 的單數主格形。kṛta 與前面已有資料外，字典查 adhikāra、avaropita。

10.2【摩威梵英,p20, adhikāra】m. authority ; government , rule , administration , jurisdiction ; royalty , prerogative ; title ; rank ; office ; claim , right , especially to perform sacrifices with benefit ; privilege , ownership ; property ; reference , relation ; a topic , subject ; a paragraph or minor section ; government , a governing-rule（the influence of which over any number of succeeding rules is called anu-vṛitti）

10.3 【摩威梵英,p103, avaropita】mfn. caused to descend , taken down from; deprived of（as of one's dominion）MBh.; lowered , lessened, curtailed , lost（as dominions）BhP. , silenced（in dispute）BhP.

10.4 【梵漢辭典,p31, adhikāra】（陽性名詞）支配，統治，統馭，權威，官職，地位，威嚴，統治權（經文）特爲，根由，自作，增上，增上力，供養，恭敬供養。

10.5 【梵漢辭典,p213, avaropita】（過去被動分詞）卸下的；除掉的；被輕減的，使喪失；（經文）種，所種，深重，殖，所植。

11. मूलो mūlo 形容詞　根本

11.1 【詞尾變化】mūlo 根據連音規則是 mūlaḥ 變化，但 mūlaḥ 是 mūla 的主格單數，所以字典查 mūla。

11.2 【摩威梵英,p826】

11.2.1 n. ‘firmly fixed' , a root（of any plant or tree ; but also fig. the foot or lowest part or bottom of anything）RV. ; a radish or the root of various other plants（esp. of Arum Campanulatum , of long pepper , and of Costus Speciosus or Arabicus）; the edge（of the horizon）Megh. ; immediate neighbourhood; a chief or principal city; capital（as opp. to `interest'）; an original text; a king's original or proper territory; a temporary owner ; an old or hereditary servant , a native inhabitant; the square root; a partic. position of the fingers; a copse , thicket L. ;

11.2.2 also m. and（*ā*）f. N. of the 17th（or 19th）lunar mansion AV. ;

11.2.3 m. herbs for horses , food ; N. of Sadā-śiva;

11.2.4（*ā*）f. Asparagus Racemosus ;

11.2.5（*ī*）f. a species of small house-lizard ;

11.2.6 mfn. original , first ; = *nija* , own , proper , peculiar.

11.3 【梵漢辭典,p748】（陽性形容詞）主要的，擁有根的，以～爲基礎的；（經文）根，本，根本，下，根下。

【筆者試譯】：而我現在應該要請教誰才能獲得利益？多麼奇妙！誰才有資格能夠利益眾生？此刻對於他們（大眾）都沒有，（可是）文殊師利法王子菩薩供養親近過佛陀，結了下很好的緣分。

【什公漢譯】：當以問誰。誰能答者？復作此念。是文殊師利法王之子。

【英 譯 本】：Why, let me inquire about this matter; who would be able here to explain it to me? He then thought: Here is Mañgusrî, the prince royal, who has plied his office under former Ginas and planted the roots of goodness, while worshipping many Buddhas.

【信譯研究】：信譯。這裡可以看出梵本裡面比較繁複，什公漢譯用精煉筆法譯出。

【第五句】

dṛṣṭapūrvāṇi ca anena Mañjuśriyā kumāra-bhūtena pūrvakāṇāṁ tathāgatānām arhatāṁ samyak-saṁbuddhānām evaṁ-rūpāṇi nimittāni bhaviṣyanti, anubhūta-pūrvāṇi ca mahā-dharma-sāṁkathyāni|

【辭彙研究】

1. दृष्टपूर्वाणि dṛṣṭapūrvāṇi 形容詞　先被見到的，早先見到的

1.1 【詞尾變化】dṛṣṭapūrvāṇi 是由 dṛṣṭa-pūrvāṇi 所組成，其中 pūrvāṇi 是 pūrva 的中性主格形，所以字典查 dṛṣṭa-pūrva。

1.2 【摩威梵英,p236, dṛṣṭa】

1.2.1 a. seen, visible, apparent, known, foreseen, destined; decided, knowledged, valid;

1.2.2 n. perception, observation, sight, view, glance.

1.3 【摩威梵英,p324,pūrva】

1.3.1 mf（*ā*）n being before or in front fore , first RV. ; eastern , to the east of（*abl.*）ib. ; former , prior , preceding , previous to , earlier than ; ancient , old , customary , traditional RV. &c. &c. ; first（in a series）, initial , lowest ;（with *vayas*）` first age ' , youth MBh. ; foregoing , aforesaid , mentioned before MBh. ;

1.3.2 m. an ancestor , forefather（pl. the ancients , ancestors）RV. &c. &c. ; an elder brother; N. of a prince BhP. ;

1.3.3（*ā*）f. the east MBh. ; N. of a country to the east of Madhya-deśa ;

1.3.4 n. the fore part; a partic. high number（applied to a period of years）Buddh. ; N. of the most ancient of Jaina writings ; N. of a Tantra; an ancient tradition;

1.3.5（*am*）ind. before , formerly , hitherto , previously RV.

1.3.6 ind. in front , before ; eastward , to the east of`to the east of that' MBh.

1.4 【梵漢辭典,p402, dṛṣṭa】（過去被動分詞）（經文）睹，現，見，所見，能健，睹見，已見，被見。

1.5 【梵漢辭典,p993, pūrva】（形容詞）在前面，前方的，前面的，東方的，早先的，以前的，（排列中）第一的。（經文）前，先，在先，先來，先時，先世。

2. अनेन anena 代名詞　這個

2.1 【詞尾變化】anena 爲 ana 的單數工具格形，所以字典查 ana。

2.2 【摩威梵英,p15】pron. stem of 3rd pers.

2.3 【梵漢辭典,p80】（代名詞）此，這個。

3. पूर्वकाणां pūrvakāṇāṁ 形容詞　先前的

3.1 【詞尾變化】pūrvakāṇāṁ 根據連音規則，是從 pūrvakāṇām 變化過來，而 pūrvakāṇām 則是 pūrvaka 的複數屬格形，所以字典查 pūrvaka。

3.2 【摩威梵英,p645】

3.2.1 mf（*ikā*）n. earlier , former , previous , prior , first MBh. ;

3.2.2 m. a forefather , ancestor.

3.3 【梵漢辭典,p995】（形容詞）以前的，先行的，世先的，第一的，根據（經文）先，前，爲先，爲首，先依，前行，已，宿，宿世，過去，過去世。

4. भविष्यन्ति bhaviṣyanti, 動詞　產生；發生（未來式）

4.1 【詞尾變化】bhaviṣyanti 是√bhū 的第三人稱複數未來式。字典查√bhū。

4.2　資料前面已有說明。

5. अनुभूत anubhūta 形容詞　所受

5.1 【詞尾變化】沒有詞尾變化。

5.2 【摩威梵英,p36】mfn. perceived , understood , apprehended ; resulted , followed as a consequeuce ; that has experienced , tasted , tried or enjoyed.

5.3 【梵漢辭典,p108】(過去被動分詞)(形容詞)曾經驗過的，曾感受過的，曾享受過的。(經文)受，所受，先受，受用，所曾受，所曾觀，覺知，覺識，所經。

6. सांकथ्यानि sāṁkathyāni 動詞　宣說

6.1 【詞尾變化】sāṁkathyāni 是由 sāṁ-kathyāni 所構成，也就是 sāṁ-√kath 的結構的祈使法。意思與 sāṁkathya 意思同，所以字典查 sāṁkathya。

6.2 【摩威梵英,p1198】n. talk , conversation.

6.3 【梵漢辭典,p581,kath】第十類（動詞），與 kathaya 意思相同。

6.4 【梵漢辭典,p1097,sāṁkathya】（中性形容詞）說話，對話，談話；（經文）說，講，宣說。

6.5 所以這個字的性質是動詞，意思是「宣說」。

【筆者試譯】：這個站在最前面的，最先被看到的文殊師利法王子菩薩經歷（參與）過先前的如來們，阿羅漢們，和（獲得）無上正等正覺的佛陀們宣說大法，見過如此的景象與因緣。

【什公漢譯】：已曾親近供養過去無量諸佛，必應見此希有之相。

【英 譯 本】： This Mañgusrî, the prince royal, must have witnessed before such signs of the former Tathâgatas, those Arhats, those perfectly enlightened Buddhas; of yore he must have enjoyed the grand conversations on the law.

【信譯研究】：信譯。情況同第四句。

【第六句】

yan nvahaṁ Mañjuśriyaṁ kumāra-bhūtam etam arthaṁ paripṛccheyam||

【筆者試譯】：因此我現在就以文殊師利法王子爲目標來請教。

【什公漢譯】：我今當問。

【英 譯 本】：Therefore will I inquire about this matter with Mañgusrî, the prince royal.

【信譯研究】：信譯。雖然這裡可以看出梵本裡面比較繁複，什公漢譯用精煉筆法譯出，以中國人語文習慣爲標準，做動態對等翻譯。

【小結】

本段明顯看出，什公漢譯全段表面上並未與梵本對應，但是以動態性的，刪去繁複部份，使其文句順暢美化，但並沒有違背本旨太多。所以都算是信譯。

【第七段】

तासां चतसृणां पर्षदां भिक्षुभिक्षुण्युपासकोपासिकानां बहूनां च देवनागयक्षगन्धर्वासुरगरुडकिन्नरमहोरगमनुष्यामनुष्याणामिममेवंरूपं भगवतो महानिमित्तं प्रातिहार्यावभासं दृष्ट्वा आश्चर्यप्राप्तानामद्भुतप्राप्तानां कौतूहलप्राप्तानामेतदभवत्-किं नु खलु वयमिममेवंरूपं भगवतो महर्द्धिप्रातिहार्यावभासं कृतं परिपृच्छेम ?

【羅馬譯音】

tāsāṁ catasṛṇāṁ parṣadāṁ bhikṣubhikṣuṇyupāsakopāsikānāṁ bahūnāṁ ca devanāgayakṣagandharvāsuragaruḍakinnaramahoragamanuṣyāmanuṣyāṇāmimame vaṁrūpaṁ bhagavato mahānimittaṁ prātihāryāvabhāsaṁ dṛṣṭvā āścaryaprāptānāmadbhutaprāptānāṁ kautūhalaprāptānāmetadabhavat-kiṁ nu khalu vayamimamevaṁrūpaṁ bhagavato maharddhiprātihāryāvabhāsaṁ kṛtaṁ paripṛcchema?

【第一句】

tāsāṁ catasṛṇāṁ parṣadāṁ bhikṣu-bhikṣuṇy-upāsakopāsikānāṁ bahūnāṁ ca
deva-nāga-yakṣa-gandharvāsura-garuḍa-kinnara-mahoraga-manuṣy āmanuṣyāṇām imam evaṁ-rūpaṁ bhagavato mahā-nimittaṁ prātihāryāvabhāsaṁ dṛṣṭvā āścarya-prāptānām adbhuta-prāptānāṁ kautūhala-prāptānām etad abhavat-kiṁ nu khalu vayam imam

evaṁ-rūpaṁ bhagavato maha-rddhi-prātihāryāvabhāsaṁ kṛtaṁ pariprcchema?

【辭彙研究】

1. चतसृणां catasṛṇāṁ 數詞 四

1.1 【詞尾變化】catasṛṇāṁ 根據連音規則是從 catasṛṇām 變化過來，而 catasṛṇām 則是 catasṛ 的陽性複屬格形，所以字典查 catasṛ。

1.2 【摩威梵英,p383】pl. f. of catūr , 4 .

1.3 【梵漢辭典,p316】（數詞陰性）四，爲 catur 的陰性變化。

2. मिम् imam 代名詞 這個

2.1 【詞尾變化】imam 是 ima 的單數對格形，所以字典查 ima。

2.2 【摩威梵英,p168】the base of some cases of the demonstrative pronoun idām.

2.3 【梵漢辭典,p505】（代名詞詞幹）這個。（經文）此，此中。

3. प्रातिहार्यावभासं prātihāryāvabhāsaṁ 形容詞 神變光明

3.1 【詞尾變化】prātihāryāvabhāsaṁ 是由 prātihārya-avabhāsaṁ 構成。Prātihārya 這個字前面已有資料，而自 avabhāsaṁ 根據連音規則，是由 avabhāsam 變化過來，而 avabhāsam 是 avabhāsa 的對格單數，所以字典查 avabhāsa。

3.2 【摩威梵英,p101】m. splendour , lustre , light ; appearance ;（in Veda1nta phil.）manifestation ; reach , compass.

3.3 【梵漢辭典,p205】（陽性名詞）光輝，出現，顯示。（經文）照，遍照，普照，顯照，觀照，耀，明耀，光明，顯線。

4. कौतूहल kautūhala 形容詞 奇異的現象

4.1 【詞尾變化】沒有詞尾變化。

4.2 【摩威梵英,p101】m. splendour , lustre , light ; appearance ;（in Veda1nta phil.）manifestation ; reach , compass.

4.3 【梵漢辭典,p585】（中性形容詞）好奇心，興趣，熱心；引人好奇之物，奇異的現象；節日（經文）欲見，樂見，奇特，咒願，猶豫，心之所疑，疑心。

5. अभवत् abhavat 動詞 發生

5.1【詞尾變化】abhavat 是 a-√bhū 的過去式動詞變化。所以字典查 a-√bhū。

5.2 資料前面已有說明。

6. वयं vayam 代名詞　我們

6.1 【詞尾變化】沒有詞尾變化。

6.2 【摩威梵英,p920】nom. pl. of 1. pers. pron. , we.

6.3 【梵漢辭典,p1403】（主格複數）我們。

【筆者試譯】：這個時候，四種類型的大眾，比丘，比丘尼，在家男女居士，還有眾多的天人、龍（蛇）、夜叉、乾闥婆、阿修羅、大鵬金翅鳥、緊那羅、摩睺羅伽、人與鬼神們有這樣如此的想法：先前看到的佛陀大放光明的神蹟，（那種）修行成就，（那種）罕見稀有的成就，（那種）讓人感到好奇的成就，這些種種成就的「重要動機」，誰能夠成為今天看到佛陀大顯神通的景象的我們所請教的對象呢？

【什公漢譯】：爾時比丘、比丘尼、優婆塞、優婆夷，及諸天龍、鬼神等咸作此念：是佛光明神通之相，今當問誰？

【英 譯 本】：And the four classes of the audience, monks, nuns, male and female lay devotees, numerous gods, Nâgas, goblins, Gandharvas, demons, Garudas, Kinnaras, great serpents, men, and beings not human, on seeing the magnificence of this great miracle of the Lord, were struck with astonishment, amazement and curiosity, and thought: let us inquire why this magnificent miracle has been produced by the great power of the Lord.

【信譯研究】：信譯。鳩摩羅什的譯筆顯得非常洗鍊。

【小結】

全段信譯。作為動態性的對等，鳩摩羅什譯筆的「刪煩」風格在此節亦有所展現。

【第八段】

अथ खलु मैत्रेयो बोधिसत्त्वो महासत्त्वस्तस्मिन्नेव क्षणलवमुहूर्ते तासां चतसृणां पर्षदां चेतसैव चेतःपरिवितर्कमाज्ञाय आत्मना च धर्मसंशयप्राप्तस्तस्यां वेलायां

मञ्जुश्रियं कुमारभूतमेतदवोचत्-को न्वत्र मञ्जुश्रीर्हेतुः कः प्रत्ययो यदयमेवंरूप आश्चर्याद्भुतो भगवता ऋद्धयवभासः कृतः, इमानि चाष्टादशबुद्धक्षेत्रसहस्राणि विचित्राणि दर्शनीयानि परमदर्शनीयानि तथागतपूर्वंगमानि तथागतपरिणायकानि संदृश्यन्ते ?

【羅馬譯音】

Atha khalu maitreyo bodhisattvo mahāsattvastasminneva kṣaṇalavamuhūrte tāsāṁ catasṛṇāṁ parṣadāṁ cetasaiva cetaḥparivitarkamājñāya ātmanā ca dharmasaṁśayaprāptastasyāṁ velāyāṁ mañjuśriyaṁ kumārabhūtametadavocat-ko nvatra mañjuśrīrhetuḥ kaḥ pratyayo yadayamevaṁrūpa āścaryādbhuto bhagavatā ṛddhayavabhāsaḥ kṛtaḥ, imāni cāṣṭādaśabuddhakṣetrasahasrāṇi vicitrāṇi darśanīyāni paramadarśanīyāni tathāgatapūrvaṁgamāni tathāgatapariṇāyakāni saṁdṛśyante?

【第一句】

Atha khalu Maitreyo bodhisattvo mahāsattvas tasminn eva kṣaṇalava-muhūrte tāsāṁ catasṛṇāṁ parṣadāṁ cetasaiva cetaḥ-parivitarkam ājñāya ātmanā ca dharma-saṁśaya-prāptas tasyāṁ velāyāṁ Mañjuśriyaṁ kumāra-bhūtam etad avocat-ko nvatra Mañjuśrīr hetuḥ kaḥ pratyayo yad ayam evaṁ-rūpa āścaryādbhuto bhagavatā ṛddhay-avabhāsaḥ kṛtaḥ, imāni cāṣṭādaśa-buddha-kṣetra-sahasrāṇi vicitrāṇi darśanīyāni paramadarśanīyāni tathāgata-pūrvaṁ-gamāni tathāgata-pariṇāyakāni saṁdṛśyante?

【辭彙研究】

1. क्षणलव kṣaṇalavamuhūrte　形容詞　一念頃

1.1 【詞尾變化】kṣaṇalava 是由 kṣaṇa-lava-muhūrte 所組成，兩個字均無詞尾變化。muhūrte 是 muhūrta 的單數於格形，所以字典查 kṣaṇa-lava-muhūrta。

1.2 【摩威梵英,p325, kṣaṇa】

1.2.1 m. any instantaneous point of time , instant , twinkling of an eye , moment ; a moment regarded as a measure of time; a leisure moment , vacant time , leisure ; a fit or suitable moment , opportunity; a festival; a certain day of the fortnight（as the full moon , change of the moon , &c.）; dependence; the centre , middle L. ;

1.2.2（am）n. an instant , moment;

1.2.3（am）acc. ind. for an instant; in a moment;

1.2.4（eṇa）instr. ind. in a moment;

1.2.5（āt）abl. ind. after an instant , immediately , at once ;immediately upon that Kathās. ; in this moment - in that moment ;

1.2.6（eṣu）loc. ind. immediately , at once ;

1.3 【摩威梵英,p898, lava】

1.3.1 m.（√lū）the act of cutting , reaping（of corn）, mowing , plucking or gathering（of flowers &c.）; that which is cut or shorn off , a shorn fleece , wool , hair; anything cut off , a section , fragment , piece , particle , bit , little piece MBh. ; a minute division of time , the 60th of a twinkling , half a second , a moment（accord. to others 1/4000 or 1/5400 or 1/20250 of a Muhūrta）;（in astron.）a degree Gol. ;（in alg.）the numerator of a fraction; the space of 2 Kāshṭhās; loss , destruction; sport; N. of a son of Rāmacandra and Sītā（he and his twin-brother Kuṣa were brought up by the sage Vālmīki and taught by him to repeat his Rāma1yaṇa at assemblies ; of a king of Kaṣmīra（father of Kuṣa）Rājat. ;

1.3.2 n.（only L.）nutmeg; cloves; the root of Andropogon Muricatus; a little.

1.4 【摩威梵英,p852, muhūrta】

1.4.1 m. n. a moment , instant , any short space of time RV; a partic. division of time , the 3oth part of a day , a period of 48 minutes（in pl. personified as the children of Muhūrta）;

1.4.2（ā）f. N. of a daughter of Dakśa（wife of Dharma or Manu and mother of the Muhūrtas）.

1.5 【梵漢辭典,p621, kṣaṇa-lava-muhūrta】（中性形容詞）（經文）一念頃。

2. चेतसैव cetasaiva 形容詞　心意識

2.1 【詞尾變化】cetasaiva 根據連音規則是由 cetasā-eva 所變化而成。而 eva 前面已有資料說明，而 cetasā 爲 cetas 的單數工具格變化，因此字典查 cetas。

2.2 【摩威梵英,p398】n. splendour RV. ; consciousness , intelligence , thinking soul , heart , mind MBh. ; will AV. ;

2.3 【梵漢辭典,p322】（中性形容詞）跡象，光輝，自覺，智能，感官，心，精神，意志（經文）心，意，念，心想。

3. परिवितर्कम् parivitarkam 名詞　思考

3.1 【詞尾變化】parivitarkam 是 parivitarka 的單數對格形，所以字典查 parivitarka。

3.2 【摩威梵英,p600】m. thought or anything thought of Buddh. ; examination.

3.3 【梵漢辭典,p867】（陽性名詞）反省，靜思，思想，思考；（經文）思維，念，所念，所司念，默念。

4. आज्ञाय ājñāya 名詞　知

4.1 【詞尾變化】ājãya 是 ājã 的陰性單數工具格形，所以字典查 ājã。

4.2 【摩威梵英,p133】

4.2.1 *-jānāti* to mind , perceive , notice , understand RV.; to order , command , direct MBh.; to assure.

4.2.2 f. order , command MBh.; authority , unlimited power; N. of the tenth lunar mansion; permission.

4.3 【梵漢辭典,p55】（陰性名詞）命令，指揮，權威，最高之權力；（經文）教，教化，教命，教令，言教，聖教；敕，誡敕，敕旨，教敕，敕告，知，遍知，悟解。

5. आत्मना ātmanā 形容詞　我；神識

5.1 【詞尾變化】ātmanā 是 ātman 的工具格單數形，所以字典查 ātman。

5.1.1 【摩威梵英,p135】*ā* m. the breath RV. ; the soul , principle of life and sensation RV. AV.; the individual soul , self , abstract individual; essence , nature , character , peculiarity RV.; the person or whole body considered as one and opposed to the separate members of the body; the body; ` the understanding , intellect , mind '; the highest personal principle of life , Brahma ; effort ; firmness ; the sun ; fire ; a son ;

5.2 【梵漢辭典,p197】（陽性名詞）氣息，靈魂，生命，自身；本質，本性，特色，身體，知性，悟性，我，至高無上之我；（經文）我，我者；己，性，自性，身體，自身，體，體性，己體，字體，神，神識。

6. संशय saṁśaya 形容詞　有疑

6.1 【詞尾變化】沒有詞尾變化。

6.2 【摩威梵英,p1117】

6.2.1 m. lying down to rest or sleep L. ; uncertainty , irresolution , hesitation , doubt in or of MBh.; a doubtful matter ;（in Nyāya）doubt about the point to be discussed（one of the 16 categories）; difficulty , danger , risk of or in or to（gen. loc. , or comp.）MBh. ;

6.2.2 -*kara* mf（*ī*）n. causing doubt or risk , dangerous to（comp.）;

6.2.3 -*gata* mfn. fallen into danger ;

6.2.4 -*ccheda* m. the solution of doubt ;

6.2.5 -*cchedin* mfn. clearing all doubt , decisive ；

6.2.6 -*sama* m.（in Nya1ya）one of the 24 Ja1tis or self-confuting replies ;

6.2.7 -*stha* mfn. being in uncertainty , doubtful ;

6.2.8 m. `removal of doubt' , a partic. figure of speech ;

6.2.9 -*yātmaka* mfn. consisting of doubt , dubious , uncertain Pa"cat. ;

6.2.10 -*yātman* mfn. having a doubtful mind , a sceptic Bhag. ;

6.2.11 -y"panna mfn. beset with doubt , dubious.

6.2.12 -*yāvaha* mfn. causing danger , dangerous to（gen. or comp.）MBh. ;

6.2.13 -*yocchedin* mfn. resolving doubts Hit. , Introd. ;

6.2.14 -*yopamā* f. a comparison expressed in the form of a doubt;

6.2.15 *yopeta* mfn. possessed of uncertainty , doubtful , uncertain.

6.3 【梵漢辭典,p1109】（陽性形容詞）對～（位格）有懷疑的，有疑慮的，布確實的，擔心的，猶豫的，可疑的事件；對～（屬格，位格）有危險的，冒險。（經文）疑，狐疑，疑惑，疑心，疑網，疑慮，猶豫，愚癡網。

7. वेलायां velāyāṁ 名詞　於～時

7.1 【詞尾變化】velāyāṁ 根據連音規則是從 velāyām 變化過來，而 velāyām 是 velā 的陰性單數於格形。所以字典查 velā。

7.2 資料前面已有說明。

8. अवोचत् avocat 動詞　告訴

8.1 【詞尾變化】avocat 爲√vac 的第三人稱不定過去式變化，故字典查√vac。

8.2 【摩威梵英,p912】

8.2.1 cl. 2. P, to speak , say , tell , utter , announce , declare , mention , proclaim , recite , describe RV.; to reproach , revile（acc.）; to resound RV. ; to be called or accounted , be regarded as , pass for(nom. L. also loc.)Mn. MBh., to cause to say or speak or recite or pronounce（with , double acc. ; often the object is to be supplied）MBh. ; to cause anything written or printed to speak i.e. to read out loud ; to say , tell , declare; to promise MBh., to desire to say or speak or recite or proclaim or declare MBh.; to be meant Saṁk.

8.3 【梵漢辭典,p1364】（動詞）把～（某事對格）告訴～（某人對格），說話，告訴，通知，敘述，命名，稱呼，斥責；（經文）說，作說，作言，告言，謂言，報言，告之言，言曰，白，啓，表，解說，解釋。

9. प्रत्ययो pratyayo 形容詞　對～的信任；信念

9.1 【詞尾變化】pratyayo 根據連音規則，是 pratyayaḥ 變化而來，也就是 pratyaya 的主格單數形。所以字典查 pratyaya。

9.2 【摩威梵英,p673】

9.2.1 m. belief firm conviction , trust , faith , assurance or certainty of（gen. loc. or comp.）; proof , ascertainment MBh, to acquire confidence , repose c˚confidence in MBh. ; conception , assumption , notion , idea ;（with Buddhists and Jainas）fundamental notion or idea; consciousness , understanding , intelligence , intellect（in *Sāṁkhya* = *buddhi*）; analysis , solution , explanation , definition; ground , basis , motive or cause of anything MBh.;（with Buddhists）a co-operating cause ; the concurrent occasion of an event as distinguished from its approximate cause ; an ordeal; want , need; fame , notoriety; a subsequent sound or letter Pra1t. ; an affix or suffix to roots（forming verbs , substantives , adjectives and all derivatives）; an oath; usage , custom; religious meditation ; a dependant or subject; a householder who keeps a sacred fire;

9.2.2 mfn. one who awakens confidence , trustworthy ;

9.2.3 *kārin* mfn. id. ;

9.2.4（*iṇī*）f. a seal , signet L. ;

9.2.5 *-tattva-prakāśikā* f. N. of wk. ;

9.2.6 *-tva* n. the being a cause , causality ;

9.2.7 *-dhātu* m. the stem of a nominal verb;

9.2.8 *-prativacana* n. a certain or distinct answer;

9.2.9 *-mauktika-mālā* f. N. of wk. ;

9.2.10 *-lopa* m.（in gram.）elision of an affix ;

9.2.11 *-sarga* m.（in Sāṁkhya）the creation which proceeds from Buddha ;

9.2.12 *-svara* m.（in gram.）an accent on an affix ;

9.2.13 *-ayātma* mfn. causing confidence ;

9.2.14 *-ayādhi* m. a pledge which causes confidence in regard to a debt ;

9.3 【梵漢辭典,p963】（陽性形容詞）對～（屬格，位格）的信任，信念，信仰；確信，確實，實證，確定，假定，解決，說明，概念，想念，觀念，原因。（經文）因，緣，因緣，遇緣，緣起，信，憑，決定信。

10. अवभासः avabhāsaḥ 形容詞　示現；光輝

10.1【詞尾變化】avabhāsaḥ 是 avabhāsa 的單數主格形，所以字典查 avabhāsa。

10.2　資料前面已有說明。

11. विचित्राणि vicitrāṇi 形容詞　珍奇的，可歎的

11.1【詞尾變化】vicitrāṇi 是 vicitra 的中性主格複數形，所以字典查 vicitra。

11.2【摩威梵英,p959】

11.2.1 mf（*ā*）n. variegated , many-coloured , motley , brilliant MBh. ; manifold , various , diverse MBh.; strange , wonderful , surprising MBh. ; charming , lovely , beautiful; amusing , entertaining（as a story）; painted , coloured ;

11.2.2（*am*）ind. manifoldly , variously BhP. ; charmingly ;

11.2.3 m. the Aśoka tree ; N. of a king MBh. ; of a son of Manu Raucya or Deva-sāvarṇi ; of a heron;

11.2.4（*ā*）f. a white deer ; colocynth ;（in music）a partic.; N. of a river ;

11.2.5 n. variegated colour , party-colour ; wonder , surprise ; a figure of speech（implying apparently the reverse of the meaning intended）;

11.2.6 -*katha* m. \`one whose stories are amusing';

11.2.7 -*caritra* mfn. behaving in a wonderful manner;

11.2.8 -*cīnāṁśuka* n. variegated China cloth , shot or watered China silk ;

11.2.9 -*tā* f. -*tva* n. variegation , variety , wonderfulness ;

11.2.10 -*deha* mfn. having a painted body ; elegantly formed ;

11.2.11 m. a cloud ;

11.2.12 -*paśu* m. N. of a poet ; -bhūṣaṇa m. N. of a Kiṁ-nara Buddh. ;

11.2.13 -*mālyābharaṇa* mfn. having variegated garlands and ornaments;

11.2.14 -*mauliśrī-cūḍa* m. N. of a prince Buddh. ;

11.2.15 -*rūpa* mfn. having various forms , various , diverse MBh. ;

11.2.16 -*varṣin* mfn. raining here and there（not everywhere）;

11.2.17 -*vākya-paṭutā* f. great eloquence ;

11.2.18 -*vāgurocchrāya-maya* mf（*ī*）n. filled with various outspread nets ;

11.2.19 -vīrya m. \`of marvellous heroism' N. of a celebrated king of the lunar race MBh. ;

11.3 【梵漢辭典,p1414】（形容詞）雜色的，多彩的，友光彩的，各種的，多樣的，不同的，珍奇的，可歎的，迷人的，可愛的，美麗的；（經文）多，雜，異類，種種，妙，嚴飾，端嚴，殊勝，爲間錯。

12. दर्शनीयानि darśanīyāni 形容詞　好看的

12.1 【詞尾變化】darśanīyāni 是√dṛś 的未來被動分詞 darśanīya 的陰性複數主格變化，也就是分詞成爲了形容詞，字典查 darśanīya。

12.2 【摩威梵英,p471】

12.2.1 mfn. visible; worthy of being seen, good-looking, beautiful MBh. ; to be shown Kathās.; to be made to appear（before the judge）

12.2.2 ; m. Asclepias gigantean.

12.3 【梵漢辭典,p350】（未來被動分詞）（形容詞）可看的，値得觀賞的，美的，可陳列的，可以露面的。（經文）好看，堪看，所樂見，可樂見，願樂欲見。

13. परमदर्शनीयानि paramadarśanīyāni 形容詞　最好看的；最美的

13.1 【詞尾變化】paramadarśanīyāni 是由 parama-darśanīyāni 兩個字所組成，其中 darśanīyāni 在上一個單字已有說明，故字典查 parama 這個字。

13.2 【摩威梵英,p588】

13.2.1 mf（*ā*）n. most distant , remotest , extreme , last RV ; chief , highest , primary , most prominent or conspicuous ; best , most excellent , worst;（with abl.）superior or inferior to , better or worse than MBh.;

13.2.2 m. N. of 2 authors;

13.2.3 n. highest point , extreme limit MBh. ; chief part or matter or object MBh. ;

13.2.4（*am*）ind. yes , very well ; very much , excessively , excellently , in the highest degree MBh.

13.3 【梵漢辭典,p842】（形容詞）用來表達最高級；最遠的，距離最遠的，最極端的，最後的，最高的，主要的，第一名的，至高的，超越的，最優的，最善的，最大的，最惡的，比～（從格）更好的，比～更大的，比～更壞的；（經文）極，最極，甚，上，最上，勝，最勝，第一，妙，最妙，大，無比，寶。

14. गमानि gamāni 形容詞　行進

14.1 【詞尾變化】gamāni 是 gama 的中性主格複數形，所以字典查 gama。

14.2 資料前面已有說明。

15. परिणायकानि pariṇāyakāni 名詞　寶物

15.1 【詞尾變化】pariṇāyakāni 是 pariṇāyaka 的中性主格複數形，所以字典查 pariṇāyaka。

15.2 【摩威梵英,p595】m. a leader , guide(in *a-parīṇ* , being without a g˚guide); a husband; = *-ratna*.

15.3 【梵漢辭典,p859】（陽性名詞）帶領者，丈夫；（經文）將，帥，導，導者，導師，導首，善導師，普導，一切導者，遍導師，冰拔。

15.4 【艾格混梵,p323】(中性名詞) pariṇāyaka 也是佛教混合梵文(BHS),除了在梵文內的「leader」也就是領導者意思外,另外還有轉輪聖王的「七寶」當中的第七寶,就是「cakravartin」也就是所謂的「主兵神寶」,能降伏一切,故引申做寶物。但 14.2 和 14.3 所說明的意義大多是屬於陽性名詞,只有這個解釋是屬於中性名詞,必須與前面的 gamāni,中性形容詞一致,因此採用這個意義。〔註 28〕

【筆者試譯】:而彌勒大菩薩在此刻一念之間,知道了此刻四方眾生所在想的事情,對於所看見的法(情況)有所懷疑。在這個時候,對文殊師利法王子菩薩說:文殊師利,像這樣佛陀大顯神通的景象,這個奇特的佛光進行著照耀了東方(前方的)美麗與最美麗的一萬八千個佛國淨土與佛寶一起顯現,是什麼原因呢?

【什公漢譯】:爾時彌勒菩薩欲自決疑,又觀四眾比丘、比丘尼、優婆塞、優婆夷,及諸天、龍、鬼、神等眾會之心,而問文殊師利言:以何因緣而有此瑞神通之相?放大光明,照于東方萬八千土,悉見彼佛國界莊嚴?

【英 譯 本】:At the same moment, at that very instant, the Bodhisattva Mahâsattva Maitreya knew in his mind the thoughts arising in the minds of the four classes of hearers and he spoke to Mañgusrî, the prince royal: What, O Mañgusrî, is the cause, what is the reason of this wonderful, prodigious, miraculous shine having been produced by the Lord? Look, how these eighteen thousand Buddha-fields appear variegated, extremely beautiful, directed by Tathâgatas and superintended by Tathâgatas.

【信譯研究】:信譯。

【小結】

這一段什公漢譯全是信譯。

〔註 28〕 請見 Franklin Edgerton《Buddhist Hybrid Sanskrit Grammar and Dictionary》published by Motilal Banarsidass Publishers Private Limited, Delhi, India, Reprinted at 1993, p.323。